玩转网店必备手册

——开网店的195招独门秘籍

丁 萍◎编著

北京工业大学出版社

图书在版编目（CIP）数据

玩转网店必备手册 ：开网店的195招独门秘籍 / 丁萍编著. — 北京：北京工业大学出版社，2014.11
ISBN 978-7-5639-4085-1

Ⅰ.①玩… Ⅱ.①丁… Ⅲ.①电子商务—商业经营—手册 Ⅳ.①F713.36-62

中国版本图书馆CIP数据核字（2014）第239194号

玩转网店必备手册——开网店的195招独门秘籍

编　　著：丁　萍
责任编辑：丁　娜
封面设计：元明设计
出版发行：北京工业大学出版社
（北京市朝阳区平乐园100号　邮编：100124）
010-67391722（传真）　bgdcbs@sina.com
出 版 人：郝　勇
经销单位：全国各地新华书店
承印单位：北京晨旭印刷厂
开　　本：787毫米×1092毫米　1/16
印　　张：20.5
字　　数：311千字
版　　次：2014年12月第1版
印　　次：2014年12月第1次印刷
标准书号：ISBN 978-7-5639-4085-1
定　　价：38.00元

前言

随着互联网时代的发展，昔日披着新鲜事物外衣的网店如今已经褪下了这层神秘的面纱，网店运作渐渐变得大众化。据2014年的最新监测数据显示，中国网店航母——淘宝网的注册用户数量已超过5亿，日均固定访问量超过6000万，每天平均在线商品数量超过8亿件，平均每分钟售出的商品数量达到了4.8万件。如今开个网店已经不是什么“潮事儿”了，但到现在做生意还不懂开网店，那就真的是落伍了。

如果说早些年开网店还只是图个新鲜，想尝试或不尝试悉听尊便，现在或许就由不得每个人都这么想了。网店因为具有方便快捷、交易迅速、不易压货、打理方便、形式多样等特点而迅速火爆起来，网店的强势发展推动了我国电子商务行业的快速前进。网店在逐渐成为受新生代消费者青睐的购物新时尚之外，也对传统的零售实体店铺形成了强大的冲击。

网店给传统行业带来的有力打击，说明网店有着传统行业不可替代的极大优势。一名由实体店转淘宝店经营的业主坦言道：“实体店的成本高，商品的价格自然降不下来。而开网店不需要租金，成本大大降低，价格的杀伤力当然惊人。”消费者在购物的过程中，除了看重商品的质量之外，也看重购物的体验和商品的性价比。同样的商品，在网上购买不仅便宜，还省去了走路逛街的辛劳，这一点很快吸引了年轻一代消费者的目光。年纪偏大的消费者虽然更注重传统购物眼见为实的踏实感，但随着网店销售方式的日益改进，这一批消费者的消费习惯也在慢慢发生变化。

看到网店优势的不仅仅是零售业的小老板，更包括传统商业模式中的诸多大佬。这足以显现电子商务的强大力量，更说明了网店是未来商业发展的一条重要主线。

如果您想拥有一家属于自己的成功网店，本书可以为您的网店经营带来诸多借鉴。书中通过鲜明的观点与详尽的解说，让您玩转网店，变成“网店达人”。本书传授给您开网店的195招独门秘籍，从入门知识、寻找货源、店铺设计，到商品定价、美图攻略、营销心得，再到店铺管理、售后服务、快速冲冠、安全运营等一系列开店知识应有尽有。

希望本书能为您的网店经营带来实质性的帮助，让您轻松玩转网店，开一家既具人气又能赚钱的网店。

目 录

第一章
网上开店入门技巧

第二章
寻找网店货源

第三章
网店的设计与装修

第四章
网上商品的展示与定价

第六章
网店的全面营销与推广

第七章
网店商品发货的省钱妙招

第九章
使顾客心满意足的客户服务

第十章
打造皇冠级信用

第一章

网上开店入门技巧

第1招

熟悉网店店主应具备的能力

门槛低，不代表人人都能做好。现如今，开网店是一个前卫而时尚的工作，很多人都跃跃欲试，各个阶层的人均参与其中。虽说开一家网店不需要太多的时间与资金，时间也比较自由，但也不是任何人都适合开网店的。现在很多人都在开网店，但是即使经营同样的产品，也还是有人赚到了钱，有人关了张，那究竟什么样的人才适合开网店呢?

开网店的初期，不用投入像实体店那么多的时间和精力，相对来说轻松很多，也简单很多。但无论怎样，开网店也是一种投资经营行为，是有风险的，不可以随便对待。它对店主同样有眼光和能力方面的要求，并不是说人人都可以开好一个赚钱的网店，除非你只是想玩一玩，不在乎收益。如果想开一家成功的、赚取高额利润的知名网店，需要网店店主具备的能力可不比开实体店少。

一、店主要具备强大的抗挫能力

开店并不是开起来就能成功的，也许开业之后经营状况与想象中有较大的差距，会遇到很多挫折。开店前要仔细评估和分析，自己是否能承受得起失败，是不是已经做好了接受打击的准备，万一失败了自己是否可以做到坦然面对，等等，只有把各方面的困难都想到了，有了应对最差结果的准备，才可以在遇到危机时坦然渡过难关。如果一遇挫折就丧失信心，做任何事情都不会成功的。

二、店主要具备理性的分析和判断力

开店首先要搞清市场的需求是什么。网上开店面对的市场不同于传统实体店，要想具备一些别人不具有的特点，经营者就必须通过对市场的分析，把握市场的需求，并对瞬息万变的市场需求进行理性的判断，随时根据市场需求选择出适销对路的商品，才可以让自己的网店在成千上万的店铺中脱颖而出，赢得顾客的青睐。

三、店主要有对商品定价的把握能力

网上开店，价格是一个很敏感的因素，也是最大的竞争优势，顾客选择网上购物，最主要的原因就是网上商品价格方面的优势。这就要求经营者既能够采购到物美价廉的商品，又能够将商品标出一个适宜的销售价格，这样才可以吸引顾客，在让自己赚到合理利润的同时又保证网店的竞争力。

四、店主要具备对各方面大小事宜的协调与管理能力

网上开店不是一件简单的事情，需要经营者处理的事情同样千头万绪，从选择供货商、发布商品信息、宣传推广、配送发货到售后服务等方方面面，无不要求经营者亲力亲为或宏观把控。因此，经营者应具备一定的管理能力，这样才可以达到网店正常运营的效果。

五、店主要掌握网络推广的诸多手段

顾客的网上购物活动是通过网络发现商品的，网上店铺的销售过程也是在网络上完成的。在网上经营同类商品的店家不计其数，要想在众多同行中被顾客发现，取得经营上的成功，就需要经营者通过多种网络推广方式让更多的顾客关注并进入自己的网店，而不是守株待兔，坐等顾客上门。

六、店主要有对待顾客始终如一的热情态度

不管是网上开店还是开实体店，想要盈利、要想有长久的利润，就必须有稳定的顾客群。顾客进入一家店铺购物，不仅仅是购买商品本身，他同时购买的还有服务。经营者只有通过良好的服务才可以吸引顾客，并培养顾客的忠诚度，建立起自己的忠实客户群。对于开店做生意的创业者来说，服务意识是不可或缺的一种能力。

第2招

网店店主要扮好七种角色

开网店简单，但是开好网店不简单。一个好的网店，需要你投入大量的精力和时间。如果你想开好网店，就必须了解网店的各方面工作都是相当繁杂的，并不只是像平时上网一样点击下链接，用网络通信工具聊聊天这样简单。只有了解开网店后要面对什么样的工作，了解你的工作角色，你才会对即将投入的网店事业有一个比较全面的认识。

开网店要对你的网店进行综合管理。管理网店的主要内容包括“有形资产”和“无形资产”的管理。有形资产主要包括计算机设备、商品、店铺以及资金等；无形资产主要包括店主的信用、店铺形象及品牌等。

网店管理是一个系统工程，是项具有持续性、连贯性和整体性的工作。对于人手有限的网店来说，提高工作能力和效率显得尤为重要，而掌握一定的管理方法将有助于你提高效率。

可以按管理的范围和内容把管理工作归纳为七种：

一、管理员

管理员的工作量很大，也最繁杂。每天除了要回答顾客的提问、管理商品的上架和下架事宜外，还要根据不同的交易状态对售出的商品分别进行管理：制定商品的促销方案，思考店铺经营的策略……如果细分的话，这部分工作还包括接待员、推销员及宣传员的工作。除了要进行日常的店铺管理以外，还要利用休息时间到论坛发帖、回帖，并做好网店间接的宣传推广工作，发挥最大的潜能，寻找一切能让别人记住店主、商品和店铺的机会。

二、研究员

在经营的过程中要随时去了解市场、分析市场，同时，店主还必须对自己所销售的商品有所了解，做一个商品导购员。因为只有通过不断地吸收新的知识，有足够的专业知识储备量，才能回答顾客各种各样的有关商品的提问，并有效地促进商品的销售。一个店主可以随时做研究员的工作，利用工作间歇的时间学习，也可以利用休息时间去学习。因为知识会老化，经验也会过时，所以学习就是网店店主最好的休闲方式。

三、统计员

这个工作俗称“账房先生”，还是非专业的账房先生。你要学会使用简单的表格统计店铺每天的收入和支出，记账方法可以不按专业要求，但一定要自己能看懂， 明白自己辛苦半天是赚了还是赔了、有多少库存积压、有多少资金可以周转和进货，以及还有多少利润可以存留下来用于店铺的再发展。作为个人卖家，担任统计员工作时除了要会数钱，还要克服账面暂时没有盈利时的绝望心理。只有这样我们才能有信心把店铺坚持经营下去。

四、库管员

每一个店主都要了解自己的库存余量，确定哪些商品已经缺货，以便该商品及时下架；定期盘点库存，以便推出相应的促销活动来清仓，以盘活资金，对于服装、食品等具有特殊时效性的商品，及时清仓还可以减少亏损。在做库管工作的同时，还要经常去经销同类商品的同行店里观察和学习他们有什么生意诀窍，从而提高自己的销售能力。

五、联络员

联络员的主要工作是负责与供货商联系和建立客户档案并进行管理、给顾客发送促销活动通知及赠送会员礼物等，要和顾客建立良好的关系。最好每天花几分钟思考顾客的购物心理和他们对服务的需求，有时间的话可以陪顾客和网友聊聊天，培养潜在的顾客，但时间长短要适可而止，以不耽误自己的工作为原则。

六、调度员

经营网店的店主必须逐步熟悉、了解各种不同的物流方式，坚持“多快好省”的原则，及时把货物发送出去，同时要学会有效地避免货物在运输过程中可能出现的问题，平时还要注意收集、比较物流收费标准等。提高自己的物流管理经验，以便在需要时做出最合理的选择。

七、调解员

店铺管理中最麻烦的是遇到交易纠纷。作为调解员，要处理各种交易纠纷、投诉和举报，要及时做出申诉，有理有节，用成熟的心态和理智的言行来处理、化解这些矛盾，做一个有责任感的高素质卖家。平时要注意提高个人修养，熟悉和了解交易网站的各项规则，以便在遇到交易纠纷的时候知道哪些时候该运用交易规则保护自己的合法权益，哪些时候又该通过及时的道歉和赔偿来取得顾客的谅解，达到化解矛盾、解决问题的目的。

以上七个工作内容，总结起来就是对网店进行有效的管理。所谓有效包括效率、效果和效益，有了这三点，店铺的管理才能尽快走入正轨。只有努力提高经营管理的效率，才会产生良好的经营效果，也才能获得最大的效益。一旦店铺管理形成良性循环，就可以着手建立管理团队，培训客户服务人员，逐步向规模化的管理方向发展。

在这里把店铺管理的工作进行详细说明，是希望大家对店铺管理工作有一个客观全面的认识。即使你的网店才开始起步，但是麻雀虽小，五脏俱全，只有进行有效的管理，你的店铺才能健康持续地发展下去。

第3招

订立网店的“家法”与“家规”

做人要有做人的信念和原则，网店也应该有自己经营的理念和规范。网上的每一家店铺都不可避免地带有店主的个性色彩，它既是顾客了解你的窗口，也是你自己的舞台。有了自己的网店就如同有了自己的家，家就该有家规、家法，这是进行网络销售的行为准则。

一、网店的经营宗旨

店铺的经营宗旨是经营理念的一个突出表现，它体现了店铺存在的价值、店主的经营意识以及对外的形象等。虽然每个店主对于经营宗旨和理念的认识并不一致，但总的来说它应该包括追求的目标、经营的价值观、创业的精神、服务的态度、行为的规范及工作的作风这几个最基本的内容，确立店铺的经营宗旨能够使我们的店铺具有独特的风格和魅力。它既是你起步时给自己确定的一个行为标准，也是在创业之初对于店铺将来正规化、规范化的展望。

经营的宗旨是店主对社会做出的一种承诺，接受和督促这些承诺的人就是你的顾客。店铺的经营宗旨可以体现在对诚信的追求上，也可以体现在对市场潮流的把握上，或者体现在优质的服务方面，等等。比如说，确定的店铺经营宗旨是“以诚待人”，那么，每一个员工都必须做到诚实待客，不欺不瞒。一家店铺有了经营的宗旨也就有了管理的灵魂。经营宗旨是店铺追求的最高目标，它是店铺凝聚力的焦点、是经营价值的表现，也是培养团队精神的首要条件。这个目标反映了店主对事业追求的层次、方向和抱负。确立了这个目标，可以保证店铺将来能有健康长远的发展。

二、网店的老板文化

除了经营宗旨，一家店铺还应该有自己的店铺文化。店铺文化是店主在创业的过程中，逐步形成的带有个性特色的价值观念。它包括店铺的物质文化、制度文化和精神文化，是一种以创立者为中心的管理理论，其核心含义能体现店主所追求的价值观。它是经营准则、工作作风、服务态度、道德规范及发展目标的总和，它的定位和内容完全取决于创立者的选择。所以，店铺文化也可以称之为“老板文化”。

作为第一代网店经营管理者，我们必须为自己的店留下这样一些店铺文化：大到经营方针，小到为顾客服务的用语和细节，都体现在店铺经营管理的各个方面。店铺文化的形成是一个漫长的过程，在这个过程中要不断地修正不足，完善自身，使你的店铺更能立足于市场，得到持续不断的发展。

在别人的店铺还没有这些整体形象体现的时候，如果你已经采用独特的店铺形象和服务管理，那么将给你的顾客留下深刻印象。

第4招

选择适合在网上销售的商品

决定开一家网店之前，你最先要决定的是：开了网店后要卖什么。淘宝等网购平台上卖什么的都有，那么你到底选择什么样的商品作为自己店铺销售的主打呢？中国每年生产的商品林林总总，让人目不暇接、眼花缭乱，只要是你能想到的商品，差不多在中国都可以找到。但是商品再多，却不是每一种都适合在网上销售。如果选择不当，随随便便进货的话，你进过来的一些商品在网上根本就无人问津。

因此，选择在网上销售的商品，必须符合网络经营的特性，必须是适合在网上销售，并且有一定销路的。那么，适合网上销售的商品都有哪些特点呢？业内人士及专家对此提出了一些建议。

一、送货到顾客手上较为方便可行

进行网上交易的买家和卖家之间的距离一般都比较远，买家下订单后，卖家要通过邮局或物流公司等将商品发到买家手中。在运输过程中，卖家既要保证商品的安全，又要争取降低物流成本。因此，商品的体积不能太大，形状要适当，便于包装，适合长距离安全运输，尽量不要经营易损毁和易变质的商品。

二、顾客在购买前无须亲身试用

网店销售的商品在到达买家手中之前，是无法见到商品实物的，也无法对商品进行试穿、试用等。因此，网上销售的商品必须具备通过网上的描述和介绍就可以激起浏览者购买欲的特点。如果一件商品必须要购买者亲眼见到或亲自试穿、试用才可以下定决心购买，那么这种商品是不适合在网上销售的。

三、有个性、有新鲜度、有市场独特性

中国网民大多比较年轻，他们追求时尚，有自己独特的想法，有各种个性化的需求，他们最不喜欢与别人雷同。买家的需求就是卖家的商机，因此，大众商品或者随处都可以买到的商品是不适合在网上销售的，网上销售的商品最好属于稀缺资源或者采用传统渠道很难做好市场的产品。比如外贸订单产品或直接从国外带回的商品，它们一般具备时尚性和独特性，线下很难买到。

四、最好比实体店里同样的商品价格低

网上购物，顾客对价格是非常敏感的，消费者之所以选择在网上购物，主要就是因为网上商品的价格比市场上实体店中的同类商品存在竞争力。如果市场上可以用同样的价格或者更低的价格买到同类商品，那么就不会有人在网上购买。因此，要保证网上销售的商品价格加上物流费用后，其总体价格仍然低于市场上同类商品的价格。对于卖家来说，价格的竞争力不仅仅是指相对于实体店铺要有竞争力，还要相对于网上同行也具有一定的竞争力。

五、商品信息较容易通过图文表述与传播

网上交易，买家和卖家互不见面，卖家把销售的商品以图片和文字的形式展示给买家，买家通过卖家对商品的描述来了解商品，并根据卖家的描述做出购买决定。在这个过程中，买家无法见到实物，一切关于商品的信息都来源于卖家的描述。因此，网上销售商品的卖点和特色必须便于描述，能够通过文字和图片的形式把商品介绍清楚。

六、最好带有一定的地域和人文特色

中国地大物博，各地都有一些具有地方特色的特产和民间工艺品，比如吉林人参、惠山泥人、潍坊风筝、藏族饰品等，这类产品具有工业化产品无法比拟的特性与优点，一般具有鲜明的地方特色、浓郁的文化底蕴和独特的人文风情。但这类产品或受制于制作工艺，或受制于地理条件，很难被大量复制和大规模工业化生产，跨地域购买比较困难，而网上销售可以有效地弥补这一缺憾。

当然，这些只是资深卖家及专家总结出来的网上销售商品的基本特点，并不是什么金科玉律，想在网上开店的朋友千万不能被这些条件所限制。例

如网上不适合经营大众产品，但有人在网上经营日用品却很成功；网上经营商品要便于运输，但有人在网上卖车、卖房、卖瓷器也有不错的业绩；而有人在网上经营民间工艺品，却因文化方面的差异而不被消费者接受。

网络消费需求瞬息万变，所以网店不必遵循什么死板的规则和条件。有很多人大胆迈出第一步，做第一个吃螃蟹的人，风险很大，但也可能得到丰厚的回报。网店也卖创意，如果你有很好的创意，而别人没有做过，不要害怕，不如在你自己的网店里试一试，说不定能成功打开一片你独有的领域。

第5招

选择网店的主打商品

光知道什么样的商品适合在网店里销售是不够的。既然要开网店，就会设法争取获得更大的利润。赚钱不难，但赚大钱就不容易了。想做成功的网店店主，就要有独特的眼光，你要发掘自己的优势，并将优势发挥到最大。

个人开网店，到底选择主营什么样的商品，一定要综合自身的财力、自己拥有货源的商品的属性，以及自己所处地区的物流运输的便利性等方面的因素决定。

一、为自己的网店选择主要经营的商品类型

选择网上经营商品，不能仅凭自己的想象，要综合考虑诸多因素。一般来说，要根据下面这几条原则确定主要经营什么商品。

1. 为大众服务还是为小众服务

中国目前的主流网民比较年轻，而网上购物的主要人群有两大类：一是学生群体；一是白领阶层。这两类群体大多喜欢个性化、有特色的商品，经营者可以选择跟随主流的方式为这部分网民提供服务。当然，经营者也可以独辟蹊径，为小众服务，这点须经营者根据自己的资源、条件、爱好等方面来确定。

2. 别忽视不同地方的商品价格的差异性

许多商品在不同的地方价格会有很大的差异，比如电子类的商品，在广东等沿海城市，价格要远低于内陆城市；收藏品在北京、西安、洛阳等古都又会比别的地方相对便宜。所以经营者可以从自己身边着眼，找到本地的优势商品，充分利用地区差异把经营的商品卖出一个好价格，赢得最大的利润。

3. 尽量选择不是随处都能买到的商品

物以稀为贵。如果属于那种到处都可以买到的商品，顾客为什么非要到网上来买你的呢？况且大众商品价格非常透明，其利润空间一般都不大，再加上物流费用，很难取得价格上的优势，而价格恰恰是网店吸引顾客的一个重要因素。如果经营大众商品，就要把这些因素考虑进去；否则，你的网店很难维持下去。

4. 长期经营的网店要注意商品的重复消费量

一般来说，开网店的朋友都想长期经营，没有谁想今天开张明天关门，所以，经营者需要考虑所经营商品的重复消费量。产品的重复消费需求大，就能够形成规模效应，也有利于吸引回头客；如果重复消费需求小，也许会有比较高的利润，但无法形成销售规模，可持续发展的优势也不大。

5. 个性化商品最有杀伤力

现代人已经看腻了从流水线上走下来的“千品一面”的大工业化产品，而对独一无二的个性化手工制品兴趣倍增。针对这一需求，不少卖家在网上开店经营一些个性化的特色手绘、特色手工类商品，但这些个性化的商品需要一定的生产（制作）周期；如果周期太长的话，也许消费者会失去等待的耐心。

二、网店入门级选手，如何为网店选择主打商品

主要经营什么商品对于一个网店来说就是一个关乎生死存亡的大事，一旦选错了经营商品的种类，再好的生意经也帮不上忙。有些新手卖家因为刚入行，往往空有满脑子的想法，却不知道到底该如何确定主营商品。这里介绍几点经验，可供参考。

1. 累积市场经验与把握时尚趋势并行

流行的趋势是可以预测的，每年都会有一些相关机构发布当年的流行趋势，如果你能够比别人早一步掌握流行动向，就多了一分胜算。当然，这需要有较丰富的经验积累，需要具备较强的市场分析能力，还要有时尚的把控能力，比如近几年运动产品的逐年火爆，就契合了人们对健康的追求。

2. 对现有网店进行调研

要想确定某种商品是否适合网上销售，可以从网上店铺的数量中看出端倪，热卖商品的店铺数量肯定会比较多。以淘宝网为例，店铺数量最少的五类分别是住宅／商铺／办公楼租赁、办公设备及耗材、婴幼／孕妇用品、汽车／摩托车／自行车、家用电子电器；而店铺数量最多的五类分别是女装／女士精品／童装、化妆品／香水／护肤品、珠宝首饰／手表／眼镜、日用／家电／食品／物流、电脑网络及相关设备。

3. 无法确定，不如“拿来主义”

新手卖家在无法确定什么商品在网上畅销时，完全可以以拿来主义的态度，借鉴别人的经验。潮流虽然是不断变化的，但在一段时期内，总有一些商品能够保持稳定的市场占有份额。可以看看那些级别高的大卖家都在卖什么，或者向身边成功开店的朋友咨询；另外，一些开店平台比如易趣、淘宝等还可以提供热销商品排行榜，从中也可以捕捉市场的热点。这些对想开店的朋友来说都是非常好的参考，可以提供有益的帮助。

4. 当下什么火，就卖什么

人们普遍有关注社会热点的习惯，每年社会上都会有一些热点话题以及与这些热点相关的产品，总会受到人们格外的关注。比如在奥运会期间，人们对奥运会相关商品会比较关注；在世界杯期间，足球相关纪念品就会畅销……如果能够瞅准时机，抓住人们关注的社会热点也是一个非常好的选择。

5. 从关键词看市场状况

网上购物人群关注的重点，可以从网上商品搜索的关键词里反映出来，据统计，水晶、翡翠、MP3（一种能播放音频文件的袖珍型电子产品）、少数民族饰品、车载用品、牛仔裤、床上用品、无线网卡、手机等都是人们搜索最多的关键词。这些关键词从另一个方面显示了人们的购买需求，也为想开店的朋友提供了开店导向。

6. 冷门商品的意义

大家都纷纷进入热销产品大军的时候，经营者也可以不去和千军万马一起挤独木桥，选择冷门产品，这种方式同样可以收到意想不到的效果。

有一个故事说，19世纪中叶，美国西部的加利福尼亚州发现金矿，从而引发了淘金热，许多人都涌向西部，前仆后继地疯狂淘金，其中也包括一个淘金者——亚莫尔。因为当地气候干旱，水源十分稀少，不少淘金者不但没有淘到黄金，反而被饥渴折磨得痛苦不堪。于是，亚莫尔果断地停止了淘金，转而找水。他把河水引过来，过滤后卖给淘金者，淘金者用挖出的金子来换水。几年过去了，真正淘到金子的人没多少，而亚莫尔却赚了大钱，最后衣锦还乡。

在网上开店的淘金潮中，经营者同样也可以开一家“卖水”的网上店铺，为网上开店的人提供服务。比如，可以经营摄影器材、网上店铺装修、网上店铺规划等。

7. 遵守法律法规是头等大事

需要注意的是，网上开店要放弃一些不适合个人网上销售的商品，要注意遵守国家的法律法规，不要销售国家禁止或者限制销售的商品，如武器弹药、管制刀具、文物、淫秽物品、毒品、假冒伪劣商品、走私品、有价证券等。

第6招

找到商品的卖点

对于生意人来说，商品能否热卖关系到生意生死存亡的问题。热卖不热卖，就看商品有没有卖点。卖点是个很关键的因素，它意味着商品是否有市场，是否能带来利润，是否能引发抢购狂潮。对于网店来说，卖点就是一个网店的立足点和盈利点。网店里的商品没有卖点，那么这家网店很可能门庭冷落。只有店内商品具备新颖、独特的卖点，才能激发顾客的购买欲望。

如今网店火爆，每个人都跃跃欲试，网上开店人群大幅度增加，网上开店的竞争也开始激烈起来。网店要想盈利，必须要有较多的卖点。尤其是新晋卖家，级别低，没有经营经验，没有固定的客户群，想要突破开业初期的经营困境，发掘出具有盈利潜力的有卖点的商品，才能在竞争中站稳脚跟。这是非常关键的一步。从当前的网店销售情况与市场需求来看，热卖的有如下几类商品。

一、时尚有趣的高科技产品

现代科技的发展可谓是一日千里，电脑或数码产品的更新速度更是日新月异，一些时尚的高科技爱好者总想跟上潮流，但好多产品刚买回家没几天就过时了，市场上马上又出现了升级换代的新产品。如果跟着潮流换吧，刚买了没几天的产品就会贬值不少，换成新产品又要花一大笔钱，着实让人心疼；不换吧又落后于时尚，总是心有不甘。于是，不少人选择在商品价格更为低廉的网上购买这类产品。

选择网上经营电脑及数码产品，应该具备一定的专业知识，这样就可以辨别产品优劣及帮助买家排除一些小故障等。同时也要关注潮流，随时留心有什么新产品出现，以保证可以供应质量好、价格优的新品。

二、性用品及计生用品

网上购物与网下购物相比较，除了价格具有很大优势外，还有一个优势就是对顾客的隐私保护较好，因为买卖双方互不见面，谁也不认识谁。

中国人相对是一个比较保守的民族，传统的观念让大部分中国人不愿踏入街头的性保健品商店。而网上性用品及计生用品店铺却揭开了性的神秘面纱，买卖双方再也不用遮遮掩掩了。卖家可以在网上正大光明地卖，并且可以图文并茂地介绍产品的特点和功能；买家也可以放心大胆地买，再也不用偷偷摸摸唯恐别人知道。这就决定了性用品及计生用品店铺在网上必将拥有一定的市场空间。

三、图书

图书因其具有标识清晰、规格统一、特征容易描述等特性而成为发展电子商务的最为理想的商品类型，是非常适合网上开店经营的一个产品，也应该算是最早在网上销售的商品之一。当前世界上知名电子商务网站“亚马逊（www.amazon.com）”，最初就是靠卖书起家的，国内也有当当网（www.dangdang.com）等大型网站主要经营图书类商品。在网上卖书很方便，一般来说只需要把书的封面、作者、出版社和定价发上去就可以了，而一些有心思的人，可能会把书号、出版日期、内容介绍、页数等发上去，以这些更详细的信息来博得读者的关注和信任。

网上卖图书对读者具有强大的吸引力，其魅力主要体现在三个方面：一是购买方便，读者在网上查找到自己所需要的图书后，可立即下订单，几天过后就可以收到所购图书，不必跑到书店从一大堆书里翻来翻去寻找自己所需图书；二是售价便宜，网上售卖的图书一般都有比较大的折扣，就算加上邮寄费用，也会比在实体书店里购买便宜不少。当前，已经有越来越多的网民开始选择在网上购书。

四、以往在专卖店才买得到的体育用品

随着人们经济水平的提高，人们对健康和运动越来越重视，生活中不乏体育类产品爱好者。但这类产品大多只在专卖店才有经营，并且专卖店一般只在大中型城市才能找到，经营网点也比较少，而在一些小型或偏远城市，基本没有这类专卖店。所以，在网上购买便成了不少人的第一选择或唯一选择。如果有合适的渠道，在网上开一家体育用品店，可以有效地满足这一需求，应该会取得不错的经营效果。

五、男性用品

做生意的人都知道女人的钱好赚，因此，女性用品专卖店比比皆是，但是，我们却很少见到男性用品专卖店，男人似乎被商家们忽视和抛弃了。

逛街逛商场对大部分男人来说是一种沉重的负担，是一件让人很头疼的事情，不到万不得已他们一般不会选择逛街。男人购物一般喜欢简单明了直奔主题，网上购物正好契合了男性的这种性格特点，不需要逛街，不需要喋喋不休地讨价还价，鼠标轻轻一点，想买的东西就可以送货上门。

男人在购物时大多不喜欢讲价。因此，经营男性用品，价格最好明码实价，不要含什么“水分”，因为很多男人购物时看价格能接受才跟店主谈，价格不合适的话他们可能连问也不问，所以，不要让虚高的价格把真正的买主吓跑。

第7招

寻找网店商品的经营方向

纵观网络，大到汽车、房子，小到纽扣、绣花针，只要是你能想到的，在网上店铺里几乎都能找到。从平时身边的衣食住行，到一些很独特的情绪关怀服务，网上几乎能找到人们需要的所有东西，而面对网上海量的商品，作为网店经营者，如何找到一个适合自己的销售定位是店铺经营中首先需要考虑的问题。

寻找网店商品经营方向有几种方法：

一、从市场需求中找到商品经营的方向

这个定位方式是从市场需求的角度和商业价值的角度来确定网店的销售重点和销售范围的。只有商品具备经营价值，才值得网店店主投入时间、精力和资金进行销售。这就需要你擦亮眼睛，积极细心地关注市场、寻找商机。商机到处都有，就藏在市场的各种需求中，它需要你自己去挖掘。

销售定位中可以借鉴“长线”“短线”的概念，“长线”“短线”本来是证券投资的专业术语，但是它可以延伸到网店的销售定位中。

有的商品适合“短、平、快”的操作方式，有的商品则适合长期经营。适合短线经营的主要是一些市场热点类商品，要求经营者有较强的市场预测和判断能力；否则，很可能造成严重的商品积压，如果判断精准的话，不仅有助于市场大势，还可能受到追赶潮流的年轻人的热捧。适合长线经营的主要是那些生命力长久的商品，它要求经营者有较强的专业性和耐心，否则很难让顾客产生信任感并得到他们的认同。相比而言，在经营上实现短期效益有一定的难度，长期经营比较容易形成固定的客户群。

比如说，知名品牌的产品就适于这一类商品定位里的长线经营，因为知名品牌拥有固定的消费群体，喜欢购买这类商品的顾客一般以高收入、高品位为特征。而一些电视购物类的产品则适于这一类商品定位里的短线经营，因为媒体的广告作用和售价上的差距，促使很多热衷于这类商品的顾客直接上网去搜索。知道了目标消费群，就可以分析他们的购物心理和喜欢的购物方式，以及他们要求的服务质量等，根据这些信息来确定你的销售策略。

二、针对拥有不同需求的消费群体寻找网店商品经营方向

根据不同的目标消费群体来锁定商品类型，也就是进行消费定位。首先要明白哪些商品是针对哪一类的消费者，再对顾客的需求状况进行分析，最后确定销售什么商品，以后可以有针对性地开展一系列的活动来达到最好的销售效果。

例如，卡通类商品的消费对象以20岁以下的顾客居多，服装类的消费群体也是以大学生和刚参加工作不久的上班族为主要消费群体。卡通类商品可分为成人卡通和儿童卡通，细分一下又有图书、服装、玩具及日常用品等；服装可分为男装、女装、童装、中老年服装等，甚至还可以细分为休闲风格、职业风格、民族风格……

不同的卡通商品面对的顾客群体也略有不同，不同的服装风格适合不同的人穿着。分析潜在顾客的信息，有助于帮助我们进行店铺定位。每一个店铺、每一类商品都有自己的目标消费群体，既不要弄错目标消费群的需求，也不要试图做所有人的生意，定位模糊、没有特点的店铺反而难以得到顾客的青睐。

三、从自己现有的资源来确定网店商品经营方向

自己现有的优势是开网店最大的帮手。比如在确定网店商品经营方向时，可以根据自己手上已有的货源优势来定位，包括一些有特殊的进货渠道、加工难度或者地方特产类的商品，例如工厂订单、钻石珠宝和各地特产等。还有很多店主选择了自产自销的经营方式，他们从自身兴趣和技术特长入手，生产商品并进行销售，如一些手绘商品、手工制作的服饰用品、自制糕点等。有很多女性店主喜欢自己做手工，她们亲手制作的玩偶或饰品受到很多年轻女性消费者的追捧。自己动手学着做手工艺，在休闲消遣之余还能赚钱，这未尝不是件好事。

选择经营这类的产品不仅可以使自己具有更多的竞争优势，同时还能减少竞争对手的数量。由于在进货时人脉、资金、地域及生产技术等条件的限制，经营者的数量可能会相对少一些，市场的竞争就不会有共性商品那么激烈。

四、可以考虑用低价销售来确定网店商品经营方向

这个方法属于一种销售策略。类似的方式，比如人们常见到的“折扣店”“十元店”都属于这一类的销售定位。这种店铺往往销售的是大家日常需要的服饰和用品，而商品定价又是人人都“血拼”得起的价位。这类店铺就是在用薄利多销的经营特点吸引广大的网购群体。

一般来说，这种定位销售的商品最好是快速消耗品，因为消耗类商品比较容易形成回头客。如果在巩固老顾客的同时，持续发展新顾客，即使单笔交易的利润较低，但只要销售量能上去，总体利润还是很可观的。

在用低价销售来确定经营范围时，需要注意的问题是：一定要慎重考虑自己的网店今后的发展目标和愿景，因为如果选择了低价销售策略，网店在销售中就会给消费者形成一个低端的经营形象，再要往高端转型是比较困难的，而从高端市场向低端市场转变就容易得多。这就好像顾客一旦认可这是一家“两元店”了，如果要转向销售高端的服装、饰品，大家一定会对这家店铺持怀疑态度，犹犹豫豫不敢轻易尝试。但是一家高端商品店要转向开设“低价店”，则会在无形中提高大家对商品的估值，甚至可以从中获取更高的收益。

五、开动脑筋用创意来定位网店商品

网上还有一些富有创意的店铺，提供一些很特别的服务，销售内容大多不是实物，而是在深入分析社会和大众的需求后，设计相应的产品以满足大家的这种需求，同时赚取自己的报酬。虽然创意店铺销售的商品大多也是自产自销的，但是销售的往往不是实物，而是点子和灵感。

例如，在淘宝有家颇受争议的“骂人店”，店里提供各种发泄服务，顾客通过购买这些服务以释放快节奏的工作和生活所带来的压力。由于现代社会竞争激烈，很多人都会因承受压力而需要发泄，老板不敢骂、老婆骂不得，积蓄的负面情绪需要一个合适的渠道来释放，这种市场需求就催生出提供相应服务的店铺，将来甚至可能会发展成为一个行业。这类店铺的经营者为大家提供发泄服务，并且逐渐有了更深层次的业务拓展，继“发泄”之后又推出了“拍马屁”的新型服务项目，专门为那些平时得不到别人认可、没有人吹捧以及缺乏自信的人寻找一些心灵的慰藉。

当然，这里并不是鼓励大家一味地标新立异，只是希望通过这些案例启发大家去思考，知道网上除了销售实物类的商品，还能销售服务。灵感一现的创意和点子都能为你带来财富。

商品定位准确有利于我们确立以后的销售方向。万事开头难，我们先找准商品定位，后面的经营方式等都可以围绕着这个定位来开展，在确定商品定位时一定要考虑以下几个方面。

首先是自己的兴趣和商品定位是否一致。因为自己不感兴趣的东西很难让你有钻研的动力，也很难使你长时间地坚持下去，遇到困难的时候很容易选择放弃。

其次是商品的专业程度。专卖店和大卖场有不同的消费群体，商品在精不在多，店铺一定要有一类主打商品，这样可以逐渐形成专业的销售形象。对这类商品有需求的顾客会觉得店铺很专业、可信度更高；同时，作为经营者，你需要学习的专业知识也可以更有指向性，容易把店铺做专做精。

最后要确定货源是否充足。如果是准备经营服装，那么你寻找的货源是否款式齐全、服装品牌的选择是否比较多，以及能否让店铺有稳定的货源保障和支持等，这些都直接关系到店铺经营中顾客对商品的满意度。

商品定位要扬长避短，切忌人云亦云，跟风经营。有了正确的方向才能进行更有效的经营和管理，动手之前的准备越充分，后面的工作才会有越大的爆发力，我们不必要在起跑时为争分夺秒而盲目冲动，谋定在先，可以事半功倍。

第8招

开店前打好心理战

有很多人把开网店想得太简单，以为一台电脑就是全部装备了。虽然网上开店开的是一个虚拟店铺，不需要很好的地段、高档的装修，但这并不意味着你在所有方面都不需要投资；相反，有很多东西还是很必要的。

当你真正去做的时候，才发现要准备的东西还真不少。有些必要条件如果无法准备好的话，你的网店可不一定能开得起来。但你也不用害怕，不用想得太难，以致不敢动手。以下内容介绍的就是开网店前需要为店铺所做的一些准备，看完你就会心中有数了。

首先要做的准备是心理的准备。一个人的思想，能够指挥他的行为和做事方法。因此，网上开店之前，必须先树立良好的心态，培养一颗平常心，才能在网店开业后稳扎稳打，不断发展起来。

网络商城为每个人提供了成为老板的机会，一个个网上店铺在各种各样的平台上搭建起来。但因为目前网上开店者大部分是年轻人，没什么创业的经验，所以很容易产生一些错误的心理。所以，心理的准备与疏导，是必不可少的。先打好自己的心理战，才能打好市场战。

一、积极的心态能把坏事变成好事

“你的心有多大，舞台就有多大，你想成功的愿望有多强烈，就能取得多大的成就，积极的心态能把坏事变好，消极的心态能把好事变坏。”这是一位美国著名心理学家说的话。相信人生是积极的，会给人注入一种尝试新生事物的欲望，那些认为人生消极的人只会希望坏事不要落到自己头上。创业有时会很顺利，有时也会充满艰难和风险，但不管怎样，对于一个创业者来说，首先要自信，要相信自己的选择是正确的，相信自己能成功，这是创业的原动力。而积极向上的态度，会让人迫不及待地尝试新事物、新体验，催人不断奋进。聪明的人用积极的心态把压力转化为动力，愚蠢的人用消极的心态为逃避寻找借口。

二、不要只为钱努力，要为理想与快乐努力

阿里巴巴的CEO（首席执行官）马云有段话值得每个想在网上创业的人细细品味："大家肯定对自己的生意成交量很关切，对每个月能在淘宝上赚多少钱很在意，可是今天要想从网上赚大钱很难，但请相信在网上赚钱一定会是明天的趋势。未来两至三年内网上开店、网上购物、网上销售将会成为我们生活中很重要的一部分，所以今天最重要的不是赚钱而是经验的积累。创业者不要只为了钱而努力，要为自己的快乐，为自己的理想和经验的积累而努力。"虽然开店的目的是为了赚钱，但是请不要把赚钱放在第一位。如果只想着赚钱，往往使目光短浅，做出一些短视行为，从而失去很多宝贵的东西。不要幻想自己就是下一个陈天桥或史玉柱，创业的经历和从中得到的乐趣、学到的经验才是最重要的。

三、耐心等待、踏实前行

网店经营，最忌讳急功近利，完全从表面看市场。有些人看到流行什么就马上经营什么，经营了才知道不是那么回事。于是，干一行怨一行，被市场牵着鼻子走，最后感叹生意难做，一事无成。

不管做哪一行，每一次的成功，都是在付出无数次辛苦和努力的基础上开出的花朵。要成功，必须踏踏实实一步一个脚印耐心地奋斗。

网上开店与开实体店一样，千万不要急功近利，以为自己的店一开起来，摆上东西就大功告成了，跷着腿在家等着收钱就可以了；或者是看别人的店开得很好，就以为自己的店开起来生意也不会错。任何一个新开的店，都会经历一个长短不一的生意冷清期，都会面临各种困难，遇到各种挫折。什么生意都有一个客户的培养过程，不可能一夜暴富，"罗马城不是一天建成的"。所以，心理上一定要做好准备，多想想开店的目的是什么；多想想自己会得到什么、失去什么；多想想最好和最坏的结果是什么；多想想面对生意场，自己能否坦然应对。在店铺开业之前，一定要有一个月或几个月都不赚钱甚至亏本的心理准备，"做最坏的打算，尽最大的努力"。

四、从容、理性地面对各种问题

创业可能会源于冲动，但冲动过后更需要冷静。这种冷静、理性的心态主要表现在对创业项目全面、理性、严谨的可行性分析上。网店创业者大部分是首次创业，一般没有创业经验，创业所依据的基本上是通过书本和各种媒体所学到的知识与信息，无法深入地了解相关知识，所以这就需要冷静理性地分析，尽可能把问题考虑周全，才能从容面对一切。

五、要有独立打拼的心理准备

在家里时父母可以安排好你的一切，在单位时领导会给你分配工作任务，而创业时一切都要依靠你自己来决定生意的经营和发展方向。当然，遇到困难时可以咨询亲人和朋友，但他们的帮助和建议只能起到辅助作用，更多的时候要根据自己独立的分析来判断。所以，一定要有这方面的心理准备，不至于一出现困难就手忙脚乱。

六、学会欣赏他人，超越自己

面对比自己强的人，要尽量学会欣赏，而不是忌妒、诋毁他人，只有这样才可以不断超越自己。真正承认自己的不足，欣赏并从内心佩服自己的竞争对手是需要勇气的，也应该是能成大事者必须具备的心理素质。看到了别人的优点，也就是找到了自己的缺点，只有承认自己的不足，才能够学习别人的优点和长处，才能够明白为什么别人比自己强。不管自己能不能超越他人，都要端正心态。有的人你是永远无法超越的，你能超越的只有你自己。你要做的，就是去学习借鉴别人的经验。总想着超过别人，本身就是一种不正常的心态。

七、坚持意味着一切

做任何事情都不能靠一时的激情和冲动，做好一个网店同样也不是一朝一夕的事情。要做就要做到有始有终，如果遇到一点挫折，就怀疑自己的选择，丧失了克服困难的勇气，那么什么事情也不会做好。不管遇到什么情况，都要以一颗平常心来对待，不要急躁，不要给自己太大的目标和压力。多花时间学习别人的长处，提高自己的经营能力，把每件事情都认真地做好，只要有客户，生意能循环，网店就能够做活、做好。千万不要只有三分钟的热度，要经得起暂时性的失败和打击。在遇到挫折时，要想办法平衡自己，给自己坚持下去的理由。现实中就有不少人因为无法坚持下去，不知道逆境中如何鼓励自己，而丧失了原本很好的创业机会。据调查，48%的卖家在努力一个月后见没有成效就不干了；25%的卖家在努力两个月后见没有成功后就不干了；15%的卖家在努力三个月后见没有成效就不干了；只有12%的卖家在努力三个月后没有成效却继续干了下去，而80%的大卖家是从这些人中产生的。如果你能做到成为这12%中的一员，就会有很大的成功机会。

八、把开店作为副业，压力会少一些

如果有可能，不要在短时间内把开网店当作自己的第一职业，尽可能等具备了足够的实力时再专职开展自己的网上生意。如果只是业余开店的话，心态就会好很多，也不会有过大的经济压力。这样，经过一段时间，你就会体验到创业的乐趣，并可充分利用这段时间努力累积自己的经营经验，提高自己店铺的口碑，为自己的更大发展提供可能。

第9招

做好开网店前的硬件准备

不管是网上开店还是开实体店，硬件都是基础和根本，只不过网上开店的硬件不同于实体店而已。那么，要开一个网店，都要具备哪些硬件呢？

一、电脑的运行速度要有保证

电脑的配置不要求有多高，但要求运行速度要快，能运行一些基本的绘图及图片处理软件，能运行即时通信工具，最好带有光驱，配有移动硬盘等，这样可以更多地保存商品和客户的资料。同时，最好也能给电脑配备一些如视频摄像头、耳机、麦克风等辅助工具。如果电脑装备太少，或者运行速度慢的话，可能在经营店铺或者与顾客交流时产生意想不到的事故，一笔生意说不定就此“泡汤”了，所以一定要留心。

二、上网方便，网速要快

既然是网上开店，便捷的网络连接是必不可少的。查询资料、查找货源、与客户交流，很多环节都必须依赖于网络。不管你用的是有线上网还是无线上网，不管你是宽带上网还是光纤上网，不管你是在公司上网还是在家里上网，都必须要保证网络连接的畅通快捷，切记网速不能太慢。

三、相机像素要跟得上

网上开店，主要是通过把商品的图片传到网上向客户展示的方式来进行销售的，这就需要借助于数码相机快速地把自己的商品多角度、全方位、细致地送到客户眼前，以增加成交的概率。对数码相机的要求不是很高，现在主流的数码相机大多已达到800万至1600万像素，完全够用。

四、扫描仪是必备品

有时候，供货商提供给你的产品资料及图片为印刷品，无法直接传输到电脑里。这时就需要把图片扫描下来上传到你的网店，从而方便客户看到你的商品。

这些硬件大部分在网上都可以买到，价格也不是很高，每个经营者可以根据自己的经济状况来决定购买何种品牌及机型。购买时没必要把某些不实用的技术指标放在第一位，因为有些功能根本用不上，这些花哨功能只会徒增自己的支出。

五、联系方式必不可少

开网店需要经常和客户保持联系，所以你必须要让客户随时可以联系到你，有的机会错过了可不会再来。现在网上经营同类商品的有那么多商家，顾客可不会一次又一次地联系你，联系不上你，他可能会马上转到其他商家。

六、联系地址要清晰

如果是规模比较大的网上店铺或是拥有独立域名的网店，有单独的办公场所，一定要把地址清晰地公布在自己的网店上。这样可以让客户更加信赖你，当然，这部分会涉及个人隐私，经营者可以根据自己的实际情况决定。

七、一台传真机也是业务的需要

生意做大做广之后，就需要经常和供货商及客户签订合同，这也是对双方权利的法律保障。因为距离的原因，传真机就成为业务的必要选择。同时，上游供应商有许多产品资料、宣传资料等也需要借助于传真机来收发。

第10招

做好开网店前的软件准备

一、用网络即时通信软件及时联系顾客

作为与客户方便沟通的手段，即时通信工具也是必不可少的。即时通信工具具有实时性、跨平台性、成本低、效率高等特点，深受广大网民的喜爱。当前应用广泛的即时通信工具主要有腾讯QQ、微软Skype、阿里旺旺、网易泡泡等，通过服务提供商的网站首页提示，经过简单操作就可以成为这些软件的注册用户。同时，网上交易平台也会提供即时通信工具，如淘宝就提供了阿里旺旺供买家与卖家进行交流。即时通信工具不但可以成为与客户交流沟通的手段，也可以作为宣传自己网店的载体。

二、备一个大容量的电子信箱方便与客户联系

电子信箱是互联网上应用最广泛的一种服务，具有快速、方便、廉价、可靠、易保存等特点。通过电子邮件，你可以在几秒钟内与世界上任何有网络连接的角落里的客户取得联系。电子邮件的内容可以是文字、图片、音频、视频等，还可以是大容量的附件。电子邮件已成为现代人交流的重要方式之一。拥有一个大容量的电子信箱（E-mail），你可以方便地与供货商或客户联系，它是网店经营者必备的沟通工具。现在，各大小综合类网站，如新浪、搜狐、网易、腾讯、雅虎等，都提供了免费的电子信箱服务，只需在网站首页按照提示操作，几分钟内就可以拥有自己的免费电子信箱。中国移动、中国联通等移动通信服务商也提供手机邮箱的服务，网店经营者也可以开通自己的手机邮箱。

三、用基础办公软件写文案、做统计

Word、Excel等软件都是最基础的办公软件，电脑生产厂家或零售商在出厂或销售时一般都已经预装。学会使用这些软件，可以方便地编写合同、

编辑自己网店的文案、便捷地统计自己的销售情况等。因为网上开店，主要是通过文字与图片的形式向客户展示自己的商品，客户看不到店家人长得多敦厚，说话的表情有多诚恳，一切都体现在文字和图片上。好的文案会为自己的商品增色不少，会让买家对自己的店铺留下深刻印象，所以这几种基本的编辑软件需要你熟练掌握。

四、用图片处理软件做出精美商品图片

网上开店除了需要好的文案来介绍自己的商品以外，还有一个重要的方面就是用精美的产品图片和宣传图片来展示自己的商品。对买家来说，这是了解商品的最直观的方式。一张制作精良的图片能让买家一目了然，马上引起买家的购买欲望；相反，图片灰暗、不清晰，再好的商品也不会吸引买家的目光，还会直接影响商品的成交率。现在的图片处理工具有很多种，但应用最广泛的还是Photoshop，其丰富的内容和强大的图片处理功能深受广大网民的欢迎。它可以提供多种图片涂抹、装饰、编辑、合成、分色等方法，并给出许多增强图片显示效果的特殊手段，是计算机图片处理的得力工具。

五、用基本网站设计软件做出精美网店页面

如果你不是依附于各种网上交易平台，而是开一家拥有独立域名的网上店铺，就需要学会自己设计和装修店铺。你应该掌握一些基本的网站设计软件的运用，这样就可以做出漂亮的页面来宣传自己的店铺。一个有规模的独立网店，配上几个漂亮的广告页面，一定可以为自己的店铺增色不少，从而吸引买家的目光，增加店铺的营业额。目前，应用比较多的网站设计软件有FrontPage以及Dreamweaver，前者比较适合初学者学习使用，后者则更具有专业性。

六、用合法有效的身份证注册

大部分会员注册型的网上交易平台，都需要创业者在会员注册时上传身份证的扫描件进行身份认证。因此，想开店者必须拥有合法有效的身份证才可以。

七、开通网上银行进行交易结算

在中国，网上交易的诚信问题还没有完全解决，因此消费者很难仅凭你的一张银行卡就把货款汇给你。现在大部分网上交易平台都提供第三方支付服务，所以一定要开通网上银行，使用交易平台提供的支付工具来进行结算，这样大家交易明细清楚，买家也放心。开通网上银行一定要加强密码及账号管理，防止不法分子盗取后造成经济损失。

开好一个网店并不是想象中那么容易，有了上述这些准备远远不够。比如在电脑技能方面，除了掌握上述提及的软件外，还有一些基本技能也是需要熟练掌握的，比如搜索引擎的使用。现在网上新技术、新概念层出不穷，搜索引擎可以帮助你快速了解这些新生事物。同时，搜索引擎还可以帮你查找到更多的供货商及你所销售商品的更多知识，等等。对于一个具有基本电脑知识的人，学习使用这些软件及技能应该不是一件困难的事情，只要努力，应该很快就可以掌握。一个好店主一定是个乐于学习、用于接触新鲜事物和新知识的人。

第11招

调查主打商品的市场需求

虽然上文罗列出了一些适合网店销售以及网店热卖的商品类型，但是网上开店卖东西千万不要太仓促，不能看了几条资料，觉得这个肯定好卖或者那个肯定热销，就赶紧去进货，没有自己的主见。

如果想要开好网店，你必须进行充分的市场调查，从自己想要经营的方向做一些研究，收集市场的第一手资料进行认真的分析对比后才可以下结论。你先要搞清楚网上买家有什么特点，他们的需求是什么，你想要销售的商品是否符合他们的需要，市场是否饱和了，是否存在过度竞争，是否能带来一定的利润，在同类商品中，你又想要做哪个档次的，希望顾客在你店里逛完之后留下什么印象，等等。只有把这些都调查清楚，才能保证开店后不陷于盲目跟风，才能取得最后的成功。不经过充分的市场调研就一头杀进网店的大军中，是很难取得成功的。

当你选择了一类或数类产品准备去经营时，就要开始进行针对该产品的市场调查，以此来确定你的选择是否正确。因为大多数时候，你的选择只是基于个人的经验或者不全面的信息而做出的判断，万一判断错误，可能会导致你的创业失败。这种调查其实质是准确地为自己即将开业的网店进行市场定位。当然调查最好是委托专门的市场调查公司来进行，但大部分网上开店的人都没有雄厚的资金来请市场调查公司为自己做调查，而这一工作又是不可或缺的。因此，我们可以从下面几个方面着手，自己进行市场调查：

一、上别人的网店或实体店里看一看

上网看看别人的网店里有没有经营相同的产品。如果有，那说明这样的产品是有市场的，但有市场并不意味着你的产品就会畅销，主要是看你的产品的品牌和价位有没有竞争力。如果别人的网店里没有你经营的产品，你就要好好做一下线下调查，看看这种产品是不适合网上销售，还是有购买市场但还无人涉足，若只是暂时无人涉足，就算你把价格定得相对高一些，也会有好的销售成果。

二、征询亲朋好友或专家的意见

把你的想法或者样品拿给自己的亲朋好友或者专家听听看看，征求一下他们的意见，身边的这些人中，可能就存在你的潜在客户。调查中，不要以为某人不上网，就不可能是你的客户，所以就不用征求他的意见了，这是非常错误的。其实网上开店，只是营销的一种方式，营销的道理是相通的，在线下不好销售的产品，在网上同样不好销售。线下消费者的心理特征，也可以代表一部分网上消费者的心理特征。

三、参加营销沙龙或论坛

当前，社会上有关创业、市场、营销等的活动有很多，开店前可以先参加这样一些营销沙龙或各种论坛。多参加这样的活动，可以让你迅速深入了解各行各业，能够了解一些业内资深人士的看法，并得到他们的指点。

四、其他方面的市场调研

进行市场调查是个艰苦的工作，但是你调查得越详细，你就越了解你想要售卖商品的行业以及其市场竞争环境。这些，都将有助于你店铺以后的经营。所以，在开店前，一定要舍得花上一定的时间去进行调查。市场调查应包括这样一些内容：

1. 对你所售商品行业的调查

如这个行业竞争如何、市场容量有多大、国家对这一行业有无特殊法规等。

2. 对所经营品牌的调查

如品牌的知名度如何、品牌的美誉度如何、在哪个地区的影响力比较大，该品牌的售后服务如何等。

3. 对竞争对手的调查

如目前网上售卖同类商品的卖家有多少、他们的优势和劣势在哪里、他们畅销的产品有哪些、他们的价位如何、他们经常采用什么促销手段等。

4. 对供应商的调查

如可供你选择的供应商有多少、他们都有什么优势和劣势，他们的信誉度如何、供货是否及时等。

5. 对消费者的调查

如消费者的购买力如何、消费者的购买动机是什么、我提供的商品能否吸引他们、他们对此有什么评价、接受度如何等。

6. 对替代品的调查

哪些商品和你的商品能够满足买家的同一种需求、它们是否会给你带来很强的冲击、和它们相比你的商品的优势在哪里等。

第12招

全面掌握网购族的特点

现今，中国的网购群体有他们独特的性格特征，你要做的是调查并分析他们的背景和个性。仔细分析他们的消费特点，才能有针对性地经营好自己的网上店铺。

一、网购一族都很有个性、独立性强

随着社会经济生活的发展，人们的自我意识增加了，不喜欢与别人雷

同。网上消费者更是一群有独立见解和想法的人，他们有不同于他人的思想和爱好，其需求越来越独特，越来越具个性化。

二、网购族热爱新鲜事物，好奇心强

中国的网民以中青年网民居多，年龄大多集中在18岁至45岁之间，这部分人大多受过良好的教育，对新生事物比较感兴趣，对新领域有比较强的好奇心，很容易接受并尝试新事物，是网上开店及购物的主要人群。

三、网购族一般都具备独特的时尚品位

目前，中国的网上购物群体以白领群体及大学生居多，这部分网民都受过良好的教育，对时尚潮流比较关注，并有着独特的审美观及品位。你的网店是否时尚，你的商品是否时尚，你的信息是否时尚等，已经成为你的网店是否吸引顾客的一个至关重要的标准了。同时，年轻人的思维开放，想法不单一，他们注重自我、注重个性，每一个人都有不同的消费心理和消费需求。所以，商品的个性化对于吸引年轻人而言，也是个很好的战略。

四、网购一族男女消费行为有别

无论是在网络中还是在现实生活中，男性与女性的消费方式都是不同的。相对而言，男性在消费时要理性一些；而女性则要感性些、冲动些；男性在买东西的时候大多已经把商品的价格、质量、性能等信息都掌握了；而女性更偏向于看到喜欢的东西就会下意识地放入“购物车”；男性在购物的时候自主性较强；而女性则体现出依赖性，喜欢咨询其他人的意见。

五、网购族较少冲动消费

网上电子交易平台巨大的信息处理能力，为消费者挑选商品提供了前所未有的选择空间，任何一种商品，在网上都可以收集到成千上万条信息。网上消费者一般具有较强的判断分析能力，不会轻易地被舆论所左右，在下定购买决心前，一般都会理性地对商品进行比较，较少发生现实中的冲动型购物。

六、网购族受不了等待

年轻人的性格大多比较爽快，喜欢干脆利落，一般不喜欢拖泥带水，如果你的网店运行速度比较慢，他们一般没耐心等待而是马上离开。所以，选择一个网速稳定的浏览器是十分必要的。同时，网店的内部设计如果很复杂的话，会引起许多图片与信息的传递延迟，这也会引起网页的运行速度缓慢，从而影响消费者的购买行为。

七、网购族收入相对较高

资料显示，收入越高，网络消费的次数越多。那么，收入比较高的这样一群消费者都是一些什么样的消费者呢?

1. 受过高等教育

越是受过高等教育的人，对互联网的了解就越深刻，同时也就越容易接受网上购物这样的消费观念及方式。

2. 有稳定的工作及收入

网上消费者一般都有固定工作，他们上网消费的时间大多是固定的。通过了解他们的时间安排，来选择一个上线的时间和一个新品上下架的时间，这是十分有效的。

3. 对价格同样敏感

虽然网上购物的消费者收入相对较高，但是这部分消费者对价格同样敏感，你所给出的价格是否会获得他们的信任是很重要的。所以，千万不能因为他们收入高，你就可以把价格定得很高。价格一定要有竞争力，因为寻找质优价廉的商品是所有消费者的一个共同心理。

八、追求购物过程的方便和享受

网上购物使得消费者在购买商品时，还可以同时获得其他信息，并从中得到在各种传统商店没有的乐趣。一部分工作压力较大、紧张程度高的消费者在网上购物是以方便购买为目标的，他们追求的是时间和劳动成本的尽量节省；而另一部分消费者，自主时间比较多，他们更希望通过消费来寻找生活的乐趣。

九、网购族憎恨各种虚假信息

网上经营，诚信是一个永恒的主题，消费者绝对不容许半点儿欺骗，特别是这样一群自我意识很强的年轻人。所以，即使你的商品有缺陷，也要一五一十地告诉他们；如果通过不实手段欺骗消费者一次，他们就再也不会走进你的店铺了。发布虚假信息欺骗顾客还会影响网店的整体好评，导致网店无法长久经营。

十、网购族对网购高额商品存在顾虑

由于现实及网络本身的特点，现阶段网购群体对网上购物的安全性和保密性仍存在一定的顾虑：一是担心自己的隐私被泄露，二是担心出现纠纷时自己的权益不能得到足够的保障。这些都会对消费者的网上消费行为产生一些负面影响，尤其在购买价格较高商品时，顾虑会更多一些。

第13招

分析网店的不同客户群

上文中已经分析了网购群体的性格特征和行为特点，不过网购群体是个很大的概念，上述分析是概括而论。加上网购越来越普及，越来越多的人参与其中，随着社会的发展，数字世界对每个年龄段、每个阶层的人都提出了高要求，这使得很多本来与网络、与网购绝缘的人也渐渐参与到网购中来。当你进行调研时，就需要针对这些具体情况具体分析。

就算你的网店规模再大，品种再全，你也无法满足所有购买者的所有购买需求。任何一个市场都有众多买主，他们分散在不同的地区、不同的行业，他们各自有着不同的购买需求，但资源是有限的。所以开网店必须根据自己的实际情况，有针对性地满足某一个消费群体的需求，这个消费群体，就是你的目标客户群。

在网店的实际经营中，经营者与目标客户群体间经常出现认识偏差，导致这种偏差的原因，大多是经营者无视目标客户需求造成的。经营者在进货时，往往根据自己的能力甚至偏好来选择商品，而不是根据目标客户的需求确定进货重点，总是武断地认为适合自己口味的产品就是最好的，目标客户就应该喜欢；或者虽然能够认识到对目标客户群体消费需求分析的必要性，但是对重要性认识不足，不能很好地掌握分析方法，从而导致分析结果与实际状况出现偏差，使自己的经营偏离了目标客户的需要；或者经营者对商品的认知同目标客户对商品的认知虽然一致，但经营者没能很好地掌握与目标

客户的沟通技巧，不能将商品的价值、利益很好地传达给目标顾客，进而导致认知偏差或不足。

不同客户群体有不同的消费需求，这些需求是确定进货的依据。网店所经营的商品必须是目标客户想要的商品，因此必须仔细分析自己的商品适合哪类人群，从而确定自己的目标客户群，从源头上有针对性地进货，这样才能够使自己的网店正常经营，不走弯路。

就算针对同一类商品，不同的客户群体的认知也是不一样的，不同客户群体有不同的购物心理特征。店主必须根据目标客户对商品的认知及其心理特征来确定营销策略。以服装为例，男性顾客可能更关注品牌，认为只有名牌商品才有价值，才能显示自己的身份；而女性顾客更关注的可能是款式，认为款式不好，不论什么品牌自己都不会喜欢。这就导致了男装市场和女装市场营销工作的根本差异。对目标客户群体的分析，正是为了对营销策略、价格技巧工作的开展提供依据。

分析目标客户群体还有利于开发新的市场，形成新的利润增长点。通过对目标客户群体的分析，可以了解客户需要满足的程度及潜在的需求状况。这样，了解客户的哪些需求尚未得到满足或满足不够，便可以迅速地为网店寻找到进一步发展的成长点。

一、不同的目标客户群有不同的购物心理和习惯

按不同的方法，可以把顾客分为不同的客户群。

比如，按性别可分为女性顾客、男性顾客；按年龄可分为青年顾客、中老年顾客等；按人群可分为学生顾客、白领顾客、游戏顾客等；按消费心理可分为冲动型顾客、耐心型顾客、分析型顾客等；按地域可分为南方顾客、北方顾客、西北顾客等；按教育层次可分为高学历顾客、中等学历顾客、低学历顾客等。

不同的顾客有不同的购物心理和购物习惯，针对这些不同的心理和习惯就要制定不同的销售策略。

比如，持家的家庭主妇型顾客，她们可能会更多地关注家居生活方面的商品，对价格方面的要求相对来说会比较严格。成了家的男性顾客更加关注的可能是与自己事业有关的商品，更在乎商品的内在品质，他们对价格不敏

感，但购买时会考虑买了后会不会让老婆满意；没成家的年轻白领顾客，他们追求更多的是品牌、品位等方面，只要符合他们要求的东西，一般不会太在意价格；学生一族更多关注的是新潮的、有个性的一些商品，他们对价格不太在意，但消费能力相对较低。

二、实用类购买和兴趣类购买

国外市场研究专家一般把顾客的购买类型分成两大类：一类是实用类购买，一类是兴趣类购买。

实用类购买一般是为了完成工作或达成目的而发生购买行为，这种购买行为比较理性、谨慎，购买并不是主要动机，其目的是为了获得实际的使用价值，所以顾客在购买前一般会做比较充分的准备。

兴趣类购买是一种为了得到购物的乐趣而发生的购买行为，这种购买行为一般是为了满足购物的乐趣、高程度的参与感、刺激感等心理因素；这种类型的消费行为具有较大的主观性，顾客更注重的是购买过程。

这两种不同的消费类型适应于不同的商品，实用类购买一般是一些耐用品，大多是购买前已经有购买计划；兴趣类购买则相反，大多是一些小件消费品，购买行为具有较大随意性，往往是顾客看到了才想到要购买。

三、直接目标客户和间接目标客户

确定了目标客户后，经营者还要把目标客户分为直接目标客户和间接目标客户两类来分析其消费特点。

直接目标客户有决策权，能够直接做决定；间接目标客户有建议权，能影响“购买”决策的产生。比如说学习用品，有家长为学生直接购买的，也有学生自己经过选择后，告知家长进行购买的，家长和学生都是目标客户，都能够对是否交易产生影响。

这样就需要明确目标客户的分布情况，是直接目标客户多，还是间接目标客户多。这样经营者就可以根据目标客户群体的消费特点，并根据自己的经营条件，集中精力来满足自己客户群的需求，使其在售前、售中、售后得到最大的便利和最佳的服务，从而形成自己网店独特的经营特色，赢得客户信任，保持并增长客户数量，提高自己网店的竞争力。

第14招

找准网店市场定位

也许你只是业余做网店并非全职开店，但一旦网店开张，就不要把自己的网店只当成一个业余兼职的工具，用来打发时间而已。任何简单的事情做到极致都会成功。作为网店店主的你，应该认真谨慎，把自己的网店当成一个企业对待，把自己当成一个企业管理者，从宏观的角度、从战略的层面去用心计划自己这家网上店铺的发展道路。

店铺落户网络后，店主需要马上考虑的一个重要的问题是：如何对你的网店进行准确的市场定位？

网店也需要一个准确的市场定位。对市场的准确定位可以帮你做到心中有数，有了计划和目标，就能提高网店运营的效率，使你的网店及网店主营的商品在网上顾客群中树立起独特可信的形象，取得有利的竞争地位，从而使店铺获得长久发展的可能。

最早提出“定位”概念的是广告业。此概念强调广告要在视听者心目中留下一定的位置，从而达到最佳的传播效果。如果网店能在目标客户心中确立一定的位置，给消费者一个购买的理由，网店往往能在竞争中处于有利的地位，从而增加网店规避风险的能力，创造更多的利润，避免被淘汰。

什么是市场定位？可以从两个角度来阐释：

第一，所谓市场定位，就是根据目标市场上同类产品的竞争状况，针对顾客对该类产品某些特征或属性的重视程度，并结合自身的情况，为自己的店铺及所经营的商品塑造有针对性的、强有力的、与众不同的鲜明个性或形象，并将这种个性或形象生动有力地传递给目标顾客，求得顾客认同，从而使得顾客在众多网店中一眼就认出你的店铺。市场定位的实质是使自己的网店与其他网店严格区分开来，并且使顾客能够明显感觉和认识到这种差别，从而在顾客心目中形成特殊的位置。

第二，网上店铺的市场定位，就是卖家根据自己所拥有的各种资源，通过分析取舍组合，明确自己网店与其他网店相比最具价值的发展方向，然后根据所选中的产品或服务的属性，以及竞争对手的状况，确立自己的店铺在网络市场上的位置，并利用顾客对店铺相关产品或服务的重视程度，为店铺及所经营的商品塑造与众不同的形象，以区别于其他竞争对手。市场定位的实质就是对目标客户群体的细分，比如一个经营服装的网店，把目标客户群体确定为中青年女性，但是这个群体的需求差异性仍然很大，有的是为了追求时髦，不惜高价购买潮流服装；有的是为了显示自己的身份和社会地位而购买高价、高质且雅致的服装；有的是由于收入低或追求朴素，购买大众化的服装。市场细分后，每个市场变得小而具体，细分市场的规模、特点显而易见，顾客的需要清晰了，就可以根据不同的商品制定出不同的市场营销组合策略，从而适应顾客不断变化的需求。

第15招

调整网店商品结构

在网店的实际运营过程中，可以定期对店内经营的各种类别商品的销售额和利润贡献进行一定的分析研究，同时要对网店竞争者售卖的同类商品的销售额和利润进行分析研究，并且多学习人气网店的商品组合分类策略，为我所用，对自己的网店商品组合策略不断进行优化整合。根据实际情况，你可以选择这样几个优化整合的方法：

一、适当增加商品组合深度、广度

这个策略包括增加商品组合的深度和广度两方面。增加商品组合深度是指增加商品的包装、规格、款式、口味、颜色等的数量；增加商品组合的广度是指增加商品的品种数量。扩大商品组合，可以充分利用现有人气、品牌、渠道等，增加商品项目，增强网店的竞争力，也可以为自己赚取更多利润。

二、适当剔除获利小的商品类别

在市场情况不是很好、经营状况较差的情况下，可以从商品组合中剔除那些获利较小的商品，集中资源经营获利较多的商品。这种策略可以让经营者集中精力经营，也可降低运营成本，加速资金周转。

三、适当填补经营空白，进行商品延伸

这一策略是指部分或全部改变网店原有商品的市场定位，可以向下、向上、双向延伸。向下是指原来经营的商品属高档商品，现增加或改为经营中低档商品；向上是指原经营商品为较低档次，现增加或全部改为经营高中档商品；双向是指原来经营商品为中档商品，掌握一定市场优势后一方面增加低档商品，一方面增加高档商品。这种策略可以充分利用自己网店和商品的品牌优势，补充自己经营商品的空白，从而赢得更多利润。

第16招

给网店起个好名字

在我国有一个非常传统的说法：赐子千金，不如教子一艺，教子一艺，不如赐子一名。

你为网店付出大量精力，寄托很多希望，网店就像你的孩子，所以给你的网店起个好名字很重要。一个令人记忆深刻的店名能够得到更多消费者的关注，它能给你的网店带来人气。

店名也称招牌，给自己的店铺取名在古时叫作“题定招牌”，而且有很大的讲究。起名时有这样几个要注意的地方：

一、要用独特的字词

用与众不同的字眼，使自己的网店在店名上显出一种特别，并能在众多同行同业中引人注目。用现代商务运作的观点来看，一个与众不同的名字实际上意味着一种独立的品位和风格，彰显着网店店主强烈的个性和特别的思维方式。现在的网购一族大多是年轻人，有想法，所以起个好的店名就更加重要，这会让网购族对你的店铺产生信任和亲切感。

二、要用吉祥的字眼

图吉利，这大约是中国人为一切人或物起名时特别讲究的一点。不过这也符合商场上人们的一种普通心理。商场上无论买方或卖方，都希望能够大吉大利，谁也不会喜欢自找晦气。关键是要有自己的“金字”招牌，创出自己的品牌来，而随着日后网民的再次增多，网络消费趋于理性化，今后的网络经营势必与传统业态经营走上相同的道路，所以要符合大众的审美和习俗，要把名字起得吉祥一点。

三、读起来最好朗朗上口、响亮有力

朗朗上口，也就是要求网店名字要起得简洁明了，通俗易懂，且读起来要响亮畅达。给网店起名的目的就是要吸引人，要让别人牢牢记住你的网店。因此这一点也就显得十分重要。如果网点名用字生僻，读起来拗口，那名字的作用也就失去了意义，不仅不能吸引人，还会让人记不住你的店名。

四、让人一看就知道你卖的是什么

店名的用字要符合自己所经营的产品领域的特点，要能让人一看名字就知道你的商号是干什么的。比如你在网店里主营的商品是衬衫，那你的店名就应该跟衬衫有关。如果你卖的东西又多又比较杂，那么可以用你的主打产品来给自己的小店命名。这样，买家在网购平台的引擎里搜索他要找的东西时，说不定一下子就能搜索到你的小店，岂不更有利于你的销售？

第17招

给网店取名的方法

网店的店铺名不是一定下来就永恒不变的，而是可以修改的，卖家可以根据不同的情况任意更换店铺名。不过经常改店铺名也不好，会让消费者认不出你的网店，无法留下深刻印象。一般网店店名只能容纳30个汉字，所以应该尽量利用这些空间来优化店铺名，把每个字都推敲一下，发挥名字的最大用处。

给网店取名是件非常私人化的事情，你的店铺你做主，想怎么起就怎么起，只要你喜欢，只要你觉得这个名字能给你的网店增色添彩就行，是没有固定标准的。不过通过对一些起得比较好的店名分析，专家发现可以归纳出一些好的起名方法。通常情况下，给网店命名可以借鉴以下这几种方法：

一、用有名的人或物作为网店名

这一招叫作“借名生辉”。这个意思主要是借助人名和地名来给自己的网店命名。我国传统上通常以“姓（名）＋行业”来命名，例如：老舍茶馆、王朔酒吧。还可以借用地名并结合本地的地方特产来给自己的网店命名，例如：重庆麻辣小吃店、长白山补品店等。

二、在你网店名前冠上有名气的网店字眼

现在也有部分卖家会借一些在淘宝中很有名气的店的品牌名作为自己的店名后缀，借他们的名气来给自己的店铺增加流量，这个方法往往起到意想不到的效果。

“柠檬绿茶”是淘宝一个金冠店的卖家，它一直用“柠檬绿茶”作为自己的店铺品牌名。经过这么多年的经营，这个品牌名已经获得很高的知名度。我们通过淘宝主页，在店铺名搜索栏中搜索“柠檬绿茶”这几个关键字，在结果中，排第一位的就是正牌的“柠檬绿茶”金冠店铺，它的店铺名就比较正规，完全是按照“品牌名+功能名+其他”的原则来制定的。然而在搜索结果中，还有很多其他后缀名带“柠檬绿茶”的店铺，它们的信誉也都非常之高。仔细分析一下，它们后面带的还不止“柠檬绿茶”一个品牌名，还包括“嘟嘟鱼嘟嘟”“天使之城”“西溪漫步”等，这些也都是淘宝信誉度较高的一些卖家的品牌名。

要注意的问题，就是借用的店铺名最好是和自己店铺产品相关的顶尖卖家，不然带来的流量不够精准，光有流量没有成交也是没用的。虽然这个方法比较投机取巧，但对于小卖家来说，能带来更大的效益才是最实际的。

三、在名字中标明你的网店的特色

给网店取名能够标明特色，就能够达到多重效果。例如：宣传网店业务、网店市场定位等。通常借用商品特色可以从商品本身的特色和商品对应的消费者特色两个角度来思考。比如，某店的功能名取的就是“创意礼品生活厨房家居用品”，当买家使用店铺搜索，搜索“礼品”“家居用品”等关键字时，店铺将会显示在搜索结果中。

四、在名字中标出店铺的优势或促销活动

要想在众多的搜索结果中脱颖而出，可以在店名中带有店铺的性质、店铺特色、口号主张、品质保证、信誉等级、促销信息及联系方式等，最大程度地利用好这30个字的限定。比如“高品质超人气女装”“100包邮”“四皇冠”“上海商盟”等。

五、从不同角度起针对性的店名

选择的角度不同可以得到不同的网店名字。可以分别从经营者、消费者、商品产地、文化、竞争者等角度来给自己的网店取名。

六、店名可以迎合网购族的消费心理

这一招叫作投其所好，也就是迎合消费者的审美特点，以流行或深受人民喜爱的事物来给网店命名。通常可以在以下几个方面加以考虑：迎合怀旧心理需要、迎合时尚心理需要、迎合求吉心理需要、迎合猎奇心理需要等。

七、用诗词歌赋打造有品位的名字

诗词歌赋里面蕴含很高的文化和文学价值，能够使人产生丰富的联想，因而也能够成为网店命名的素材。

八、用数字做店名容易识别与记忆

用数字给网店命名也可以是一个不错的方法，因为巧用数字的优点和长处很多。一般来讲，用数字命名的网店简便易行、便于识别、给人印象深刻。

九、从搜索引擎上找好名字

有效利用现在流行的网络搜索工具可以为我们提供大量可供借鉴的有价值的信息，还可以为我们节约很多的时间。

如果你打算经营韩版女装，定位的客户群体是18至28岁的单身女性，那么你就可以考虑取个可爱的名字。如果自己实在是想不出好的名字来，那也没有关系，因为有搜索引擎可以帮忙。你可以进入一家搜索引擎的首页，搜索关键词“可爱的名字”得到很多关于可爱的名字的页面链接。在搜索结果中，随便点开一个网页，就可以发现有很多可爱的名字，比如“小笨瓜”“晴天娃娃”“宝丫头”“d大调的旋律”“cc果冻儿”“柠檬草精灵”“妖精柒柒”等。

当然，如果你想让自己的网店看上去是一个有实体店铺，信誉比较好的正规店铺的话，也可以采取正统实体店取名的方法。比如旺旺名叫作：“佰利德手表专营店”“神州手机配件专营店”“芳草集圣道专卖店”等。

十、遵守店铺所在平台的起名规则

选择店铺名一定要遵守平台的规则，不然很容易受到处罚。比如淘宝规定，不准使用带有“淘宝授权”“淘宝网特许”等含义的字词，不能出现比如色情、暴力等违反法律法规的字词，也不允许出现不真实的文字描述。比如，非商盟店铺就不允许在店铺名中借用商盟品牌来进行宣传，误导消费者。

十一、要认真、耐心地为店铺取名

一个好的网店名字要综合许多因素加以全面考虑，在经过冥思苦想后往往有一种妙手偶得的感觉。所以千万不能急躁，耐心做好起名的第一步，就会为你的网店奠定一个好的基础。

一个好的店铺名字是网店财运的“吸盘”，起得好，好运也会随之而来，你的店铺也许因为一个好名字而财源滚滚，生意兴隆。如果想做成功的网络生意，店铺的名字千万马虎不得。

第18招

起好自己的注册名

注册名就是你在网店注册平台上进行注册时，为自己起的名字。也就是你这个掌柜的名字。比如在淘宝注册的时候，你就要给自己起一个旺旺名。这个名字也是很重要的，会和店铺名字一起给消费者留下印象。

在最开始注册淘宝之前你就应该想好名字，因为旺旺名一般都是店铺的品牌名，而淘宝的旺旺名一旦注册是不能修改的。如果事先没有考虑清楚，会给未来带来一定的麻烦。

注册名也有起名的方法和原则，这里介绍一些起名的基本原则，供网店店主借鉴：

（1）注册名要起得简洁。一般建议字数在三至五个字。避免使用生僻字，不然影响买家口碑传播，那些做得好的网店掌柜、已经形成品牌的注册名绝大部分都是非常简洁的。

（2）注册名应该容易记忆。最好是能够做到让人过目不忘、记忆深刻。

（3）应符合大众的审美观。不要为了吸引眼球，就刻意使用一些低俗阴暗的名字。这样做风险太大，往往会得不偿失。

（4）注册名应该是很有特点的。让别人一看就觉得特别，这样可以增加他们的视线在你的名字上停留的时间。

（5）与自己经营的商品相关。要能体现小店的消费特征，包括经营项目和经营风格等方面。

（6）避免雷同，不要跟风，不然很容易和别的产品混淆。

第19招

发布网店商品

想开网店，就得有商品，有了商品还得有图片，有了图片还得有技术，有了技术还得有耐性。这样，你开店的“装备”才能齐全。

下一步你要做的就是去申请一个网店空间，把商品图片上传到店铺中，店铺就能开业了。

说明一下，淘宝网为防止有注册用户开一个空店的可能，出台了一个措施，店家必须发布10件以上（含10件）的商品才可以免费开店。

现在就以在淘宝上发布一件衣服为例，向大家介绍发布商品的流程：

（1）把衣服用相机或是手机拍下来放到计算机中。当然最好选择相机，手机拍照的效果不是很好。照片要多拍几张，全方位展示衣服的样式、细节等。

（2）对这件衣服做个简单的描述，接着把照片和商品描述都存放到一个文件夹里。

（3）登录我的淘宝，单击“我要卖”链接后，弹出一个页面。发布方式分两种：一种是“一口价发布”，另一种是“拍卖发布”。

（4）先进行一口价发布，单击“一口价”按钮。

（5）在类目选择宝贝（商品）类别，单击“好了，去发布宝贝”按钮。

（6）填写宝贝信息。如果想更改宝贝类型，可以单击左上角的“编辑”按钮。

（7）输入宝贝名称，单击“浏览”按钮，把刚才存好的图片打开。宝贝描述信息写到文本框里，还有宝贝的价格、运费等信息，录入完整。单击“发布”按钮后，进入宝贝发布成功页面。单击“这里”链接可以查看刚发布的宝贝信息，或是单击“继续发布宝贝”链接，可以继续发布你所要销售的商品。

第20招

推荐自己的商品

完成商品的发布之后，还有很重要的一件事，就是推荐自己的商品，这可以让你的商品快速获得第一笔生意。开实体店的也是一样，总是在吆喝自己的产品好，采用各种手段，比如制作大幅广告牌，打出“跳楼价”的招牌，用扩音器摆在店门口不断播放商品宣传信息等。那么开网店，也得拿出自己的“招牌产品”出来晾晾，让顾客们看看你的商品有多棒。

一、掌柜推荐

第一个要用到的就是“掌柜推荐”。掌柜推荐是在店铺的左上方，我们进入店铺第一眼就可以看到，非常醒目。

掌柜推荐的宝贝在刚开店的时候有六个位置。摆在这里的宝贝，一般都是店主经过精挑细选的商品，而且货的质量、数量、销量基本上都是处在上游的。为了能更好地带动其他商品的销售，你也可以适当地把这六个位置中的一两个位置换成你觉得比较好的但销量一直提不起来的商品，这样经过反复操作，店里的商品销量很快就会上一个台阶。

二、橱窗推荐

光是掌柜推销也是不行的，还要靠你的客户来帮你宣传。现在淘宝网又多了一种方式，那就是橱窗推荐。

一件商品你推荐出去了，在哪里可以看到呢，又是如何被买家看到呢？

首先，要认清你推荐的目的就是能让买家购买商品，完成交易。只要抓住这点，就能想办法让买家找到并看到自己的宝贝。一个买家找商品一般都是直接在网上搜索自己需要的东西，接着就是在出现的列表中挑选，看个一两页如果还没有合适的，就会换一个关键字来搜索；如果在刚搜出来的页面中就看到令自己满意的商品，买家就会与卖家沟通，并直接购买。所以我们要在这一个行列中，加入橱窗推荐，让买家看到自己的商品。

第一步，橱窗推荐在“我要买”下面的相关链接中可以看到。

第二步，你可以在出售中的商品中来选择推荐宝贝。

第三步，如果长期没有销售出去，也没有买家来浏览你的宝贝，可以暂时取消橱窗推荐。为了更好地发展，要时刻关注店铺信息。

第21招

成功拿下第一单

商品发布完毕后，店主就在电脑前一直守着。终于，听到旺旺消息的“叮咚”声，赶紧跑过去看。“你好，这个还有货吗”，看到终于有顾客上门，真是兴奋，怎么也不能让顾客跑了。那么怎样完成第一笔交易呢？现在就给大家介绍详细步骤。

（1）卖家：打开“我的淘宝”页面，在“我是卖家”区域，单击“我要卖”，发布一件商品。

（2）买家：在搜索宝贝中，输入关键字找到商品，在下面的列表中就可以看到物品。

（3）买家：单击“和我联系”按钮，就会弹出自己的旺旺聊天对话框，如果没有安装此聊天软件就会有网页版的对话框显示。

（4）买家：在沟通达成一致时，你就可以单击聊天窗口左侧的“立刻购买”按钮，进入购买页面。

（5）买家：填写这里的信息，要注意的是地址一定要写准确，最好留下自己的手机号码，选择运送方式必须是本地能提供的服务。如，有的地方就不支持快递服务，那就不能用快递的方式发送商品。最后，单击“确认无误，购买”按钮即可。

（6）买家：进入付款页面，选择“支付宝卡通”付款（为例）、网上银行付款或是网点付款，输入支付宝账户支付密码，单击“确认无误，付款”按钮。

（7）买家：支付宝卡通支付付款成功，单击“点此查看本笔交易的详情”链接，可以查看已经拍下的商品。

（8）卖家：等待卖家发货。

（9）买家：卖家发货后，买家注意查收货物。收到货物后，进入支付宝页面，查看已买入的交易，单击“确认收货”链接，支付宝付款给卖家。或是在“我的淘宝”页面，单击“已买到的宝贝”链接，单击“确认收货”按钮，支付宝会将预存的款项付给卖家。

（10）买家：在下面的文本框里输入支付宝账户的支付密码，单击“确认”按钮，付款给卖家。

（11）买家：弹出提示框确认是否真的收到货物，如未收到货物请千万不要点“确定”按钮，否则有可能钱货两空。如收到货请点“确定”按钮，通知支付宝付款给卖家。

（12）买家：成功付款给卖家。单击“给对方评价”按钮，进行评价。

（13）卖家：给买方评价。

（14）卖家：显示评价成功。成功完成了第一笔交易。

第22招

申请网上银行

网购一族几乎人人都开通了网上银行，很少还有人使用银行柜台汇款等方式付钱。网上银行以其高效、便捷、无空间限制、24小时即时服务的优势打开了用户群，尤其是数量庞大的网购族。现在社会生活的节奏越来越快，很多事情都可以在网上完成，网上银行自然也是必不可少的，它是年轻男女最喜欢的支付工具之一。随着数字时代的不断发展，不久的将来，也许人们会完全不用在银行或者自动取款机前排队办理存取款业务了，人们的一切需求都可以直接通过网上银行找到处理的通道，那会节省多少时间成本，会给我们创造多大的价值。所以网上银行的发展前景是不可估量的。

一、个人客户申请网上银行服务流程（以建设银行为例）

第一步，登录建设银行首页http：//www.ccb.com。

第二步，单击“网上银行服务”按钮，会弹出一个新的页面。

第三步，单击“开通网上银行服务”按钮，弹出客户服务协议页面。仔细阅读服务协议，单击“同意”按钮。

第四步，根据页面提示，填写用户的相关信息。请注意，你所填写的信息必须真实可靠，否则将有可能无法注册。在输入的银行账号处填写账号信息，必须是用户本人的真实账户，否则无法注册成功。

第五步，用户信息填写完成后，确认无误，单击“确定”按钮。

第六步，网上银行系统将自动对用户所填写的信息进行校验，如果用户填写的信息没有错误，将成功注册成为网上银行的普通客户（无证书），用户即可享受建设银行针对普通客户（无证书）所提供的服务。注册成功后，网上银行系统将自动返回用户登录用的“用户号”，用户可直接单击成功页面中的“登录网上银行”按钮，进入网上银行。

二、证书下载

第一步，用户成为普通客户（无证书）后，打开建设银行首页，登录个人网上银行。单击“网上支付商户证书”按钮。

第二步，在新的页面中输入客户号、开通时设置的登录密码及附加码。

第三步，单击“下一步”按钮，进入证书下载页面。

第四步，在该页面中按照页面提示逐步下载，直到提示安装成功为止。

第五步，下载数字证书成功后，用户必须至少以“使用证书进入”方式成功登录一次网上银行。此时，客户才可升级为“有证书”的普通客户。

三、柜台签约

申请成为网上银行的普通用户后，可以进行缴费和网上小额支付，如果想通过网上银行转账、汇款或是进行大额网上支付等业务，必须持开户证件和建设银行账户到银行网点（任意网点）进行签约确认。

为方便用户签约，建设银行网上银行系统提供两种签约方式：

第一，对于用户已经在网上银行登记的普通客户（无证书），请先下载数字证书，升级为普通客户（有证书），并使用证书登录一次。之后，拿着有效证件、账户、证书号到当地建设银行储蓄柜台进行签约。在柜台签约成功后，登录网上银行，对你在柜台登记签约的账户进行签约确认，即成为网上银行的签约客户。

第二，对于从未在建设银行网上银行进行过登记的用户，可以持有效证件、账户到当地储蓄所柜台直接办理网上银行签约；签约成功后，登录网上银行，根据网上银行的提示进行用户激活；成功后，成为网上银行的签约客户。

第二章

寻找网店货源

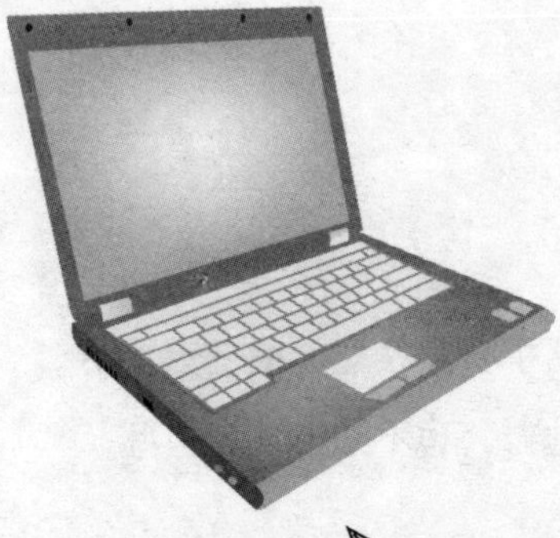

第23招

了解批发市场

不管是实体店铺还是网店，大多数的卖家都是从批发市场进货的。虽然厂家是一手货，价格中的利润比较大，但是一般的厂家都有一定的大客户，他们通常不会和小卖家合作的。所以当你还没有最终确定要销售什么商品的时候，去批发市场转一转，说不定会有意想不到的收获。

批发市场有这样几个特点：批发市场的商品数量多、品种全、挑选余地大且易“货比三家”；批发市场很适合兼职卖家，在这里进货时间和进货量都比较自由；批发市场的价格相对较低，对于网店来说容易实现薄利多销。

相比较其他几种渠道而言，批发市场的确是新手卖家不错的选择。如果你刚好生活在大城市，周围有大的批发市场，不妨就去那里看看吧，保证不会让你失望。

第24招

去批发市场进货的技巧

开了网店，要去批发市场进货的时候，一个新手卖家往往会很茫然：不知道该怎样走出进货的第一步，往往跑了好几个地方，也不知道该怎么办，出了力气却没有任何收获。

一个新手卖家在去批发市场进货之前，不要什么准备都没有，仓促前往。不打无准备之仗，要多找人问问，多学些经验。你可以到网店店主论坛去看看，找一些进货经验的帖子，找身边开过网店的人多打听，常常能得到很多很好的经验。

总体来讲，在批发市场订货要注意以下几点：

一、不要被批发商发现你是新手，要表现得有经验

新手去拿货，批发商会从你的语言和“行头”上看出你的购物经验。因为大多数新手穿着与平时一样，也没有标志性的拿货小推车，问价时喜欢问“多少钱一件”“这件怎么卖”或“可以拿几件”等。所以，一些批发商会在这种情况下有意加你的价。在这方面可参考以下建议：如果货不多用不上小推车的话，你可以手上拿一两个批发市场最常见的大塑料袋，最好是黑色；问价时要询问“怎么批”“怎么拿”或“最低多少”等，买得多可询问“打包多少”，不要用“多少钱一件”或“这件怎么卖”等零售市场上的问法。

二、别忘了穿一身方便舒适的“行头”去进货

第一次去批发市场，因不知道其中的“门道”，穿得与平时一样，会带来很多不必要的麻烦。比如，因穿吊带背心，皮肤被晒得红肿脱皮；因穿裙子蹲在地上看货，几次被人踩住；因穿高跟鞋，转悠五六小时后变得疲惫不堪。所以，在淘货这个时段最好着装得体，方便、舒适、轻松的“行头”会助你一臂之力。

三、要冷静、细心、有主见

初次进货，新手往往有些茫然，不知道进多少、进些什么合适，好像觉得这也行那也行；而有的人一旦开始进货又往往止不住，进完货回到家再次翻瞧，左看右看竟对某些货品有些不满意了。为了避免这样的情况发生，应该尽量做到以下几点：

1. 不要带太多现金

如果计划好进3000元的货你就不要带4000元钱，这样能够强制性地控制你的消费欲。有的人会说：“我带着不用，没有遇到特别中意的就不进。”但实际上真到了那个地方可能就身不由己了，你会产生难得去一次就多进点儿的想法，很有可能被“环境”感染而“一时兴起”（别人都在疯抢，自己手也痒了），也可能会被批发商的花言巧语左右了。所以，从最根本的问题入手才可能解决类似的问题。

2. 注意季节性

对于一些服装产品而言，新手一开始并不知道服装的进货时间一般会比市场提前两到三个月，所以你不要看现在是炎炎夏季，但批发市场的商家们已经在忙着准备秋季服装了。如果你不明白这个道理，还在大张旗鼓地进夏季服装，还在为拿到了商家清季处理的便宜货得意，那你可大错特错了。偷笑的可是批发商，而你进来的货也可能会因换季打折而卖不出价，或因需求少而影响到销售量。所以，须看准季节时机慎重进货。

3. 不要失去主张完全被批发商意见所左右

有的新手去进货时因为一点儿也不了解和熟悉市场行情，所以看到别人进什么自己就进什么，批发商说什么好就按批发商的意见赶快掏钱，这样完全没有主张的进货态度往往造成货品混乱、不易搭配，更无从谈个人风格。所以，去之前一定要分析好经营定向——是走大众还是精品路线，把握好店铺品位——是做休闲还是以正装为主。

四、进货不简单，别带太多东西

除了货款，其他物品尽量少带。进货的时候要兼顾的事情太多了，容易忽略携带的贵重小物品。在热闹的批发市场，稍不留意就会被人“顺手牵羊”。所以，尽量不要戴金银首饰，货款也应尽量放在不显眼的地方，多加提防、多加小心。

五、人多事多，小心谨慎

批发市场环境复杂，人潮涌动，什么人都有，隐藏着很多你根本无从察觉的陷阱。在批发市场，有些人专做偷拿别人货品然后低价转买的勾当，这些人没事时就以推货为名盘守，然后见机行事，如果你进店挑选时间较长（因有的店人多小推车进不去）而疏于看管，出来时就有找不到自己货物的危险。所以，始终要记着货物不离左右，随时注意周围情况。

六、不要急躁，认真检查货物

现在做生意难，客户要求商品既要便宜又要质优，所以一些卖家不得不经常做些在便宜货中加次品的勾当。质量好进价就贵，价格低质量就会存在一点瑕疵。所以，在价格稍低的厂家那里批发浅色货物就要特别留意了，也许因厂小，为节约成本，厂家即便发现次品也是不会挑出来的，一般谁会一件件去检查呢？谁也不会认为包装完好的货品还会再出什么问题。所以，如果是其他颜色马虎检查一下没关系，但对于浅色特别是白色的商品要特别留意，因色浅就更易沾染污迹，所以一定要细致检查。

七、擦亮眼睛，别拿“炒货”

在批发市场，衣服、鞋帽、箱包、饰品等多得你几天都看不完，你从这栋大楼出来另一栋大楼又出现在你面前，街铺林立交错，真是令人眼花缭乱、目不暇接，但其中鱼目混珠假扮厂家而投机取巧的也大有人在，行话就叫“炒货”。他们无厂无生产能力，从不同生产厂家那里挑货以打包价购入，然后以“批发价”批给淘货的人，但价格却比厂家的批发价贵不少。这样的店铺一般有个特点，就是货品没有一个统一的风格，五花八门，什么都有；而且通过他们的精心搭配和店铺装修，你会错以为是比较有档次的品牌经营店，你会觉得好像比那种简陋的批发市场来得高档。

在这方面新手淘友要注意，第一次去先不要急于进货，多问多看多转，把市场行情摸清，做到心中有数才能游刃有余。

八、别怕麻烦，细致清点钱和物

这里所说的清点有两层含义：一是当面清点好钱款，二是当面清点好货品。钱款好说，只要注意别收到假币、别多给商家就行；而货品的清点则要不怕麻烦，并尽可能细致地检查。在人头攒动的批发市场，特别是紧俏新品被人疯抢时，少发一件货或发错颜色、尺码、款型的事经常发生。而网店小本经营，去的次数有限，不能像实体店那样三天一去两天一返，对有问题的货品可以即时调换，只能自己承担损失。所以，与其将来被动，不如当时就消除隐患。

九、谨防“推货”背后的陷阱

批发市场里有很多人专做帮人推货的生意，这样的确可以减少进货者的辛劳，但这样的“服务”后面却隐藏着陷阱：当你忙着选货、疏于防范时，货品和推车人就很容易在你最后快要进完货物时突然消失。这样的事例有很多，特别高发于节假日旺季时段，所以了解并进行必要的防范必不可少。

十、对自己中意的店铺，要留下联络方式

经营网店多多少少都有自己的风格，所以淘货也会受到这样的主观因素影响。去批发市场淘货，如果产品不符合自己店铺的风格，你可能不会进去瞧一下，所以每次去批发市场专挑对口店铺的商品，遇到比较满意的就应留下名片，作为今后长期合作的对象。留下名片是因为批发市场太大，下次你不一定就找得到，而有了名片就能知道店家名字、电话，可随时联系，比较方便。如果平时进货不多又不想跑时，你还可和批发商联系，亲自去拿或由对方寄来都很方便，所以一定要留意这个细节。

十一、争取获得批发商的支持

能否得到批发商对你的支持主要取决于两个因素：

1. 你的首次进货金额

如果首次进货金额太少，批发商会认为你没有实力，或者你对他的产品信心不足。

2. 你补货的频率

如果你经常到批发商那里去补货，即使数量不多，但批发商还是认为你的货物周转快，能够为他带来长期的效益。

如果你获得批发商的支持，一旦有新货他就会尽快通知你，而且下次进货的时候他可能会自动把价格降下来。批发商如果认为你是重要客户，一般都会向你透露近期哪类商品热销，了解这些行情会让你对市场和客户的判断更准确。

第25招

工厂货源的优势与劣势

一件商品从生产厂家到消费者手中，要经过许多环节，其基本流程是：原料供应商—生产厂家—全国批发商—地方批发商—终端批发商—零售商—消费者。

如果是进口商品，还要经过进口商、批发商、零售商等环节，涉及运输、报关、商检、银行和财务结算等。经过如此多环节、多层次的流通组织和多次重复运输过程，自然就会产生额外的附加费用。这些费用都被分摊到每一件商品上，所以，对于一件出厂价格为2元的商品，消费者往往需要花15元才能买得到。

能不能绕开中间环节，直接从工厂调货呢？能。不过如此操作有利也有弊。

1. 工厂货源的优势

（1）价格比别处便宜很多。

（2）正规工厂生产的货物品质比较有保障。

（3）货源充足。

（4）可自行零售也可转手批发。

（5）可退货或者换货。

说明：以上五个优势并不是绝对的，价格与品质、退货与换货等都需要双方事先沟通好，最好签订书面协议，以免产生纠纷。

2. 工厂货源的劣势

（1）要求数量大。

（2）有压货风险。

（3）有些工厂只对公不对私。

（4）有些工厂是代理加工厂。

（5）不容易洽谈成功。

说明：以上五个劣势也不是绝对的，具体情况要看每个工厂的内部规定及双方洽谈的结果。

第26招

有些工厂不用想

哪些工厂可以尝试着去洽谈，哪些工厂你根本想都不要去想，一定要对这方面情况有所了解，这样才不至于到处碰壁，浪费大量的时间和精力。

按不同的方式可以将工厂分成不同的类别：按销售方式划分，有内销厂、外销厂、内外销厂等；按资产性质划分，有国有工厂、外资工厂、中外合资厂、私营工厂等；按品牌划分，有自主品牌厂、代理加工厂、杂牌生产厂等；按工厂规模划分，有大型工厂、中型工厂、小型工厂、家庭小作坊等。

外资工厂进出口量都是以整柜来计算的，不可能关注小订单，所以这种性质的工厂就不要去尝试了。

大型工厂的吞吐量都很大，动辄以百万计，仅是生产样品都成百上千种，对小订单一般也不会理会。

代理加工厂和自主品牌厂都有自己的各级代理商，不能发货给他人，否则会造成恶意串货。何谓“恶意串货”？就是经销商为了获得非正常利润，蓄意向自己辖区外的市场倾销商品。恶意串货形成的主要原因是：市场饱和；厂商给予的优惠政策不同；营销渠道的发展不平衡；品牌拉力过大而渠道建设跟不上；运输成本不同导致经销商投机取巧。

所以，对于网店新手来说，要找的只能是做内销的小型工厂了。

第27招

与小厂合作要谨慎

在网上找厂家，千万要小心，别上了那些根本没实力的小厂的当。与小厂合作，存在着以下四方面的不稳定因素：

一、质量不稳定

由于小厂多数是刚刚起步的家庭作坊式小工厂，一无通过长年生产而积累的生产经验，二无足够的技术力量，三无先进的加工设备，四无健全的质量保障体系，甚至连工人也经常流动。所以，产品质量很不稳定。

二、生产不稳定

由于订单不足、资金有限、人手不够等因素的限制，这类小厂往往是开开停停，生产情况很不稳定。甚至有些小厂因手头没有流动资金，所以根本不备原材料，待到顾客把货款汇给他们后，才开始采购原材料。

三、厂址不稳定

由于小厂的投资者普遍经济实力有限、运作能力不足，所以，多数小厂是由几个朋友合资开办的。因为还没有足够的资本积累去买地建厂，所以，多数小厂要么是租房子用，要么就是直接开在某个投资者的家里。当生产规模扩大，或者因故与房东产生矛盾，或者因冲突而导致联营破裂时，都会直接导致生产地点的变动。

四、合作不稳定

在起步阶段，由于个别小厂自己没有销售渠道，所以，往往不管订单大小，对所有的顾客都很重视。在这段时期，他们往往对你非常感激，所以，合作也就比较愉快。但这样的时间往往不会太长，如果后面的业务发展得好，就可能会因为来了比你更好的大客户而把你搁在一边；如果老业务做得不太好，就可能会改变经营项目，最后只得停止合作了。

以上几方面的不稳定因素会直接给合作方带来比较大的风险，为此，我们必须小心防备，尽量不出现失误。

第28招

判断工厂的真实实力

这里所说的辨别厂家实力的办法，并不包括上门考察这一项。因为在现实中，鉴于出差费用大、投放精力多等原因，很多人都不会上门考察的。一般人的通常做法是这几种：通过产品工艺水平来分辨工厂层次，其缺点是：某些量少的手工产品很难从工艺上辨别出厂家实力；通过同行朋友打听对方的实际情况，其缺点是：对于一些新项目来说，你根本无从打听；通过试探性小订单来考察对方实力，其缺点是：如果碰上骗子的话，那就正中其下怀。

所以，可以看出以上这些办法并不算高明，没能在一开始就辨别出厂家的实力。通过下面几种办法，就可以防患于未然，在下单之前就摸清对方底细。

一、电话验证

通过114或电话黄页进行查询，核对对方的电话是否属实。一般正规厂家都很重视业务电话，都希望客户一查就能得知自己的电话号码，所以，往往都会把电话号码予以登记。至于规模较大的企业，即使他们自己不去登记电话，鉴于他们的知名度，电信部门或电话黄页公司也会把他们的电话记录在册。

除了核查电话号码登记问题外，还可以通过在不同时段给他们打电话来验证厂家是否正规。

比如，你可以分别在上午十点多和下午两点多的上班时间段里拨一个电话；到了节假日，也打电话试试。因为正规公司的办公电话与住宅电话往往是分开的，所以，如果不该有人的时候还总是有人来接听电话，那说明多数是那种家庭作坊式的工厂。特别是当你发现不同时间段里总会有一个根本不懂业务的家庭主妇来接听电话时，那就要更加小心了。当然，这个办法也不是绝对有效的，比如，也有可能因为座机设置了呼叫转移，所以，拨电话转移到了老板的手机上；或者，电话设置在门房里，也会24小时不间断地有人接电话。

二、证件查询

可以要求对方提供《工商营业执照》和《税务登记证》等的复印件。如果对方以担心被非法利用为由而拒绝你的这一要求，那么，你就干脆打电话到相关部门去查询。因正规的工厂都必须正式登记在册，而从税务登记证上就可以看出对方是一般纳税人还是小规模纳税人或者甚至根本未进行税务登记。这个办法在实际操作时的要点，就在于你打查询电话时的机灵程度。比如，你可以以查询发票是否有效为名，查问开票的公司是否存在。

三、价格辨别

你可以通过分析对方的定价模式来辨别其是否正规。正规公司都有稳定的价格体系，而且通常是不会允许新顾客随意地讨价还价的。由于公司内部的规章制度比较健全，所以，除了决策层外，任何员工都无权更改定价模式。你可以多次地让他们对同一产品进行报价，也可以不断地让他们对各种产品进行报价，以此来分析他们的定价模式，看他们的价格体系是否稳定与完善。越是生意做得大又比较正规的大公司，其价格体系越是清楚明了，也没有弹性；而越是生意做得小又不太讲规矩的小工厂，则越会投机取巧。在某些有规模效应的行业里，大公司的定价往往是一刀切的，原因就在于他们的量实在太大了，以至于很难一一结算，而只能划几个大类；而小工厂往往就是一一计算，原因就在于他们量少规模又小，不得不斤斤计较、一分一分地去拼命挣钱。

四、规模辨别

辨别企业实力的要点就在于区别其生产经营规模的大小，评定世界财富500强时，其年销售额就是重要的指标之一。生产规模大、经营时间长、综合实力强的正规企业，往往产品的品种也多、款式也全、生产经验也足。这一点在要求不断更新的服装服饰领域里尤为明显。下面以布包行业为例进行说明。

如果你发现某个牌子的布包都是由同一种主面料制作而成的，风格也比较单一，而且价位层次上也只有一两个档次，那么，就基本可以确定它们是由小规模工厂生产的了。因为大厂家客户多、需求杂，不可能长期只生产一个品种的布包。所以，大厂家里的分工也就更细了，在一家大布包厂里，往往就备着各式各样的面料。你如果拿一只新的布包样品到厂家下订单，大厂家当下就可以拿出适当的面料来给你翻新样；而小工厂则需要先去买来面料再给你翻样。所以，在打样速度上，小工厂也就自然没有大厂家来得快了。当然，也有可能出现意外的情况，如大厂家因为业务忙没工夫给你排时间，结果，反而比小工厂慢了半拍，那也是有可能的。但假如对方就只能做一种布包的话，那就基本可以确定是小工厂了。这就好比是开饭店，大饭店是不可能只有一道菜供客户选择的，而只有小吃店才可能只供应一个菜品。

找到货源后，可先进少量的货试卖一下，如销量好再考虑增大进货量。有些网络卖家和供货商关系很好，往往是商品卖出后才去进货，这样既不会占用资金又不会造成商品的积压。

第29招

可以去二手闲置与跳蚤市场淘金

在网店出售个人二手闲置物品是一个不错的选择。

二手闲置物品有其独特的优点：第一，成本低。除了自己的二手闲置物品，还可以收集亲戚朋友的，收到什么是什么。第二，不担心库存。因为是个人闲置的物品，即使卖不掉也无所谓。第三，有助于改掉浪费的习惯。

有一个地方能收集到便宜的二手货，那就是跳蚤市场。如果二手物品卖完了，可以去跳蚤市场淘“金”。跳蚤市场集中了更多的二手闲置物品，如果想淘来出售，就需要具有一双“火眼金睛”。

“跳蚤市场”是欧美国家对旧货地摊市场的别称，它由一个个地摊摊位组成，市场规模大小不等，所售商品多是旧货，如人们多余的物品及未曾用过但已过时的衣物等。小到衣服上的小件饰物，大到完整的旧汽车、录像机、电视机、洗衣机，一应俱全，应有尽有，价格低廉，仅为新货价格的10%至30%。

但是这类商品具有几个缺点：第一，质量难保证。跳蚤市场的物品质量参差不齐，挑选时一定要小心谨慎。第二，不容易评估价值。淘二手物品时，以主观判断为主，价格难以控制。第三，无法退换。在跳蚤市场淘来的物品一般是不能退换的。万一卖不掉，就变成个人闲置物品。

一、注意虚假信息

在跳蚤市场淘货要打起十二分的精神，以避免交易中的陷阱。很多买家会选择网上跳蚤市场，在网上进行二手货物交易时要注意辨别虚假信息。

虚假信息的特征有这样几个：发布了大量的信息，热门类别尤其多，价格极其低廉，极具诱惑力；注册人的名字明显是化名；电话号码所在区域与标明区域不符，如在福建开户的手机却说是在广州（或其他地区）等。

二、进行网上交易时要注意几点

（1）通过对外公布的个人信息就可以知道信息发布者的情况。例如，借助于信息发布者对外公布的联系电话，你可以通过直接打电话与信息发布者联系，辨别发布的信息与信息描述是否一致，从而进行正确的选择。

（2）如果需要面对面交易，尽可能带朋友一起去或在公共场所交易。

（3）检查发布信息中价格的可信度，可以在跳蚤市场中搜索相关类别商品的信息价格作为参考。

（4）在进行物品交易时，应仔细核对成交物品与信息描述是否一致，是否属于违法销售或有害身心健康和个人财产安全的物品，所交易的物品是否属于国家禁止或限制买卖类商品。

第30招

民族特色工艺品

网购一族年龄偏年轻化，他们乐于追求独特的流行风潮，挖掘具有特殊文化意义的物品。近几年，随着少数民族文化的流行，去民族特色景点旅行也成了年轻人热爱的时尚活动。民族特色工艺品具有现代工业化产品所没有的特性，比如奇特、神秘、淳朴，有个性、有质感，具有强烈的地域特色、民族特殊文化内涵、历史文化底蕴等，这些特性与优势，使民族特色工艺品在商品海洋中显得尤其突出。所以，民族特色工艺品也是网店货源的一个非常不错的选择。

一、民族特色工艺品有以下一些作用

1. 收藏

人们外出旅游，除了在景点拍照留念之外，一般还会购买当地的民族特色工艺品作为收藏品或赠品。

2. 用作家居装饰

现在的人们不太喜欢冷冰冰的金属材料、没有质感的塑料制品，而是更喜欢具有文化底蕴的民族特色工艺品，如在书房、卧室、客厅的墙壁挂上具有民族特色的挂毯，或张贴具有民族风情的装饰画，已经成为家居装饰的新潮流。

3. 作为随身携带的饰品

民族特色饰品如钥匙圈、手机挂件、胸颈饰物、衣饰、手饰、脚饰、头饰等也成为人们的最爱。

二、如何搜寻民族特色工艺品

有这样一些网站，专门做国内大型的特色民族时尚饰品、工艺品的批发，优势产品主要有手链手镯、耳环项链、布包皮包、提件挂件、扎染蜡染、东巴手工、服饰头饰等，你不妨去这些网站看看。另外，对国家的一些非物质文化遗产也可多加留意。

2006年5月20日国务院发布“第一批国家级非物质文化遗产名录”（共计518项），其中民间美术共计51项，现举例部分内容如下，有兴趣的朋友不妨查阅有关资料。

①天津市的杨柳青木版年画；

②山东省高密市的高密扑灰年画；

③云南省丽江市的纳西族东巴画；

④西藏自治区的藏族唐卡；

⑤河北省蔚县、丰宁满族自治县的剪纸；

⑥北京市崇文区（现为东城区）的象牙雕刻；

⑦江西省萍乡市的萍乡湘东傩面具；

⑧江苏省扬州市的扬州玉雕；

⑨上海市嘉定区的竹刻；

⑩青海省同仁县的热贡艺术。

传统手工技艺共计89项，现举例部分内容如下，有兴趣的朋友不妨查阅有关资料。

①江苏省宜兴市的宜兴紫砂陶制作技艺；

②安徽省界首市的界首彩陶烧制技艺；

③广东省佛山市的石湾陶塑技艺；

④江西省景德镇市的手工制瓷技艺；

⑤浙江省杭州市的张小泉剪刀锻制技艺；

⑥四川省成都市的蜀锦织造技艺；

⑦广西壮族自治区靖西县的壮族织锦技艺；

⑧贵州省丹寨县的苗族蜡染技艺；

⑨云南省大理市的白族扎染技艺；

⑩北京市崇文区的雕漆技艺。

有志于网上开店的朋友可以充分发挥地域优势，就地取材，经营本地的民族特色工艺品。

第31招

手绘、手工商品

开网店，你所面临的消费群体是十分年轻、有个性的。他们带来了一个个性时代。他们已经不满足于大工业化生产机器所加工出来的千篇一律的量产产品和毫无特色的大众化趋势。如今，手绘品、手工艺品和个性设计产品已成为时代风潮，受到无数人的追捧。手工制品凝结着创作者的灵感创意和独一无二的个性特征，更能得到消费者的青睐。

手工制作的商品不仅具有很好的销路，也能让自己体验到创造与分享、展示的乐趣，你的作品被大家争相抢购，在挣钱的同时，还能得到被肯定的巨大满足感。所以，不妨试试在你的网店里销售这类产品吧。

一、源远流长的刺绣艺术

这里所说的刺绣，指的不是机器刺绣，而是用纯粹的手工方式，以针和线把设计和制作添加在织物上的一种艺术。手工刺绣历史悠久，刺绣文化源远流长，是中国非物质遗产保护中最珍贵的物种之一。手工刺绣早在20世纪90年代就远销海内外，不仅有刺绣工艺品，还有刺绣服饰、刺绣家居用品等，都深受古今中外人民的喜爱。

刺绣按产地可分为“苏绣（江苏）”“粤绣（广东）”“湘绣（湖南）”和“蜀绣（四川）”等，其中“苏绣”图案秀丽、色彩和谐、线条明快、针法活泼、绣工精细，每针每线都透着中国特有的民间艺术文化，被列为四大刺绣之首。

刺绣是很珍贵的民间艺术。目前的手工刺绣可分为“半手工绣”和“纯手工刺绣”，而纯手工的苏绣制品，每一幅都是不可复制、独一无二的工艺作品。

二、精美又易学的中国结艺术

中国结艺术是中国特有的民间手工编结艺术。中国结身上丰富多彩的造型变化，凝聚了独特的东方神韵，充分体现了中国人民超凡的智慧和深厚的文化底蕴。在北京申办2008年奥运会的过程中，中国结作为中国传统文化的象征，深受各国朋友的喜爱和推崇。

中国结不仅造型优美、色彩多样，同时作品的命名，如“双寿”“双喜”“永结同心”“鲤跃龙门”“福寿双全”“万事如意”“吉庆有余”等，都具有中华民族特有的吉祥美满的象征。将这些具有特殊意义的结饰送给亲友，不但喜气洋溢，也是一种美好的祝福。

如果你自己本身就很喜爱中国结编织，那么你不仅可以出售自己的作品，还可以和更多爱好者交流中国结的编法。中国结的特点是每一个基本结从头到尾都是用一根丝线编结而成，把不同的基本结互相组合在一起，或与其他具有吉祥图案的饰物搭配组合，就形成了造型独特、绚丽多彩、寓意深刻、内涵丰富，或传统，或时尚的精美艺术品。一根红绳，三缠两绕，表达一种祝福，中国结就这样编结而成。因此，很多人热衷于这门艺术。

中国结大致分为基本结、变化结及组合结三大类，其编结技术，除了各种基本结的编结技巧外，均具共通的编结原理，并可归纳为基本技法与组合技法。基本技法乃是以单线条、双线条或多线条来编结，运用线头并行或线头分离的变化，编出多彩多姿的结或结组；而组合技法是利用线头延展、耳翼延展及耳翼勾连的方法，灵活地将各种结组合起来，完成一组组变化万千的结饰。

如果想开一家以中国结为主的手工DIY（自己动手做）网店，除了出售精美的作品，如中国结项链、中国结手链和中国结挂饰等，还可以出售配套商品，中国结绳、中国结流苏线等。更可以出售中国结艺术的相关图书，不仅可以增加额外收入，还可以和买家有更多的交流，甚至可以成为朋友，这样也可以给小店带来更多的回头客。

三、结合科学与艺术的丝网花

丝网花也可以叫作丝袜花，因为它的主要材料是彩色丝袜、彩色铁丝、彩色胶带、花秆、花蕊等。丝网花是纯手工制作的，并非古老艺术，而是一项崭新的人造花手工艺。而且丝网花的制作原理融科学技术与艺术于一体。

丝网花制作简单，易于掌握，根据人们不同的想法可以变换任意造型。丝网花的一种制作方式往往可以产生多种效果，这是其他仿真花难以企及的。如今丝网花艺术被越来越多的人所认识和喜爱，它正在成为一种新的装点家居、美化生活的理想手工艺品。更多的DIY时尚店铺开始引进丝网花，丝网花也很快成了DIY一族们身边的新宠。

丝网花优于鲜花的特点有：保存时间长久，四季如春盛开不谢；价格远远低于鲜花；花的品种繁多，不会由于季节变化而出现缺货现象；尤其适合对花粉过敏的爱花人士；对手工爱好者有很好的创造性发挥；完成后是馈赠友人的很好的礼品。

四、可爱的串珠工艺品

串珠是较为简单易学的手工艺品，只要你拥有审美的眼光，拥有勤动手的爱好，就能制作出美丽的串珠手链、串珠项链等串珠类工艺品。串珠集美丽、梦幻、甜美于一身，各种不同材质、不同风格的串珠混搭在一起，串成一款款令人爱不释手的串珠作品。现在喜欢串珠的人越来越多，不如你也来加入制作串珠工艺品的行列吧。

五、十字绣

经常看见一些开实体店的人没事的时候会坐在店里用针线在一块白布上绣出美丽图案。这就是风靡全国的十字绣。十字绣最早诞生在欧洲宫廷，后来传入民间。十字绣的绣法与中国传统的刺绣完全不同，它简单易学，很容易普及。十字绣的绣法非常简单，就是在带小十字方格的硬布上，利用其经纬交织的网纹，将不同颜色的线以对角线交叉绣在网纹上，便能绣出各式各样生动传神的图案。

十字绣有着人性化的设计。每张画样被均匀地细分在格子上，各种颜色的花线对应不同的号码，只要按照图纸标明的线号， 在十字绣布上的每一个格子中交叉绣上十字即可。绣完后可以根据个人喜好进行装裱。

六、立体绣

立体绣是源自欧美的时尚DIY绣品，利用立体绣专用毛线，根据立体绣图纸的设计要求来表达或体现对象立体效果的一种DIY绣。

立体绣具有简单易学、实用性强等特点。可制作成纸巾盒、首饰盒、储钱罐、相框、文具盒等各种生活用品。初学者按照图纸，一至两天就能完成一件作品。立体绣集实用性、艺术性、美观性于一身，在自己动手自娱自乐之余，还能提高自身艺术素养，陶冶性情。

七、其他手工艺品

这些具有流行趋势的手工艺品不仅是一种艺术品，更重要的是，可以让每个爱好者都能成为手工DIY一族。这些手工艺品因为操作简单，一学即会，深受人们的喜爱。而且，卖这些手工艺品及其配料也是一个不错的选择。

除了以上这些经典手工制品外，你还可以自己开发出更多有意思并且独一无二的工艺品。发挥你的创意，投入你的热情，也许你开发出的创意手工制品会引领新的销售热潮。

第32招

独特的无形商品

还有一种货源，它是无形的，发掘这种货源，要靠你的慧眼。

除了勤劳的双手可以用来创造美丽的手工艺品以外，你还可以通过智慧和发现商机的眼光，来创造无形的货源。你发掘到的无形货源如果是独一无二的，你有可能因此大赚一笔。

比如你可以考虑网络游戏的赚钱门路。新的网络游戏层出不穷，老牌网络游戏依旧火爆。比如，玩魔兽世界的人数说出来一定会让人吓一大跳，网络游戏实在太火了，它的市场无可限量。

如今玩网络游戏的人越来越多了，有一些玩家已把玩网络游戏变成了一种“职业”、一种赚钱的工具，靠它来养家糊口，成为“职业玩家”。对于职业玩家来说，他们大多是通过拍卖网络游戏中的虚拟物品，如装备、游戏币、账号获取一定的收入，还可以通过代练获取收入。其中部分职业玩家的月收入已达到数千甚至上万元。现在，有的网站是一个网络游戏虚拟物品交易的专业网站，可以交易各种热门网络游戏的账号、装备、游戏币和点卡等虚拟物品。

如果你自己也热爱网络游戏，不如多注意游戏里的商机，开发从网游中赚钱的门道。把自己的兴趣和职业结合起来，是最幸福的事了。

还有很多无形货源，比如个性签名的设计，个人画像的绘制等，这都需要你培养自己的商业眼光，发现有潜质的能够让你财源广进的机会。

第33招

从本行找资源

不论你从事什么职业，不管从事了多久，不管你是喜欢自己这一行还是不喜欢，你都会比其他没有身在这个行业的人对本行了解得多。你也比其他人懂得更多行业知识，掌握更多行业资源，拥有更多行业内的人脉，行事相对便利很多。那么这和货源有什么关系呢?

说到开网店，经常听到有人抱怨说想开网店却苦于没有合适的货源，不知道该进什么货，也不知道从哪里进货，一头雾水。其实这并不是什么难以解决的事情，只是没有认真思考，发掘自己已有的资源，比如你所在的行业，你的老本行。如果看到了这一点，利用专业优势，对自己的优势进行挖掘，在本行业内组织货源，就是一个很好的解决货源的方法。在行业内组织货源所具备的优势绝对是外行人所无法比拟的。

人一般需要花三到五年的时间进入一个行业，需要再花五年到十年的时间才可以逐步了解、掌握并灵活运用该行业的相关知识。隔行如隔山，任何人进入一个陌生的行业都会手忙脚乱、狼狈不堪。因此，想网上开店的话最好的选择就是经营本行业的相关商品，因为身在这个行业，所以对这个行业的了解会更深入、细致，也就更具竞争优势。

从自己的本行找货源有哪些优势呢？

一、对自己的本行了解深刻

身处这个行业，当然会对这个行业的历史及未来发展趋势有深刻的认识，同时，也会对本行业产品在市场的受欢迎程度有切身体会。因此，经营中可以避免很多错误，知道如何及时调整各种策略，可以为网店最大限度地降低风险。

二、天然的内行优势

经营本行业的产品，在专业方面自然就占有优势，因为在行，所以熟行，因为熟行，所以内行。对本行业的精通，使店主可以为买家提供更专业的技术支持和服务，从而增加买家的信任程度，促进交易的发生。

三、量大、方便

既然是在行业内，那么平时在工作中所接触到的人几乎都是同行，组织起网店货源来自然非常方便。进货量可大可小，如果有了大订单，随时可以大批量调整货源，满足网店的销售，并且再大的量也可以满足。

四、优惠价格

身处行业内，产品的成本大家都清楚，不管是从本单位进货，还是从兄弟单位进货，都可以享受到大批发商才可以享受的优惠价格。这就有效地降低了成本，使网店在销售价格上有更大的竞争力。

五、专业服务有保证

因为自己本身就是行业内人士，所以当产品出现问题时，自己就有能力解决，涉及退换货时也比较容易说清楚问题。

第34招

关于网上批发

批发市场是很方便也有效率的进货地点，也是最为大家所接受的。但它也有不方便的地方，因为全国最大的批发市场主要集中在几个特定的城市里。有很多想卖某种商品的卖家需要去大型批发市场，却没有条件每隔一段时间就千里迢迢地奔赴那几个较大的批发市场。

网上批发是近几年开始兴起的新事物，发展还不成熟，但网络进货相比传统渠道进货的优势已经很明显。像阿里巴巴、生意宝等网站作为网络贸易批发的平台，充分显示了其优越性，为很多小地方的卖家提供了很大的选择空间。它们不仅查找信息方便，也专门为小卖家提供相应的服务，并且起拍量很小。有了网络批发，就不用担心没有经费和精力一趟一趟往遥远的批发市场赶的问题了。

网上批发的几个优点：

一、网上批发省成本

可以省去来回批发市场的时间成本、交通成本、住宿费、物流费用等。

二、网上批发可以慢慢挑选

亲自去批发市场选购由于时间所限，不可能长时间慢慢挑选，有些商品也许并未相中但迫于进货压力不得不赶快选购，网上进货则可以慢慢挑选。

三、网上批发起批数量低

一般的网上批发基本上都是10件起批，有的甚至是1件起批，这样在一定程度上增大了选择余地。

除了这几点，网络进货还能减少库存压力，还具有批发价格透明、款式更新快等优点。

第35招

谨防骗子网站

大家在网站进货时最好选择支持支付宝或是诚信通会员的产品。阿里巴巴推出“诚信通”已经有多年时间，一般来说，如果对方是诚信通会员，而且是两年或是三年以上的，诚信通指数达到近百或是上百的都是比较值得信赖的商家。不过，这也只能作为一个参考，具体还是要看沟通情况。生意宝有很强大的搜索功能，可以让你在进货时最大限度地货比千家。与商家商谈时尽量使用贸易通和生意通，如果以后有什么纠纷，也好作为证据之用。

目前网络上有大量的各类商品批发网站，为卖家进货提供了很大的便利。但与此同时，很多卖家开始反映遇到一些骗人的网站，以下是一些识别骗子网站的方法。

一、骗子网站通常制作不精良

很多骗子网站制作都是非常粗糙的，甚至只是几个很简单的页面，网站的图标也非常粗糙，让人看上去非常不舒服；而正规注册公司的网站都会非常在意网站的形象，同时对网站的技术要求也都会比较高，网站的图片、形象等都很规范、清晰，视觉效果感觉非常好。

二、骗子网站没有正规的营业执照

一般的骗子网站都没有营业执照，你可以要求他们出示营业执照等证明。不过需要注意的是一些比较高明的骗子网站也会用图片处理软件伪造一份营业执照，大家在观察营业执照的时候需要仔细辨认，查看是否有涂改痕迹，而正规的注册公司网站则会主动出示他们的营业执照。

三、骗子网站无法与其他网站合作

在决定要代理商家的产品之前，一定要多注意了解他们的网站，注意观察他们是否有与其他网站进行合作、推广等活动，骗子网站是不可能和其他网站进行合作的，而正规的公司网站都会主动寻求合作。

四、骗子网站的联系信息不全

一般的骗子网站是不会留下详细的联系方式的，或者只留下一个手机号码，至于具体的公司地址更是语焉不详，而正规的注册公司网站联系信息一般都会非常详尽。

第36招

怎样做好网上批发

规避了骗子网站，也不代表网上进货就万无一失了。毕竟涉及钱的问题，不能马虎，还有很多方面需要你自己去甄别判断。在网上批发和在批发市场进货完全不同，批发市场能够看到实物，网络却不行。网上批发货物毕竟存在着一定的虚拟性，所以大家选择商家的时候一定要小心谨慎，选择比较可靠的商家进行交易。在进行网上批发前先关注一下这么几点情况：

一、小心货品质量没保证的批发网站

如果连公司都没有注册，这样的网站货品要么就是调市场货来销售，要么就是做一些回收货品的销售，货品质量很难得到保障。

二、用是否支持看货来检验网站可靠性

如果不能支持上门看货，那就要先考虑一下这个商家是不是骗子公司了。当然有些公司由于代理数量比较多，可能会对上门看货提出一定的要求，比如有的公司会要求必须一次性批发50件以上并预交订金之后才支持上门看货，一来是为了最大限度地优化客服工作程序，二来是最大限度地保证对每一位经销商的正常服务，这样的要求也是可以理解的。所以在是否支持上门看货这一点上，还需要大家更加仔细地辨别、分析，不能一概而论。

三、选货品更新快的批发网站

货品更新速度影响到网络销售的业绩，同时也影响到实体店铺的营销业绩。如果一个网站的货品更新速度比较快，至少说明他们的产品在市场上的受欢迎程度还是不错的。

四、发货太慢的批发网站也不行

有些网站的发货速度非常慢，可能下了订单之后两三天甚至五六天之后才发货，严重影响了顾客对卖家的信任程度，造成了客户资源的流失。所以在选择批发网站的时候，一定要看网站对发货速度的承诺。发货以后还要看网站是否支持退换货。有些网站以次充好或者在产品发生质量问题的时候以各种理由搪塞并拒绝退换货，这一点也需要加以注意。

第37招

关于网络代销

网店代销作为一个经营方式越来越受到人们的喜欢，免除了存货的麻烦，又可以轻松赚钱，一举多得，是一种非常好的方式。下面给大家介绍一下网店代销的几个技巧，希望大家能少走弯路，经营好自己的网店。

开网店也好，开实体店也好，总是要有投入的，网店还好一点，免了房租之类的成本费用。但是货总是要有的，你一定得备一点货在家，这就有一个网上开店起点了。如果网上出现了一种网店代销的模式，你就不需要备货，不需要库存。那么网店代销是一种怎样的网上开店模式呢？

网店代销商品是获得货源和扩大货源的最好方式，这也是目前开店最普遍的方式。据权威网站统计，淘宝网上有很多的店主货源做的都是代销——也就是大部分商品不是自己的货，卖的人没看到过自己所代销的商品实物。

代销是指自己有稳定货源的实体店或代理商或厂商，为了在网上扩大铺货面，提高浏览量，从而也提高销售量，四处招其他网店加盟代理销售他们的商品。他们只要把商品的图片、产品描述数据传给代销店，代销店通过网店助手，一键上架，就可以在网店上销售了。

代销店的交易流程是，代销店在网店销售商品后，再通过支付宝向自己的货源商支付相应商品型号的货款（进货价比销售价低，差价就是代销店的利润），留下自己买家的收货地址、名字、联系方式，然后货源商直接把货发到代销店之买家处，买家收货确认没有问题，确认支付宝付款，然后代销店随后也向货源商支付宝确认付款，完成交易。

第38招

怎样做好网络代销

那么，怎样做好网络代销呢？有这几点需要店主注意：

一、虽然是代销商品，但是不要让顾客知道你是代销商

首先调整自己的心态，心理上不要把自己看作一个空对空的店家，在销售的时候要自信地树立自己的品牌，把自己的上家当成自己的仓库管理员。自信地面对顾客，时刻记住，上家的仓库就是你的仓库，上家的客服就是你的库存管理员。

二、保持跟上家沟通

即使是自己囤货发货，在商品种类数量比较繁杂的情况下，也会出现库存断货而不自知等状况，所以销售过程中，要时刻保持跟上家的沟通，先询问是否有货，做到心里有数再销售。为了让自己不用时刻担心断货，大大方方地在商品说明中加上："网上网下同时销售，如果遇到买家付款后发现断货的现象，第一时间退款并郑重向其道歉。"这样，买家就不会投诉你收款不发货。

三、在商品图片上加上自己的店标

在商品图片上加上自己的店标，时刻注意树立自己的店铺形象，让顾客记住你。

四、在顾客询问商品发出状况时，不要询问上家

这个是你自己的工作任务，因为上家发货后会填写支付宝信息，也会给你快递公司的查单地址，自己去查比询问快得多。不要使顾客因为你的懒惰总是等待，也不要因为自己该做的事情不肯做，而导致上家对你的不满。

五、注意所在城市填写

如果只做一个商家的代理商，索性把自己店铺所在地修改成为上家发货的城市。因为网络销售，你在什么城市无关紧要，重要的是让顾客知道商品从哪里发出。

六、要有良好的沟通能力

因为代销比较消耗时间，同时会有相当大的工作量，因此，代销者应具备良好的沟通能力，请远离批评、指责、抱怨，客观处事，积极做人。因为代销比较烦琐，客户在购买商品之后，需要详细问清楚对方的要求，供应商只按照代销者的要求发货，出现其他问题均由代销者负责。

第39招

寻找网络代销供货商的方法

对于想在网上开店的朋友来说，网上代销是个不错的选择，因为一不用资金进货，二不用因为堆积卖不出而发愁。而且很多提供网店代销的供货商还不要加盟费。零成本网上开店已是许多店主的选择。还有很多店主自己已经有货源了，想进更多的货，也可以卖自己的货加上代销别人的东西，一举两得。在网上代销最重要的是：要找到有实力的、讲诚信的供货商。下面列举几家提供代销供货商的网站。

一、阿里巴巴

阿里巴巴自然是找货源的首选网站。阿里巴巴里有很多种产品种类，可以在首页搜索你想要代销或者批发的产品名称，也可以在“创业加盟”频道的“网上创业”分类寻找你想要代销的产品。

二、慧聪网

慧聪网虽不及阿里巴巴有名，但它的“中国第二行业网站”的名头也不是虚的。在首页的搜索框里搜索“网店代理”或者“网络代理”，就有上千条供应网上代销的信息。你如果想批发，可以直接搜索产品的名称。

三、网上代销之家

这是一家新生代网上代销网站，是目前国内比较专业的网上代销和货源批发交流社区。适合没有资金在网上开店的网民在网上零成本代销。你可以在这里找寻网上代销产品，也可以在这里和其他的网店代销商交流经验。

四、批发搜（饰品网）

批发搜是饰品行业最有影响力的网站之一。里面有许多供货商提供饰品的代销和批发。

五、百度贴吧（代销吧，批发吧）

百度贴吧的人气非常高，代销吧和批发吧的人气自然也不会低。代销吧里有许多供货商在招网店代销，至于真假，请自行辨别。

六、淘宝网

淘宝网的许多店主在卖东西的同时也招一些网店代销，可以在淘宝直接搜索代销，并选择信誉高的店主代销商品。

七、拍拍网

拍拍网也有许多在招代销的店主，可以直接搜索“商品+代销”，或者直接在店铺名中搜索“代销”，就能找到你想要的。

八、支付宝社区（推荐商家板块）

许多供货商在那里招代销，可以去看看。

第40招

关于积压品牌商品货源

品牌商品在网上是备受关注的产品之一，很多买家都通过搜索的方式直接寻找自已心仪的品牌商品。不少品牌商品虽然在某一地域属于积压商品，但在其他地域可能是畅销品。所以，积压库存的品牌商品也可作为网店的货源。

一、优点

1. 商品价格低

由于工厂处理库存货几乎都是被动处理，价格方面自然比较好谈，但也取决于个人的谈判能力，谈判能力强的可为自己省下不少钱。

2. 商品品种多

无论企业属于哪一行业，如果要生存下去，就必须以市场为导向，生产出市场需要的商品。而市场的需求正朝着多元化发展，因此，企业就要不断研发新的商品，以适应市场的需求。这样日积月累，企业库存的商品品种必然越积越多。

二、缺点

与其他货源一样，积压的品牌商品也有其缺点，网店新手应多加留意。

1. 数量大

企业的库存数量一般都比较大，这一点对大部分小本经营的网店卖家来说是个不好的消息。

2. 款式过时

企业的库存货有些是以前的流行商品，但对现在来讲无疑是过时商品，这一点也需多加注意。

3. 有瑕疵品

一些商家不会将瑕疵品做报废处理，而是当作库存商品卖给客户，检查货物时要打起十二分精神，不要看到价格便宜就忘乎所以。

4. 需更换商品的外包装

企业的库存货大部分都没有标准的外包装，或者外包装已经陈旧、变形、变色甚至破烂不堪，需要你重新处理包装，而这会增加你的成本。

第41招

积压品牌商品进货前的调查准备

在寻找积压库存品牌商品的过程中，要对以下几点做一些调查，否则购回他人的库存后，商品不好销，会立即变为自己的库存。让库存压力从厂家那里转移到自己的身上，有可能导致自己从此一蹶不振。

（1）消费者的品位。先从各个渠道详细了解当前大众消费者的品位，看他们是重实用还是重感观、重内涵还是重外形、重本土品牌还是重国外品牌，等等。

（2）文化鉴赏力。了解一下当前大众消费者的文化鉴赏力如何。

（3）市场动态。广泛关注市场动态，并进行分析。

（4）预测市场需求能力。预测市场需求能力及市场需求量。

（5）重视消费需求的不确定性。消费者的消费需求变化很大，不确定性增强了，流行风的存活期也越来越短，流行风具备越来越强的区域性。

大部分网店从事的主要业务是零售，而不是批发，所以商品的数量要尽量少，以减少压货的风险；商品的品种要尽量多，让消费者有余地选择。

第42招

节后清仓商品

在春节、情人节、劳动节、端午节、儿童节、中秋节、教师节、国庆节、圣诞节等节日，大家都会尽情地购物，于是形成一股节假日的消费热潮。

商家当然不会放过这些节假日蕴藏的巨大商机。于是，在节前购进大量商品，以期在节假日赚个盆满钵满。节后清盘，利润相当可观，但手头上还有部分未及时售出的商品，于是就出现了节后清货的活动。

传统店铺的节后清货确实是网店的重要货源之一，可是，如何把握其中的分寸，才能不至于因眼花缭乱而导致进错货品呢？这就需要我们进货时多加小心了。

一、注意商品的生命力

凡是应节的商品，必然是有其生命周期的，有的商品在节日一过，就很少有人购买了，比如情人节的玫瑰、中秋节的月饼、圣诞节的松树等。

二、注意商品的再生力

有的应节商品可以等待下一年的这个时候再进行销售，比如圣诞节的圣诞卡。因为实体店的固定成本居高不下，如果为了下一年再销售而将货物积压在仓库里，那么利润将会被一点点蚕食掉。到下一年的这个时候，不管商家以什么价格出售该商品都是亏损的。所以，理智的商家都会不计成本地处理节后商品。相对而言，网店的固定成本非常低廉，可以乘虚而入，做起实体店想都不敢想的压货生意。

第43招

拆迁清仓商品

拆迁清仓商品也是网店很好的货源之一，但卖家进货时一定要小心里面是否有陷阱。一般来说，应注意以下几个方面：

一、是否真的要拆迁

先弄清楚商家所谓的拆迁消息是否可靠，如果只是商家的一个促销手段，那肯定有问题，最好不要进货。否则，如果你进来的货物价格过高，在网上就没有竞争优势了。

二、谨慎挑货

由于商家急需清货，时间紧迫，价格必然很低，这样才能吸引消费者在短时间内决定购买，这时进货就一定要打起精神细心挑选了。

拆迁是偶然事件，无规律可循，将拆迁视为网店货源的唯一渠道或重要渠道，这无疑是不可行的。至于能否在恰当的时候、恰当的地方发生如你所愿的市场拆迁事件，只能靠缘分了。

第44招

转让清仓商品

店铺转让的原因五花八门：有的是因为经营困难，要收手；有的是经营一段时间后未收到预期的效果，要转行；有的是已经在其他地方物色到更好的店面，要转移阵地；有的是家中有变故需要大量现金；有的是租期将到，无心继续经营；有的是与房东有纠葛，要离开此地，等等。

转让时最令商家头痛的是如何处理店铺里的货物。权衡利弊，低价抛售套现无疑是商家最明智的选择。

实体店铺转让时所抛售的都是之前正常经营时剩余的商品，所以品质比较可靠，价格又便宜很多，完全可以放到网上店铺的货架上出售。但一般的实体店商品数量和品种都比较多，如果将整个店铺的商品都包揽下来，需要较大的投资。对于小本经营的网店来说，风险实在太大。可以选择某些合适的品种与商家洽谈买断事宜，商家一向非常注重大批量的购买行为，所以价格可以压得很低。

有些商家利用假转让大做文章，这种情形会直接反映在商品的品质上。因为商家既然假转让，商品在价格方面一定要有很大的吸引力才行，在低价的基础上，想保持利润，只有牺牲商品品质了。于是，假冒伪劣商品自然充斥其间。假转让的最直接表现就是：“转让清仓”的标贴长年累月地挂在店里，或者“转让清仓最后三天”的标贴一挂就是几个月。要想淘到好的货源，就不要到这种店铺去。

第45招

避免购进不适合的商品

换季、节后、拆迁与转让的清仓品确实蕴藏着巨大的利润，但在一些关键方面需要特别注意，有些商品最好不要大量购进。

一、高科技产品

高科技产品更新换代快，比如手机、电脑、MP3、数码相机等，千万不要听信商家甜言蜜语的建议和信誓旦旦的承诺，他无非是想要你多进货。

二、有效期限较短的商品

比如食品，不管价格多么有吸引力，都不要因一时头脑发热而购进太多数量。

三、日用品

网上经营随处可见的日用品的销售周期本来就比较长，购进时更要小心，不可购买太多，否则很难消化掉。

第三章

网店的设计与装修

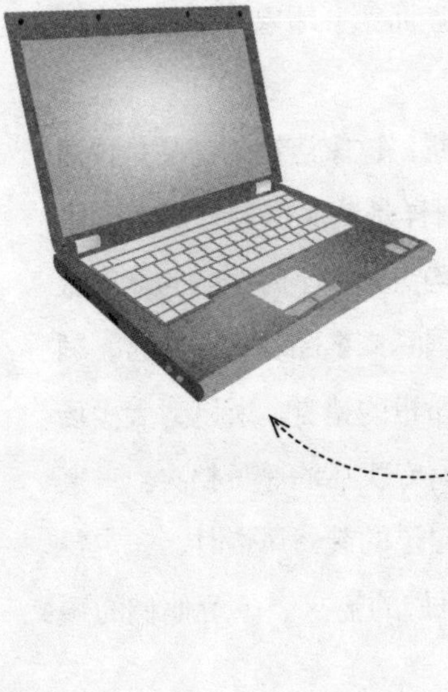

第46招

根据主打商品确定装修风格

消费群体的年龄、性别、职业、爱好等的不同，导致他们主要消费的商品类型也有所不同。针对不同的目标人群，需要有截然不同的经营策略。决定开网店之后，你就要思考自己网店的经营风格，比方说主营食品和主营家居用品的店铺，就必须采取截然不同的经营风格，主营女装和主营计算机、手机等科技产品的店铺在经营风格上也是如此；否则你的店铺就不能算作一个精品店铺。

一家网店的风格，主要体现在网店主营的商品类型、网店的装修风格、网店商品发布的方式和时间、网店商品的价位、网店促销活动的举办方式、店主服务的个人风格特色等方面。你的目标消费群体对你的网店风格认同感越强，就越容易把他们吸引过来，成为你的潜在顾客。

和传统实体店的经营模式一样，店铺风格最直接的表现体现在店铺装修的风格上。对网店来说，这一点也很突出。因为顾客进入我们的网店后，店铺的装修设计风格会给他们留下深刻的第一印象。而第一印象不管是在人际交往还是在做生意当中，都起着巨大作用。

你的网店装修风格会让顾客默默地在心里判断：这家店铺的商品是否适合我？这里销售的商品是不是我正在寻找的？同样是购买服装，顾客对于购物时的商品价值也有一种心理暗示，本来准备购买几件平时穿着的休闲服饰，如果看到的这家店铺装修得过于高档，类似国际知名品牌的专卖店，顾客会有一种进错门的不适感，或者产生商品价格昂贵的错觉。所以，大卖场装修应该有大卖场的亲民风格，专卖店装修应该有专卖店的尊贵档次。一家店铺，不管它是网上店铺还是实体店铺，在确定自己的装修风格时，一定要贴近自己的消费群体，了解他们的喜好、了解他们的需求、了解他们的顾虑……综合分析，最后形成自己店铺的装修风格。

装修风格一般体现在店铺的整体色彩、色调以及图片的拍摄风格上，交易平台网站上有多种店铺风格可供选择，我们可以选择这些固定的店铺模板来进行装修，也可以购买淘宝商城的旺铺模板对店铺进行更多的设计，使店铺风格具有经营特色和个性色彩，也更符合销售的定位。此外，商品图片和店标、论坛签名的设计等都要考虑到整体的协调性，尽可能使整个店铺的色调、风格统一。下面是几类风格各异的店铺供大家参考：

一、经营服装服饰的网店

经营化妆品和服装的店铺的主要消费群体是时尚女性，那么店铺的装修就要符合女性的审美习惯。

首先，商品图片一定要时尚、漂亮，要显得精美、有档次。

其次，商品的描述和留言回复等，都需要和所售的商品风格吻合。

再次，客服接待也要符合这个群体的交流习惯。比如，在对待讨价还价的问题上，就要做好“打持久战”的心理准备，因为女人们通常都很善于讨价还价的。

二、经营科技电子产品的网店

经营数码类商品的店铺在设计上一般都是比较趋于理性，因为这类商品的目标消费群是以成年男性为主。

首先，色调以黑灰色为主，体现出店铺的科技感与时尚潮流，因为成年男性喜欢的往往是一种理性的、工业感的和专业的设计风格。

其次，商品图片要简单明了、色彩不花哨、商品描述和留言回复内容要言简意赅。

再次，对客服人员的专业水平要求较高。

经营科技类产品，如果还是采用前面那种经营风格就会形成经营上的错位，不易被这个消费群体所认同，甚至使顾客对网店的专业性产生怀疑，从而影响到店铺的销售业绩。

三、经营可爱、兴趣类产品的网店

如果你的网店主营可爱的、有意思的商品，你就要了解它们的目标消费群一般为学生和其他25岁以下的年轻人。这些目标人群有较为一致的审美标准和常用的说话方式，喜欢关注这个年龄段感兴趣的东西，喜欢追赶潮流。这些都是目标消费群体的共性特点。作为经营这类商品的店主，就应有针对性地来设计自己的店铺。

首先，装修风格要活泼一点。

其次，商品图片要时尚卡通一点、色彩要鲜艳一点、商品描述和留言回复的口气要可爱一点。

再次，客服年龄结构可以年轻化一点。

有了这几点，这种可爱型的经营风格才更容易被这个群体所接受，并且因为有了认同感而产生购买的欲望。

四、经营贵重物品的网店

什么是贵重物品？像手表、珠宝首饰等，需要花费上千甚至上万的资金购买的商品，就是贵重商品。商品结构决定了店铺的消费群体。贵重物品95%以上的购买者在30至45岁的年龄层，很少会有学生和老人。在这类商品的使用者中，女性占绝大多数，但有一点千万注意，就是给这类商品付款的人却往往是男性。

为此，经营贵重物品的网店装修风格应该这样定位：

首先，需要使用中性的装修风格，偏重于男士的审美习惯，同时也兼顾一些成熟女性的审美情趣。

其次，商品描述和留言回复要亲和、稳重，有耐心。

再次，客服年龄结构最好不要低于25岁。

还有一些商品的目标消费群体和它的最终使用者也是不一致的，比如保健品类的商品，它的使用者以年长者居多，但是购买者却是以年轻人为主，他们主要为长辈们尽孝心而消费。所以，销售这类商品的店铺在确定风格时应该更多地倾向购买者而不是使用者。

第47招

寻找图片存储空间

获取网络存储空间主要是为了存放店铺的图片，网店上的图片存储空间有限，为此店主只能利用网络上其他地方的空间来存放商品图片。

店铺中图片存储空间对在网上开店的卖家而言是不可或缺的。在普通店铺管理中只支持基本图片的上传，大多数商品图片、说明等相关信息均需放置在自己的空间中。因此，店主需另外寻找可获得图片存储空间的方法。

一、稳定且方便的虚拟主机

虚拟主机，又叫网站空间，是一种企业网站存放网站内容的普遍方式。虚拟主机管理方便、系统稳定，并且还可支持多种类型的文件，比如数据库、网页、动画及图片等。虚拟主机对于在网上开店的卖家来说是非常实用的。

使用虚拟主机的价格会相对高些，上传空间大于100MB（计算机中的一种存储单位，读作“兆”）。接下来对通过虚拟主机机上传并发布图片的方法做一个介绍。

（1）在浏览器中输入“fpt：//+虚拟主机IP（或者域名）”。

（2）在弹出的“登录身份”对话框中，输入由虚拟主机服务商所提供的用户名与密码。

（3）登录后，把制作好的文件夹或是图片粘贴到虚拟主机空间中。

（4）打开某个文件，复制浏览器地址栏中的路径，将其粘贴到店铺的图片地址栏中，就能将图片成功发布。

二、寻找出售图片存储空间的店铺

许多网站上有出售商品图片存储空间的店铺。这类销售的存储空间通常都由一些较为专业的服务器运营商经营、维护，能够提供动画与图片的上传。相对来说，服务器较为稳定、安全，服务质量也不错，且可灵活购买。

店主可按照自己店铺的需要来选取几兆字节、几十兆字节或几百兆字节的存储空间，还可以以月付与年付的方式交易，对普通店主而言是个不错的选择。

三、找到提供免费相册的网站

现在有许多网站提供免费相册，如人人网、中国雅虎等。店主可将商品图片上传至自己申请的免费相册中。可依据下面的步骤来上传、发布图片。

（1）注册并登录人人网相册空间，在人人网相册中单击“选择照片”按钮。

（2）在弹出的“打开”对话框中选择需要上传的商品图片。

（3）单击“打开”按钮后，图片添加至列表中，拖动鼠标选中要上传的图片，单击“开始上传”按钮。

（4）发布完成后，在相册里找到图片，单击鼠标右键，在弹出的快捷菜单中选择“属性”命令。然后，选中“地址”，单击鼠标右键选择“复制”命令。

（5）在宝贝描述里，单击“插入/修改图片”按钮，在对话框的“地址文本框”中粘贴图片地址，单击“确定”按钮后图片就能够显示了。

三、博客相册也能存储照片

通过博客也能够存储照片。目前能够开通博客的网站有很多，如新浪网、网易和雅虎等，网友只需在各个网站免费注册就可以拥有自己的博客空间了。在开通某个网站的博客后，一般都会有相册栏目。在相册里上传商品图片后，单击鼠标右键选择“属性”，再复制图片的地址，接着重复“使用免费相册”中的步骤（5）就能发布商品图片了。

第48招

重视网店装修注意事项

网店装修并不只是技术活，有很多你可能没有想到的层面，也需要特别注意。

一、店主要有一个清晰的思路

店铺的特色是什么？主营什么？目标客户是哪些？自己要有一个明确的思路，这是最关键的，就是俗话说的“大框架”，用书面语来说就是一个还没有形成文稿的策划。

二、网店装修不能马虎

店铺装修可不是交给别人就了事的，自己做“甩手掌柜”，这个可是绝对不行的。就像家里做装修一样，主人是要费心的，全部交给装修公司的结果一般不会达到自己预期的效果，因为毕竟只有店主自己最了解自己的网店。

三、找一个可以信赖，有相当专业水平的装修公司是关键

如果实在没有时间和精力自己操作装修事项，那么，请一个专业的装修公司就是店主装修网店的首选，因为这些网店装修公司比较专业。当然，信誉较高的网店个体户也是非常不错的，因为“事实是检验真理的唯一标准”，经过了大家的多次“检验”都说好的公司应该是不错的。但一些新进入装修领域的小店也未必做得就不好，双方应通过多沟通来了解装修店的真正水平。

自己学装修店铺也是一件快乐的事情，但对于业务繁忙的人士，选择第三方来装修店铺是非常明智的。不过对于刚刚起步的店铺，自己学习一些装修店铺的知识也是必要的，这个本来就是学习电子商务技巧的一个过程。

四、双方的沟通非常重要

大多数店铺装修是双方通过旺旺或其他沟通方式来解决的，大家不见面，大部分仅凭简短的文字，双方的教育背景、说话方式、性格等多种因素影响沟通的有效性，所以带来了理解上的不同，会造成沟通困难等。解决的办法当然是双方做好沟通。

五、店主要用最容易让人理解的语言表明自己的想法

尽量用具体的词来说明自己的思路和希望达到的效果，越具体越好，比如说清商品的颜色、风格、形式……千万别用抽象的词来形容，如“漂亮”“看着舒服”等这些让人摸不着边际的话，让装修者不知所云，引起误会。设计本身就是“仁者见仁，智者见智”的事情，没有唯一的评判标准，这也是“装修”这个行业的特性。

六、做好文字和图片的前期准备

店铺公告、店名、店标、签名等文字性的资料和商品图片要事先准备好。这样不但可以提高装修的效率，也可以避免返工，能够达到双赢的效果。

七、风格与形式的统一

店铺装修除了色彩要协调外，整体风格也要统一，在选择分类栏、店铺公告、音乐等东西的时候要有整体考虑。别这个卡通，那个高雅，风格不搭是大忌。

八、突出主次，切忌花里胡哨

店铺装修漂亮，确实能更多地吸引买家眼球。但我们要清楚一点，店铺的装饰别抢了商品的风头，毕竟我们是为了卖产品而不是秀店铺，装修得太多太乱反而影响商品展示效果。

第49招

不同风格店铺装修技巧

用心给自己的网店进行装修，不仅能体现店主的艺术品位和审美眼光，还能有助于商品的销售。不同风格的店铺装修能够衬托出主营商品的不同特点，更容易吸引到目标客户群。网店店主如果能将店铺装修得符合商品特色，同时能够做得精美诱人，吸引到众人的眼光，那么你的网店商品交易额就很可能因为装修得好而得到很大提升。因而可以说，装修好店铺是经营好网店的重要条件之一。

网店如同实体店一样种类繁多，接下来就以首饰店、食品店、化妆品店、家居用品店、女性服饰店和男性商品店等为分析实例，来深化大家对网店装修的认识。

一、主营女装的网店

经营女性服饰类的店铺，在装修颜色上通常是采用紫色、粉色及红色等能够突显女性特点的色彩。为了在风格上能更好地突出女性的柔美特点，一般可采用些时尚女郎和卡通动画等图片进行设计装修。而在装修这类店铺前，应先搜集一些相关素材图片。

二、主营食品的网店

现如今在网上购买各类食品的人也越来越多，而食品类网店也就随之不断发展。随着食品类网店的增多，竞争也变得激烈了，因此店主要想在竞争中占有优势，就应注重网店的装修。在装修食品类店铺时要注意突出食品是绿色、环保、无污染的健康食品，因而在选择色彩时可以绿色、蓝色等为主色调。

三、主营家居用品的网店

家居用品类的店铺在网店中占有一定的比例，产品类型也较为丰富。对于生活用品店铺的装修，可根据其销售产品的类型来选择适宜的装修素材对其进行装修。如销售日常生活用品的家居店铺，可选取那些带有居家感觉的图片作为素材；而如果销售的是田园风格类的家居饰品，则可选择自然风光、蓝天白云，或是花园等图片作为装修素材。生活用品类店铺可以用粉色、橙色、黄色和绿色等为主色调，这能给人带来轻松、舒服的感觉。

四、主营化妆品的网店

化妆品店铺在网店中受到众多买家的喜爱。这是由于在网上购买方便且价格便宜，所以那些信用度高的卖家极受买家追捧。在装修化妆品店时应突出自然、清爽及环保的特点，所以在选择色彩时可采用粉色、绿色和蓝色等为主色调。装修化妆品前可先搜集些美女脸部特写、化妆品图片和自然花朵等图片。

五、主营首饰的网店

经营首饰类的店铺，要根据首饰的不同材质、类型来选择店铺的风格，在装修颜色上通常可以采用具有梦幻色彩的紫色、粉色等能够彰显首饰的美丽以及具有浪漫情怀的色彩。为让店铺看起来更加美观，也为了让首饰更加吸引买家，可采用一些时尚女郎和卡通动画等图片进行设计装修。而在装修这类店铺前，应先搜集一些相关的素材图片。

六、主营男性商品的网店

男性商品店铺要突出其活力、健康的特点。因此，在进行店铺装修时多采用绿色、蓝色和黑色等色彩，而在装修风格上则要求直接、简洁。按照店铺所售商品的类型可选取或时尚，或正式，或休闲，或轻松的图片来修饰店面。

第50招

制作网店店标的方法

店标设计是一种乐趣，更是一种艺术创作，每一种艺术创作都有相应的理论作为指导，因此掌握好的店标的设计标准，对店标的设计还是有一定的指导意义的。设计店标主要用到的还是一些设计原理：主导性、从属性、相互关系、均衡、比例、反复、反衬、律动、对称、对比、借用、调和、变异等。

对于淘宝网店的店标，按照其存在的状态可以分为：动态店标和静态店标。

一、制作店标前的准备

店标的制作是艺术创作活动，需要的是捕捉艺术创作的灵感。灵感来自哪里呢?

大多数网店店主并非什么艺术家，所以没有真正的艺术创作的能力，但是这个是我们要努力的方向。艺术家的创作灵感来自于对现实生活的细致观察，来自于对现实生活材料的抽象提炼。

许多人抱怨自己没有艺术细胞，其实只是自己没有仔细地观察罢了。要制作店标离开对生活素材的积累是不行的。因此倘若网店店主想制作出优秀的店标，必须做好积累生活素材的准备。特别要注意对语言的观察、对图片材料的积累等。

二、简易静态店标的制作

对于大多数能够使用电脑的人来说，修改一张静态图片成为自己的网店的店标并非困难的事情。一般来说，一个静态店标由文字、图像构成，静态店标有纯文字店标、纯图像店标、文字图像混合店标等。采用这类方法制作店标来得简单、快捷。网店店主也可以自已先用铅笔在稿纸上设计好草图，再用扫描仪扫描下来，最后使用 Photoshop（图像处理软件）来处理。

静态店标的制作既简单也复杂。简单在于没有技术含量，只要会电脑操作就能胜任；复杂在于是一项高度艺术化的创作活动，没有艺术素养的人无法制作出原创性质的店标。

三、简易动态店标的制作

动态店标就是一小段由图像文字构成的动画。接下来重点讲述如何使用 Photoshop 来制作具有动态效果网店店标。

制作材料：图片

制作工具：Photoshop7.0 以上软件

动态店标简易制作流程：

（1）安装并启动Photoshop软件。

（2）建立图层，并在图层里粘贴图片或输入相应的文字。

（3）转到动画编辑窗口。

（4）修改动画参数，预览后再反复修改。

（5）保存后，上传到淘宝网店的店标区域。

第51招

关于网店的分类导航

店铺中的分类导航即店铺类目，不论是在普通店铺中还是在旺铺中它均在店铺左侧显示，作用是显示商品的分类。

对一家店铺而言，所售商品分类是否合理是十分重要的。分类导航可运用简单的文字展现，也可使用独具特色的图片来展现，从而让店铺更加吸引人。若使用文字分类，则导航的大小与颜色都是不能变的。如果店主想让自己店铺的分类导航显得与众不同，则可将各项分类导航制作成图片。对图片的高度没有严格的要求，只须合适就行，但图片的宽度最好不超过180万像素。

第52招

给网店的商品分类

如果买家进入店铺后，点击相应的分类却提示“没有相应宝贝”，不仅会让买家失望，而且会让买家觉得店主没有用心经营，这样买家对店主的印象就会大打折扣。因此，店主应及时为自己的商品进行分类。给商品分类能够提高店铺的形象，也能够提高交易率。给商品分类能给买家带来许多方便，服务于买家，其实最终是为店家自己服务。接下来就以在淘宝网上的店铺为例，告诉你们制作商品分类的技巧。

一、制作商品分类导航

商品分类导航可分成文字分类与图片分类两种。文字分类：进入“我的淘宝”—“我是卖家”—“店铺管理”—“店铺装修”—“店铺类目”—进行宝贝类目的分类。图片分类：进入“我的淘宝”—“我是卖家”—“店铺管理”—“店铺装修”—“店铺类目”—“宝贝分类”—“未分类宝贝”—按下图进行放置。

二、调整分类顺序

调整分类顺序的步骤是：进入“我的淘宝”—“我是卖家”—“店铺管理”—“店铺装修”—“店铺类目”—“宝贝分类”—对相应类目排序号进行修改并按后面的“修改”键保存。

三、关于一级分类与二级分类

目前一些网站如淘宝网只支持一级分类，但可以利用空间错位法来达到级别分类的效果，这样能给买家在视觉上得出一级与二级分类。

四、制作相同名称的二级分类（技巧）

如卖包的店，可以将斜挎包作为一个一级分类，单肩包作为一级分类，但在各个分类下均有相同的风格，即均含有比如淑女风格与手绘风格两种等。

相同名称的分类不能出现在淘宝中，如果店主已经设置好一个淑女风格后，再设置一个淑女风格时，淘宝会提示已有该分类不可以继续分类。这个时候，店主可将原来的淑女风格做一个小改动，如在它们之间加一个空格，之后再添加一个淑女风格的分类，随后按“保存”键。这个时候系统认为原先的淑女风格已改动，因而新分类才可操作成功。此时，在原先的淑女风格后面不要按“修改”键，以防原先的淑女风格跳回到没有保存的状态。这样最后就成功编辑了两个一样的淑女风格。

第53招

制作漂亮的分类导航

店主若想让自己的分类导航给进入店铺浏览的买家们留下一个深刻的印象，就需要自己动手进行设计了。

分类导航一般包括欢迎图片与商品分类图片两种。可在欢迎图片上加入联系方式、营业时间等内容信息。接下去对怎样制作一套分类导航的欢迎图片与商品分类图片做一个介绍，重点介绍怎样修改、调整已有的素材图片，让其符合分类图片的制作要求。

一、制作分类导航模板

在Photoshop软件中制作分类导航模板的具体操作步骤如下：

（1）一般来说，网上搜集到的图片很难与所要求的图片尺寸完全相同，因此要调整搜集到的图片尺寸。打开Photoshop软件，选择菜单“文件”—“打开”命令，打开已搜集的两幅素材图片。可以看到两幅图片的样式非常接近要制作的欢迎图片和商品分类图片，但它们的尺寸并不合适，因此要对图片进行修改。

（2）开始制作欢迎图片，素材图片的尺寸是200像素×200像素，要把它的宽度修改为160像素。选择菜单“文件”—“新建”命令，打开“新建”对话框。设置“宽度”为160像素，“高度”为200像素，“分辨率”为72像素/英寸（1英寸=2.54厘米）。单击“确定”按钮，在Photoshop软件编辑窗口中新建一个空白图片文件。

（3）切换到素材图片，选择菜单“选择”—“全部”命令，然后选择菜单“编辑”—“拷贝”命令复制图像。单击新建的空白图片，选择“粘贴”命令将图片粘贴过来。

（4）在工具栏中单击“移动工具”按钮，水平移动图层至右侧。在工具栏中单击“缩放工具”按钮将图片放大，接下来调整图片大小。在工具栏中选择“矩形选框工具”按钮，在图层右侧从顶部到底部拖出一个矩形区域。

在应用移动工具水平移动图层时，图层会自动和边框对齐，就像被吸附住一样，这一功能有利于准确的调整、定位图层位置。

（5）因为原来素材较宽，要将其变窄，所以单击“移动工具”按钮，向左水平拖动选择的区域。选择菜单中的“选择”—“取消选择”命令取消区域选择。使用移动工具将图层移动到中间位置。此时如果宽度没有调整到位，可以重复上面的步骤，直到调整为合适的边框。

（6）选择菜单“文件”—“保存”命令，弹出“存储为”对话框，将图片保存为“欢迎.psd”。

（7）新建一个尺寸为155像素×72像素的空白文件，将另一幅素材图片用同样的方法粘贴到新建的空白文件中。将图片放大到300%，并移动到右对齐的位置。使用“矩形选框工具”按钮选择矩形区域。

（8）在工具栏中单击“移动工具”按钮，然后按下“Alt”键的同时拖动图片上的矩形选区，即可在同一图层中对选择区进行移动，如果图片上有文字，可将其覆盖。

（9）按照以上的方法能够将图片的宽度变大。

（10）图片的高度可以按照统一的方法进行处理，但要注意与右侧的花朵图标的链接。图片宽度和高度调整完成后，将图片保存为“按钮.psd”。

二、为分类导航添加文字

店主可按照自身需要来制作商品分类图片上的文字。可在欢迎图片上标注联系方式、工作时间和店铺名称等内容，在商品分类图片上则可标注不同商品的名称。在欢迎图片与商品分类图片上制作文字的具体操作步骤如下：

（1）打开“欢迎.psd”图片，在工具栏中单击“横排文字工具”按钮输入店铺名称“随心设计”。

（2）双击选中文字，在“选项”面板中将字体设置为“方正准圆简体”，设置字体大小为“18点”，设置消除锯齿的方法为“平滑”，设置文本颜色为“水红色”。

（3）选择菜单“图层”—“图层样式”—“描边”命令，打开“图层样式”对话框。在左侧“样式”列表中选择“描边”选项，在右侧的“大小”文本框中输入1像素。单击填充类型的“颜色”按钮，选择填充颜色为“蓝色”。

（4）单击“确定”按钮后，为文字增加了蓝色的描边。

（5）在店铺名称下输入工作时间与联系方式，而文字样式则延续了前面的设置。

（6）接着修改刚才输入的字体样式与颜色。双击选中输入的文字，在“选项”设置字体为“汉仪凌波体简”，字体大小为“14点”，单击填充类型“颜色”按钮，选择填充颜色为“玫红色”单击“确定”按钮。

（7）设置行距为“18点”，设置消除锯齿的方法为“平滑”，然后将文字移动到图片中间位置，并为文字加上1像素灰色的描边效果。

（8）根据前面的方法，给商品分类图片添加文字。打开商品分类图片“按钮.psd”，设置字体为“汉仪方隶简”，字体大小为“18点”，设置消除锯齿的方法为“平滑”，设置文本颜色为“粉色”，然后输入商品分类名称。如“普通店铺装修”，并设置位置为2像素的白色描边。

三、制作分类导航动画

给店铺设置分类导航是为了让买家能清晰地了解店铺中的各类商品，因此制作鲜明的分类名称是十分重要的。而突出效果的最好方法便是使用动画方式。

1. 欢迎图片的制作方法

（1）打开Photoshop软件，打开两幅图片“欢迎.psd”和“按钮.psd”。先单击“欢迎.psd”文件，由于图片中没有特殊的图案，可复制一些心形图案以便制作动画效果。

（2）合并心形图案的几个图层，在“图层”面板中单击“图层2”，将其选中。单击工具栏中的“魔棒工具”按钮，在打开的“选项”面板中设置容差为2，并取消“消除锯齿”“连续”和“对所有图层取样”的多选框。在心形图案的中间位置单击，就能够选中所有颜色相同的区域。

（3）在“图层”面板中单击“创建新图层”按钮，然后选择菜单“编辑”—“填充”命令，打开“填充”对话框，在“使用”下拉菜单中选择“白色”选项。单击“确定”按钮后，图层中被选中区域填充为“白色”，在图层右上角设置不透明度为50%。

（4）在“图层”面板中单击背景图层前面的“眼睛”图标，将其隐藏。选择菜单“窗口”—“动画”，命令，打开“动画”面板，单击“复制当前帧”按钮。

（5）在“动画”面板中单击第1帧，在“图层”面板中将图层3设置为隐藏，在“动画”面板中单击第2帧，在“图层”面板中将图层3设置为显示。然后，选中第1帧和第2帧，单击“动画”面板“0秒”，在打开的菜单中选择延迟时间“0.5 秒”。

（6）单击“动画”面板中的“播放/停止动画”按钮，就可以查看动画显示效果。选择菜单“文件”—“存储为Web和设备所用格式”命令，弹出“Web和设备所用格式”对话框，在“品质”下拉列表中选择“两次立方”。

（7）单击“存储”按钮，弹出“将优化结果存储为”对话框，在对话框中设置文件名为“huanying.gif”。单击“保存”按钮完成动画的保存。

2. 商品分类按钮动画的制作方法

（1）选择“按钮.psd”图片，在“图层”面板中隐藏背景图层。

（2）选中文字图层，把它拖动到“创建新图层”按钮处，就可以复制一个相同的文字图层。

（3）双击新复制图层右侧的图层效果标志，打开“图层样式”对话框，在“描边”设置中把填充颜色调整为“蓝紫色”。

（4）单击“确定”按钮，刚复制的图层中文字描边颜色从白色变成了蓝紫色。在“动画”面板中单击“复制当前帧”按钮，选中第1帧时，设置显示原来的文字图层，隐藏复制的文字图层；选中第2帧时，设置显示复制的文字图层，隐藏原来的文字图层，

（5）单击“动画”面板上的“0秒”，将两个帧的延迟时间都选择为1.2秒。

（6）选择菜单“文件”—“存储为Web和设备所用格式”命令，弹出“存储为Web和设备所用格式”对话框，在“品质”下拉列表中选择“两次立方”。单击“存储”按钮，弹出“将优化结果存储为”对话框，在对话框中设置文件名为“menu1.gif”。单击“保存”按钮完成动画的保存。

（7）接下去再制作两个按钮“旺铺装修”和“个性化装修”。在Photoshop软件中打开“按钮.psd”，分别修改两个文字图层中的内容，按照上面的步骤进行操作即可。完成后分别保存为“menu2.gif”和“menu3.gif”。

四、将分类导航应用到网店中

接下来以淘宝店铺为例来介绍怎样把已经制作好的分类导航图片应用到店铺中，具体的操作步骤如下：

（1）按照前面章节介绍的方法将图片上传到已有的空间中。

（2）登录“我的淘宝”，进入“我是卖家”页面，单击“店铺管理”下的“店铺装修”链接，进入“店铺装修平台”页面。接着单击“店铺类目”右侧的“编辑”链接，转入“编辑分类”页面。

（3）单击“添加新分类”按钮，在“分类名称”文本框中输入“欢迎图片”。

（4）单击“添加图片”链接，弹出“图片地址”编辑框。

（5）在“图片地址”中输入图片“huanying.gif”的地址，单击“确定”按钮。单击“保存”按钮，完成操作。

（6）根据上面的方法，可继续在店铺中添加新分类或给原有分类添加图片。店铺类目设置完成后单击保存按钮，单击“查看我的店铺”按钮，会发现店铺的分类已经发生了大变化。

第54招

写好网店公告

店主若想写好店铺公告，可从以下几方面入手。

一、将店铺公告设计成广告形式

将店铺公告设计成店铺广告样式能够在买家心中树立自己的品牌形象。制作广告式的公告要注意不能太过复杂，应清楚明白地将服务或是商品概念传递给买家，使得他们一看就懂。

在制作广告式公告前，店主应该先对目标消费者做一个研究，根据他们的“口味”，从而制作出一个买家们容易接受的公告，同时要能给他们留下一个深刻的印象，以区别于其他卖家的广告。

制作该广告式公告的目的是让买家心动，从而产生购买欲望。更重要的是该广告应与店铺形象相符，和商品品牌紧密联系，从而达到强化自己店铺在买家心中地位的目的。另外，由于当前喜欢在网上购物的人大多是年轻人，他们更愿意接受极富趣味、耐人寻味的信息。因此，店主要将广告设计得新奇和趣味些。

二、将店铺公告设计成信息发布栏

发布的信息可以是促销活动、店铺的新变化或者是其他一些信息。促销活动可以包括店铺开张纪念日优惠、重大节日购物优惠和换季酬宾等。将这些信息放在公告栏，进入店铺的买家就能一眼看到店主精心策划的促销活动。店铺的新变化包括分店开张、商品结构调整和新品到货等信息。而其他一些信息则是在没有最新消息或是活动信息的时候，可发布些优美的欢迎词，与商品属性相符的开店宗旨或宣传语等。

第55招

制作静态公告栏

静态公告栏，可以从两个方面来理解。静态公告栏顾名思义是静止不变的，在淘宝网的公告栏窗口没有发生任何变化，只是在窗口内上下运动。与其说它是公告栏，不如说它就是一张静态的图片。

静态公告栏的制作非常简单，简单到了就是在一张适合你网店风格的图片上添加一些必要的文字信息就可以了。但是如果要设计出符合自己网店要求的静态公告栏，那么网商势必要下一番苦功夫。

一、静态公告栏的制作流程

（1）收集公告栏素材，当然也可以自己绘制。对于大多数网商来说还是选用收集公告栏素材比较好，因为网络中有许多的免费图像资源供我们使用。你只要使用搜索引擎搜索就可以了。

（2）在Photoshop中整合有用素材，注意公告栏的宽度不要超过400像素。

（3）制作出公告栏模板。

（4）添加要公告的文字信息。

（5）上传公告栏到网络相册中。

（6）安装公告栏。

二、安装模板代码

公告栏做好后，要安装到自己的淘宝网店里并非很困难，主要是因为牵涉一点html代码的问题，但是对于多数网店主来说并没有相应的代码知识，所以在此给大家提醒一下。

安装模板代码的步骤：

（1）登录淘宝网店——我的淘宝——我的店铺管理——基本设置。

（2）打开网络相册公告栏图片并且复制其网络相册地址。

（3）粘贴网络相册地址到这样的图片连接代码中：

<p><img src=“此处为公告栏图片所在的网址”></p>

例如：<p><img src=“http：//www.eacha.com/image/logo.gif”></p>

（4）单击确认即可。

第56招

制作动态公告栏

动态效果的公告栏是指带有动画功能的GIF图片。制作动态公告栏的方法很简单，保证大家按部就班地学习以后，就可以轻松地自己动手制作了。

这里教的方法，其实就是充分利用网上目前现有的资源，把这些资源进行整合，从中得到自己需要的资源。

首先，登录QQ空间，下载所需要的公告栏模板素材。没有开通QQ空间的朋友请首先开通。

（1）开通后登录到自己的QQ空间。

（2）点击装扮空间或者立即装扮QQ空间跳转装饰QQ空间的素材页面。

（3）选择自己需要的QQ皮肤素材，用鼠标指向需要的QQ空间皮肤，单击鼠标右键。

（4）点击属性，在出现的对话框中选中地址复制下来。

（5）把复制下来的地址中的“pre”改成“orig”，例如：把

“http：//imgcache.qq.com/qzone/space_item/pre/3/8371.gif”修改成

“http：//imgcache.qq.com/qzone/space_item/orig/3/8371.gif”修改后刷新网页，得到自己需要的QQ空间皮肤。

（6）单击右键图片另存为到本地电脑中。

然后，启动 Adobe Imageready（一种制作动画文件的软件），使用 Adobe Imageready 打开下载的QQ空间皮肤。打开后的QQ空间的皮肤一般都

有是两帧的GIF动画，所谓的动态公告栏就是利用帧的不断变化而产生的效果。调整GIF动画图片的大小，宽度小于400像素。由于下载下来GIF文件的宽度不符合淘宝网公告栏400像素的宽度，所以需要对素材图像的宽度进行调整。点击帧输入需要公告的文字。有两个帧，这里可以根据情况决定在两个帧里输入相同的文字还是不同的文字，如果输入不同的文字，那么帧与帧之间的间隔时间要设置长一点。保存制作好的动态公告栏。点击预览没有问题后保存。上传到网络相册空间。最后，登录淘宝网店的店铺基本设置安装公告栏。

第57招

设置公告文字样式

在店铺管理中，可利用类似Word文字编辑软件的方式对公告文字的背景颜色、文字颜色、字号和字体等进行简单的编辑设置。

以淘宝网为例，在网店中编辑公告中文字样式的具体操作步骤如下：

（1）登录“淘宝”，进入“我的淘宝”页面，在“我是卖家”列表栏中单击“管理店铺”链接，进入“管理我的店铺”页面，并将页面调整至“店铺公告”处。

（2）拖动鼠标选中第一行文字内容，单击“字体”下拉列表选择“楷体”。

（3）在“字号”下拉列表中选择“18”将文字放大。

（4）拖动鼠标选中下面两行文字内容。

（5）字体设置为“宋体”，字号设置为“14”，并单击“粗体”按钮，将文字设置为粗体。然后单击“文字颜色”按钮，在“拾色器”中选择文字颜色为“紫色”。

（6）设置字体颜色后，单击“居中对齐”按钮，设置文字居中显示。完成设置后，单击“保存”按钮，显示“操作成功”，浏览普通店铺中公告效果。

第58招

制作精美的公告图片

公告栏中除了可以是文字外，还能够用图片形式来显示。精致美观的图片公告，更能吸引买家的眼球。

店主可根据自己店铺的风格来设计公告栏中图片的样式。而图片公告中的文字最好不要经常更新，因此可设置联系方式、经营时间和欢迎语等内容。在制作公告图片前，可先从网上搜集一些素材图片。

使用Photoshop软件制作美观的公告图片的具体操作步骤如下：

（1）将店铺风格设置为“典雅绿”。打开Photoshop软件，选择菜单“文件”—“打开”命令，在“打开”对话框中选择搜集到的素材图片，单击“打开”按钮，打开素材图片。

（2）在工具栏中单击“仿制图章工具”按钮，用图章在文字周围选取相似图案，再涂抹到文字上，重复多次后就可将文字删除。

（3）店铺公告的建议宽度为340像素。为此，选择菜单“图像”—“图像大小”命令，在“宽度”文本框中输入“340”、单位为“像素”。单击“确定”按钮，图像尺寸缩小。在工具栏中单击“横排文字工具”按钮，在图片中单击后输入“新店开张欢迎光临”字样。

（4）双击选中文字，在“字符”面板或"选项"面板中进行文字设置，字体为“方正流行体简体”，字号大小为“18”，设置文本颜色为“墨绿色”，并单击“仿粗体”按钮和“仿斜体”按钮。输入营业时间文字“营业时间：早8：00～晚19：00”。

（5）在营业时间文字处双击选中该行文字，在“字符”面板中设置字体大小为“16”，文本颜色为“蓝色”，并将文字移动到准确的位置。接着在营业时间下输入店铺的链接地址，从而起到宣传店铺的作用。在“字符”

面板中设置字体为“Arial”，字体大小为“12”，并单击“仿斜体”按钮，取消斜体设置。

（6）图片制作完成后，先将图片以PSD格式保存起来，便于以后修改。再选择菜单“文件”—“存储为Web和设备所用格式”命令，在弹出的对话框中选择优化的文件格式为“GIF”。

（7）单击“杂边”右侧的颜色框打开“拾色器”对话框，在对话框中选择与店铺公告背景相近的“淡绿色”。

（8）在“颜色”右侧的下拉菜单中选择“128”选项，使图片在保证清晰的状态下占用最小的空间，以提高浏览速度。

（9）勾选“透明度”复选框，单击“存储”按钮，弹出“将优化结果存储为”对话框，在“文件名”文本框中输入文件名“gonggao.gif ”。单击“确定”按钮，完成保存。

第59招

在网店中放置公告图片

图片公告完成制作后，自然是要将其应用到店铺中，从而达到美化宣传店铺的目的。

完成图片公告制作后，要将其发布到店铺公告中，现在以在淘宝网店上发布店铺公告图片为例，其具体操作步骤如下。

（1）将制作好的公告图片上传到相应的图片空间中。

（2）登录“淘宝”，进入“我的淘宝”页面，在“我是卖家”列表栏中单击“管理店铺”链接，进入“管理我的店铺”页面。

（3）单击“店铺设计”下的“基本设置”链接，进入“店铺基本设置”页面。

（4）单击“添加图片”按钮，弹出“用户提示”对话框。

（5）输入图片地址，单击“确定”按钮，即将图片上传到店铺公告中。

（6）删去原公告栏中的一些文字，单击“确认修改”按钮即可。单击“浏览我的店铺”链接，即可打开店铺首页，图片公告即滚动显示在公告区域。

第60招

制作精美的公告模板

店铺公告是店主介绍自己店铺最重要的地方，也是买家了解店铺的窗口。因此将公告模板的内容制作好是非常关键的。

普通店铺的公告区域空间有限，要想设计出一块独具风格的公告模板是有难度的，对没有装修经验的店主来说尤其如此。接下来介绍利用编辑源代码的方法来制作公告。

一、裁剪和保存公告模板

在制作公告模板前要先搜集一些相关的公告图片，可先在Photoshop软件中对搜集来的图片进行调整、处理，从而达到公告栏的要求。制作完成后就可对其进行裁剪和保存。

在Photoshop软件中处理公告模板的具体操作步骤如下：

（1）打开Photoshop软件，选择菜单“文件”—“打开”命令，打开要进行处理的公告素材图片。

（2）选择菜单“图像”—“图像大小”命令，在弹出的“图像大小”对话框中把宽度设置为“340”的像素，勾选“约束比例”复选框后高度会相应地等比例缩小。

（3）单击“确定”按钮返回设计文档，选择菜单“视图”—“标尺”命令，显示图片标尺。

（4）单击工具栏中的“移动工具”按钮，从图片标尺上方拖动出黑色参考线。参考线的位置是需要裁剪处的位置。按照同样的方法再拖出一条参考线，移动到图片下方。

（5）创建一个名为“html（超文本标记语言）”的文件夹，在这个文件夹中再创建一个存放图像的“images”文件夹。

（6）重新回到Photoshop软件中，在工具栏中单击“裁剪工具”按钮，在图片文件中沿着外边框和上面的参考线位置拖动出矩形区域。在裁剪区域中间使用鼠标左键双击将图片进行裁剪。

（7）选择菜单“文件”—“存储为Web和设备所用格式”命令，弹出“存储为Web和设备所用格式”对话框。设置杂边颜色为“淡黄色”，单击“确定”按钮后弹出“将优化结果存储为”对话框，在“保存”区域中选择第五个步骤创建的“images”文件夹，在“文件名”文本框中输入“top.gif”。

（8）单击“保存”按钮，返回Photoshop软件编辑窗口，选择菜单“窗口—历史记录”命令，打开“历史记录”面板，选择裁剪的上一步“拖移参考线”选项，回到没有裁剪的状态。

（9）根据前面裁剪图片上方的方法，来裁剪下方部分。选择菜单“文件”—“存储为Web和设备所用格式”命令，这时的相关设置沿用的是前一次图片的存储状态，因而直接单击“存储”按钮就可以了。打开“将优化结果存储为”对话框，在“文件名”文本框中输入“bottom.gif”，单击“保存”按钮即可。

（10）在“历史记录”面板中再单击裁剪前的“拖移参考线”选项，返回裁剪前的状态。使用裁剪工具在中间区域裁剪出一个长条。双击后将图片裁剪，根据前面的步骤把图片保存为“bg.gif”即可。

二、制作公告模板网页

公告模板的设计与裁剪完成后，就可以使用Dreamweaver（梦想编织者，一种网页编辑软件）软件来制作网页，具体操作步骤如下：

（1）打开Dreamweaver软件，选择菜单“文件”—“新建”命令，打开一个空白的网页。选择“文件”—“保存”命令，打开“另存为”对话框，在“文件名”文本框中输入“gonggao.html”，把文件保存至新建的“html”文件夹中。单击“保存”按钮，完成网页保存。这时网页的标题已显示为

"gonggao.html"。

（2）将光标移动至网页中，选择菜单"插入"—"表格"命令，弹出"表格"对话框，在表格大小区域设置行数为"3"，列数为"1"，表格宽度340像素，边框粗细、单元格边距，以及单元格间距都设为"0"。单击"确定"按钮，在网页中插入三行一列的表格，接着在第一行单元格中单击插入光标。

（3）选择菜单"插入"—"图像"命令，打开"选择图像源文件"对话框，在"查找范围"区域中选择保存图片的"images"文件夹，并单击"top.gif"。单击"确定"按钮，将弹出"图像标签辅助功能属性"对话框，在"替换文本"框中输入"装饰图片"。单击"确定"按钮，将图片插入单元格。

替换文本是在网页中图片没有显示时，先用替换文本的内容代替，它起到的是说明作用。在"替换文本"中输入的文字可在图片没有显示出来时显示文字，从而让浏览者了解图片的内容。也可不填写，直接单击"确定"按钮或者"取消"按钮。

（4）将光标移至第三行单元格中，根据上面的方法插入"bottom.gif"图片。

（5）将光标移至第二行单元格，打开"属性"面板，单击CSS（代码调试器）样式表右侧的"编辑规则"按钮，弹出"新建CSS规则"对话框。在"选择器类型中选择"类，在"选择器名称"中输入"background-image"，单击"确定"按钮，弹出"background-image的CSS规则定义"对话框，选择"背景"选项，单击"浏览"按钮选择背景图片"bg.gif"，并填写其他相关内容。单击"应用"按钮，选择"定位"选项，分别在"宽"中输入340像素，"高"中输入216像素，单击"确定"按钮，插入背景图像。

（6）将光标移至第2行单元格内，选择菜单"插入"—"表格"命令，在弹出的表格对话框中设置行数为"3"，列数为"1"，表格宽度为260像素，边框粗细、单元格边距以及单元格间距都为"0"，单击"确定"按钮，将嵌套表格插入在单元格中。单击表格边框选中表格，在"属性"面板

“对齐”下拉菜单中选择“居中对齐”选项。

（7）为使文字看起来更加美观，可在Photoshop软件中运用图片来制作欢迎文字。然后将文字裁剪下来，保存成透明的文字图片。

（8）返回Dreamweaver中将光标移动到嵌套表格的第一行单元格中，选择菜单“插入”—“图像”命令，在“选择图像源文件”对话框中选择文字图片“welcome.gif”，单击“确定”按钮后弹出“图像标签辅助功能属性”对话框，若不需要设置替换文本，可单击“取消”按钮。光标在第一行单元格时，在“属性”面板“水平”下拉菜单中选择“居中对齐”选项，可将文字图片设置为居中对齐。

（9）在嵌套表格第二行单元格中，输入相关的公告文字。在文字中间双击选中所有文字，然后在文字的“属性”面板中设置字体大小为“18”，设置高度为“120”。

（10）在第三行单元格中单击，输入相关联系方式。双击选中文字后，在“属性”面板设置文字颜色为“蓝色”。选择菜单“文件”—“保存”命令，将文件保存。按下F12键即可打开默认浏览器查看制作完成的公告网页效果。

三、将公告模板源代码应用到网店中

完成html的制作后，要先将图片上传至网络空间中，接着再把html代码应用到店铺中。接下来以淘宝网为例，其具体操作步骤如下：

（1）前面已经介绍过登录虚拟主机的方法，这里只做简要说明。打开网页浏览器，输入ftp（文件传输协议）上传地址，然后在弹出的“登录身份”对话框中输入“用户名”和“密码”。单击“登录”按钮，登录到虚拟主机中进入“taobao”文件夹后再创建一个新的文件夹“gonggao”，然后将本地制作的网页图片复制到该文件夹中。

（2）因网店中管理店铺公告只能粘贴源代码，所以源代码中调用的图片要指向虚拟主机中发布的图片，这时图片路径应该是“http：//61zsplan.com/taobao/gonggao/+图片名称”。返回Dreamweaver软件后，需替换图片路径。单击“显示代码视图”按钮，显示代码视图。

（3）在代码视图中，拖动鼠标选中任意一个图片的代码“images/”，然后单击鼠标右键在快捷菜单中选择“查找和替换”对话框。

“查找与替换”能够迅速地将相同文件统一更新，要比手动一个一个改方便很多，倘若怕替换中出现问题，可先单击“查找下一个”按钮，检查没有问题后再单击“替换”按钮，依次完成图片路径的替换。

（4）打开“查找和替换”对话框，在“查找”文本框中显示了选中的源代码“images/”，在“替换”文本框中输入新的图片路径“http：//61zsplan.com/tabao/gonggao/”。

（5）单击“全部替换”按钮，自动在源代码中查找符合条件的路径进行替换，完成后会在“结果”面板“搜索”区域显示所有已被替换的文件信息。替换完成后，保存网页。

由于图片路径修改后，其所指向的是虚拟主机上的图片文件，而非本地电脑中所存储的图片，所以图片在联网状态下能够正常显示，而在网络中断图片后则无法显示。

（6）登录“我的淘宝”，进入“我是卖家”页面，单击“店铺管理”下的“店铺装修”链接，进入“店铺装修平台”页面。单击“店铺公告”右侧的“编辑”链接，弹出“店铺公告设置”文本框。

（7）单击“编辑html源码”按钮，在公告区显示了源文件，拖动鼠标选中全部源文件。按下“delete”键将原有的源码全部删除。返回Dreamweaver软件中，单击“显示代码视图”按钮，然后选中“<body>…<body>”之间的全部代码，并单击鼠标右键，在弹出的快捷菜单中选择“复制”命令。

（8）在公告区单击鼠标右键，在弹出的快捷菜单中选择“粘贴”命令，将源代码粘贴到店铺公告文本框中。在店铺公告窗口中单击“编辑HTML源码”按钮，返回编辑器方式，可以看到制作的公告页已经显示在公告区内。

（9）店铺公告中“联系方式”的样式并没有显示出来，可以在店铺公告编辑器中重新设置。拖动鼠标选中联系方式文字，然后设置字号为“12”，文字为“粗体”，文本颜色为“红色”。

（10）单击“保存”按钮将发布公告设置，单击“查看我的店铺”链接，即可在店铺中查看公告栏的应用效果。

第61招

给网店首页添加背景音乐

很多店主在要不要给店铺加背景音乐这个问题上犹豫不决。由于顾客个人的喜好不同，背景音乐带来的效果也会有所不同。有的客户会因为喜欢你的背景音乐而频繁光顾你的店，或者因为喜欢你的背景音乐而增加消费欲，而有的客户则是刚进门就被你的音乐吓跑，再也不来。还有，如果音乐文件过大，页面打开速度也会变慢，导致顾客没有耐心，从而对你的店失去兴趣。

你的网店不同于你的博客，装修网店要更多考虑到是否能够达到促销的目的。是否要为店铺添加音乐背景，也取决于你自己的想法。

一、加背景音乐，其实就是贴代码

按照添加音乐背景的命令不同，添加的音乐背景的代码有以下几类：

（1）bgsound类的，只支持IE（微软公司的一款网页浏览器）浏览器，而且是完全下载完后才开始播放，不能一边缓冲一边播放。这个一般用于mid音乐或较小的mp3、wav格式的音乐。还有，当最小化窗口时即停止播放，当最大化窗口时又开始播放。

（2）embed类的，这个则不管是否最小化窗口都始终播放，直至关闭当前窗口为止。支持的音乐文件类型：只支持MP播放器所支持的音乐格式，比如mp3、asf、wma，asx等，不支持rm、ram等格式。

（3）更复杂一些的代码，可以指定按顺序、选择或者随机播放数首音乐。

由于目前鉴于安全策略问题，淘宝网支持的代码只有最基本的一种，就是上述第一种。第一种也是最简单的一种，具体代码是这样的：loop=“-1”表示无限次循环播放，可设置播放次数，用具体数字代替即可，比如希望它播放两次，则 loop="2"。音乐文件地址是类似这样的格式：http：//www.styling.cn/htm/music/Absolute/kiss_the_rain.wma或http：//60.191.21.150/mp3/Endless.wma

这些音乐也必须是存在网络空间里，使用搜索引擎非常容易找到这些音乐，找到后复制下来这些音乐的网络地址。有一点大家要引起注意：背景音乐文件越大，所在页面的载入速度就越慢。所以找来的音乐文件最好能小一些。

二、添加音乐的步骤

（1）进"我的淘宝"点击"管理我的店铺"。

（2）进入"基本设置"。

（3）先贴代码，再写你的公告文字。

（4）确认之后，再查看店铺主页片刻便能听到背景音乐了。

一般情况下，只要浏览器窗口最小化后就听不到音乐了，如果窗口最小化还能够听到音乐，按"ESC（退出）"键，音乐就会停止。

第62招

给所有页面添加背景音乐

给宝贝页面添加音乐背景和给公告栏添加音乐背景的原理是一样的，也就是把一段含有音频文件的网络地址添加到宝贝所在的页面中。

要给所有宝贝页面都添加音乐背景，方法非常简单。就是把音乐代码放在宝贝描述模板的头部或者尾部就可以了。

要添加相同的音乐背景一定要考虑如何节约时间，没有必要在宝贝描述页面一一添加，这里结合"淘宝助理"把音乐背景代码添加到"淘宝助理"的描述模板中（把描述模板转换到代码编辑模式，复制音乐背景代码粘贴进去就可以了），然后批量发布图片就完成了。

第63招

给网店添加计数器

网上目前有许多免费的店铺统计网站，例如：www.51.la.com、www.count001.com、www.cnstat.com、www.zzcount.com 等一些专业统计网站。本文选择 www.51.la为例来讲一讲如何给网店添加统计器。

（1）登录 www.51.la 网站。

（2）注册成为网站用户。

（3）粘贴网站统计代码到淘宝网店中。

（4）查看统计数据。

（5）分析自己网店统计结果。

给自己的网店添加计数器一般可以添加两个，这样做的目的是得到更加安全的统计数据，因为谁也无法保证提供计数器服务的网店不会出现问题。当然同时也是为了得到互补的网店流量、点击率等信息和统计指标。

第四章

网上商品的展示与定价

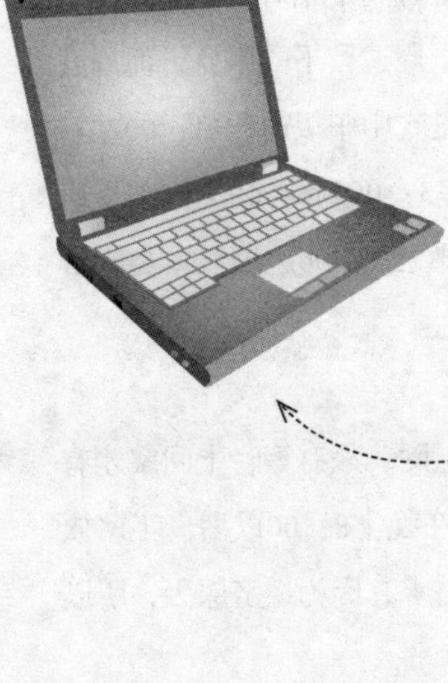

第64招

了解不同消费群的上网时段

根据统计情况显示，凌晨1：00到早上7：00是网民上网比例最低的时间段，从早上8：00起，上网比例开始攀升，在上午10：00左右达到全天的第一个高峰，11：00小幅回落，到中午12：00又开始攀升，至下午3：00，达到全天的第二个高峰，从晚上7：00到11：00达到一天的最高峰，此后又开始快速回落，直到凌晨。

以上数据不足以给开网店者参考。因为每家网店的主营产品不同，所面向的目标客户群也不一样，不同的目标客户群有不同的上网特点，他们集中分布在不同的上网时间段内。网店店主一定要根据自己目标客户群的上网在线时间决定网店的作息规律。

我们可以把网民分成这样几个不同的群体，来具体分析他们的上网时间段。

一、白领们通常在上班时间上网

白领一族的上网时间大多在白天，一般是上班时间中相对空闲的时间。从一周看，周二到周四比较多，因为周一要处理上周遗留下的事务，而周五要处理本周积累下来的事务。而从一天看，一般是吃中午饭前的11：00左右持续到中午饭后下午1：00左右，或下班前即下午5：00到6：00之间。下班后，白领一族一般应酬比较多，上网时间大多在晚上9：00之后。本类人群对商品的品质要求较高，对商品价格不是特别关注。

二、工薪阶层通常下班回家上网

工薪一族由于上班时间太忙，一般白天不能上网，只有等晚上回家才有机会上网。由于有不少家务要做，上网时间一般在晚上8：00以后。工薪族对商品没有特殊要求，五花八门，各类商品都有需求，因为经济原因，所以他们一般希望价格上能有优惠。

三、学生群体上网时间通常较晚

学生一族一般年纪相对偏小，上网时间有一定的特殊性，因为他们晚上一般要上自习课，所以上网往往是晚上9：00之后，一般喜欢消费物美价廉的商品。

四、老人在固定时间段上网

退休的老人虽有充足的时间上网，但其上网却基本只在固定的时间段。上午一般在固定时间锻炼，下午一般在固定时间段为儿女做饭或接孙辈放学，所以其上网时间一般在上午10：00到下午3：00之间。老人大多对网上购物不太信任，对商品的实用性和价格比较关心。

五、网络游戏用户通常深夜上网

游戏一族经常在线玩游戏，上网买东西只是顺便，时间一般从下午到晚上乃至半夜，追求的商品更趋向于虚拟商品。他们行业知识非常丰富，对于价格非常敏感。

第65招

统计客户群上网时段

以上已经分析了不同人群的上网时段，但是很多卖家无法确定自己的买家群体究竟是学生还是白领，是年轻人还是老人。更何况每个网店的顾客群也不可能是固定的，他们之间存在着很多交叉性和特殊性的情况。那么怎样才能锁定网店面向的目标客户的上网时段呢？

总结资深卖家的开店经验，通常情况下，可以用这几种方法统计目标客户群体的上网时段。在确定了自己的目标客户属于哪一类群体后，就可以按照自己目标客户习惯的上网时间来确定自己新品的上架和下架时间了。这样能够吸引目标客户的关注，使商品达到最大的销售量。

一、老顾客的上网时间很有参考价值

商品的适应客户群在分布上基本是一致的。老客户所处的群体基本上也是潜在客户所处的群体，老客户的上网时间基本也是潜在客户的上网时间。

二、根据顾客联系你的时间推测他们的上网时间

一般人和你联系，必定是对你的商品感兴趣，他们就是你的潜在目标客户群，他们的上网时间也就是你的目标客户的上网时间。每当有顾客和你对话或咨询时，就记录下时间，达到一定程度后，就可以做出一个客户上线时间曲线图了，据此就可以分析出自己的目标客户群的上网时间。统计时间越长，统计记录越多，误差概率就越小。

三、参考同类卖家的客户群体上网时间

和你销售同类商品的卖家，其客户群与你的目标客户群应该基本一致。看一下他们的商品成交时间、买家的评价时间，特别是与你经营相类似的商品的交易时间，基本上就可以得出自己目标客户的上网时间了。

从诸多卖家的经验来看，目前，新品上架和下架有一个固定的模式可供参考：从一天的时间上看，商品发布时间是上午9：00到11：00，下午4：00到6：00，晚上9：00到11：00。从一周时间上看，商品发布时间是周二至周四。这段时间是买家最集中的在线时间，也是商品最容易被浏览到的时间，大部分商品都适合在这个时间段上架。

第66招

把握商品最佳上架时间

网上交易最根本的要求就是让你的目标客户成为你的网店的浏览者，目标客户的浏览才是有效浏览，有效浏览才能促成有效交易。网店生意要红火，需要内容更新迅速、经常上新货，但是上了新货之后，还要最大限度地让目标客户喜爱自己的商品，才能形成交易量。这就需要卖家掌握适时的新品上架时间，也就是商品发布时间。将上架和下架时间定在什么时候，关系到您的商品被浏览和有效浏览的数量，进而直接关系到商品的销售量。

商品上架时间的选择能够直接影响到搜索关键字的排名。从理论上来说，在宝贝下架之前的数小时内，如果宝贝能够获得很好的关键字搜索排名，那说明浏览宝贝的买家数量不少。为了获得更好的宣传效果，赢得更多更有利的商品推荐机会，建议你按照如下方法上架商品。

一、选择黄金时间发布商品

商品一定选择在黄金时段内上架。在具体操作中，可以从上午11：00到16：00和19：00到23：00，每隔半小时左右发布一个新商品。如果同时发布，也就容易同时消失。分隔开来发布，在整个黄金时段内，即将下架的商品才可能有获得很靠前的搜索排名。

每天都坚持在两个黄金时段内发布新商品。这点对兼职卖家来说，虽然有点困难，但是这确实是一个比较有效的方法。如果每天都有新商品上架，那么一周之后，就会出现每天都有下架的商品，周而复始。对于商品数量巨大的卖家而言，在其他时段也可以发布一些，只要您坚持做好细节之处，那么，每天的黄金时段内，您都有商品获得最佳的宣传位置。

二、7天比14天宣传机会多

最好选择上架时间为7天，因为这样比选择14天多了一次商品下架的机会，当然可以获得更多的宣传机会。

三、集中推荐即将下架的商品

所有的橱窗推荐位都用在即将下架的商品上。也许有的卖家会说：“我的商品太多了，但是橱窗位却只有那么一丁点儿，如何办才好啊？”那就把所有的橱窗推荐位都用在即将下架的商品上。安排合理的话，你的推荐位就会发挥巨大的威力。

第67招

发布商品前的准备

在发布商品前，首先需要准备商品的相关资料。

商品相关资料主要包括：经过处理后的商品图片、商品的介绍等。

关于商品图片，如果是淘宝卖家，需要注意：淘宝旺铺最宽能够显示740像素的图片，但普通店铺最宽能显示950像素的图片。在处理图片时，考虑到以后可能使用淘宝旺铺，因此宽度最好控制在740像素以内。图片建议保存为JPG格式。

关于商品描述内容，可以先在记事本等程序中撰写并整理好，发布商品时打开文档复制内容就可以了。这样也能防止由于网络瘫痪而造成的填写内容丢失。

由于店铺中发布的商品数量较多，卖家很容易理不清，因此为了避免商品资料混乱，在保存时最好采用合理的管理方式。比如，卖家可以将不同商品的相关资料分类保存到不同的文件夹中，这样就方便清晰得多。

第68招

详尽的商品描述必不可少

在网店里，完整的商品展示页面中应当包含三部分内容，全面到位的商品描述、精美准确的商品图片、详尽精确的商品规格。只有把这三部分内容都做好了，买家才能对你所经营的商品有全面深入的了解。这其中，商品规格信息不需要网店店主手工填写，在发布商品时，根据商品类别进行选择即可。发布商品时，需要先选择的是商品的发布方式、大的商品类别，然后进入商品描述页面，商品页面中显示的各种信息都是通过该页面来编排的。

一、商品的属性

不同商品的属性是不同的，如食品类商品的配料、地域，数码类商品的各项性能参数等。当选择商品分类并进入商品页面后，页面上方就会要求你选择商品的属性。

这里所设置的各项属性会显示在商品页面的属性表中，你务必进行正确设置。

二、商品名称、价格、数量与缩略图

买家在查看商品时，首先看到的就是商品名称、价格以及缩略图片。你的商品是否能够在众多商品中引起买家的关注，在很大程度上取决于商品名称与缩略图片是否具备相应的吸引力，所以这是商品信息中最关键的部分。

商品的名称、价格和数量需要在“宝贝标题”“一口价”和“宝贝数量”文本框中输入，商品图片在“宝贝图片”选项区上传。

三、商品规格

有些同一系列的商品会包含多种规格，如服饰类的商品颜色、尺码，数码产品的容量、配置等。对于这类商品，在发布时就需要提供详细的规格，以便于买家选购。

设置好的规格会显示在商品页面中，买家可以在选购时直接选择相应的规格。

四、商品描述

商品描述也是发布商品过程中最重要的内容。商品的图片、特色都将在这里展现出来，而买家是否购买我们的商品也取决于商品描述是否完整、准确以及有吸引力。

商品描述可以采用图文混排的方式，可以直接输入文字、插入图片来编排，也可以通过HTML代码的方式来编排。

第69招

完善商品的其他信息

在发布商品时，商品信息提供得越全面，买家就能够越详细地了解商品，对商品和店铺的信任度都增强了，其购买意愿也会越强。

除了上面提到的基本信息外，在发布商品的过程中，卖家还需要对商品所在地、运往各地区的邮费、商品类目等进行设置。这些也是必不可少的基本商品信息，同样也应该尽可能地设置全面准确。

在商品页面最下方加一份关于店铺或商品的说明也是很必要的。关于店铺或商品的说明，主要内容是针对店铺购买、商品交易与服务等方面进行一番声明，让买家在购买前有全面深入的了解，这样除了让买家信任外，也能避免交易后发生一系列纠纷。行之有效的购物说明其实能够大大增强买家的购买意向。

总之，在网上交易时，店铺的很多小细节往往是决定买家是否会购买店铺商品的重要因素。因此，每一个卖家对于店铺的一切细节事宜都应该做到尽善尽美，不能放松。

第70招

发布商品如何贴图

以发帖为例，主要有以下两种方法：

一是先复制图片，再粘贴图片到贴子里。如果图片是已经存在于网上的，而且该图片可以在淘宝空间里正常显示，那就先用鼠标单击图片，放大图片至最大化以后，点右键，点击“复制”，然后再回到正在编辑的帖子里，直接粘贴到需要粘贴的地方，就可以了。

如果图片是在你的电脑里，还没上传到网上。那就先把图片上传到淘宝的空间里，然后再按照上面的步骤操作就行了。

二是先复制图片地址，再使用帖子的“插入/编辑图像”功能。右键单击已经上传的图片（或者放大图片后再用右键单击），然后点“属性”，再把属性里的地址复制下来，然后回到正在编辑的帖子，把光标放在需要插入图片的地方，接着点帖子编辑器里的“插入编辑图像”，把复制好的图片地址粘贴在“源文件”这个长框里，再设置好宽度、高度等项目，按“确定”就可以了。

第71招

使用什么相册贴图

淘宝自带“相册”功能，我们平时上传宝贝的时候可以多上架一些多余的宝贝，再把多余的宝贝全部下架到仓库里，这些宝贝将会存放在“仓库里的宝贝”中等待上架的宝贝——“我下架的”这一板块里。接着，对里面的一个宝贝点“编辑”，打开编辑页面，然后点“浏览”，选中需要进行贴图的图片，最后再点“确定”就能把图片上传到淘宝的空间里了。

宝贝上传后，还要把它下架到仓库里，然后打开其宝贝描述页面，点击并放大图片，最后再右击，直接选择“复制”或选择“属性”复制其地址，并粘贴到帖子或者宝贝描述里面就可以了。这就是所谓的淘宝自带的“相册”功能，这个功能的优点是显示速度很快，而且免费。缺点是不能上传超过120KB的图片，贴很多张图时会非常不方便。

第72招

动态展示网店商品

淘宝旺铺中提供了一项图片轮播功能，该功能可以在店铺首页或者商品列表页面中轮流播放指定的商品图片。店铺中展示的商品图片都是静态的，动态展示无疑能够吸引进入店铺的买家，让买家在不经意间查看商品，增加商品的售出概率。

图片动态展示功能可以添加在店铺首页，或者店铺商品列表页面中。当买家在店铺中选择商品类目后，店铺商品列表页面就会显示出商品分类列表。在不同页面中添加动态展示图片功能的方法是一样的，由于淘宝旺铺的店铺首页已经显示了掌柜推荐、人气宝贝、新品上架以及热卖宝贝等众多模块，没有必要再添加其他模块了。因此一般只在商品列表页面中添加动态展示功能，具体方法如下：

（1）进入“店铺装修”页面，在“当前装修页面”下拉列表中选择“宝贝列表页”选项，页面下方将显示商品列表页面的布局，单击“添加模块”按钮。

（2）打开“添加模块”对话框，在列表中单击“图片轮播”右侧的“添加”按钮。

（3）添加“图片轮播”模块后，用鼠标拖动模块到最上方，使模块位于“商品列表”页面最上方，然后单击下方的“保存”按钮。

（4）打开“图片轮播设置”对话框，在“图片设置”区域中输入图片链接地址和对应商品页面的地址。

（5）继续添加其他商品图片和对应商品的链接地址，并根据商品图片的高度来设置模块高度。设置图片轮播前，需要将对应的图片上传到淘宝相册空间中并获取图片地址。链接地址则是与图片对应商品的页面地址，其获取方法为打开该商品页面，然后复制浏览器地址栏中显示的地址。

（6）添加并设置图片后，单击“保存”按钮返回“店铺装修”页面，并单击右上角的“发布”按钮。返回店铺页面，并单击店铺分类中的任意一个类目进入分类页面，就可以看到页面上方显示了“图片轮播”模块，其中的图片会按顺序自动动态显示，也可以将鼠标指针指向板块右下角对应的数字以显示相应的图片，单击不同的图片，可以快速进入对应的商品页面。

第73招

批量发布商品

经营网上店铺，不可避免地要经常发布商品。这确实是一个烦琐的工作，很是让众多店主困扰。那么到底有没有一种办法，可以帮助店主高效地完成这项烦琐的工作呢？

店主们要想提高发布商品的工作效率，最好选择批量发布商品的方式。使用“淘宝助理”发布商品是众多商家的明智之举。

淘宝助理是一个功能强大的客户端工具软件，它可以帮助商家编辑商品信息，快捷批量上传商品，并提供方便的管理界面。其具体操作方法如下：

一、创建新宝贝

淘宝助理让您能够轻松简单地编辑宝贝，只需三步就能创建很专业的宝贝。

（1）提供资料：新建或导入宝贝名称、出售方式并选择分类。

（2）设计宝贝：选择设计格式并新增宝贝描述和图片。

（3）宝贝详情：新增价格、运费、付款信息以及其他细节。

二、批量上传

商家准备好待上传的物品，右键点击“上传所有宝贝”，系统会在传送完成时提醒您，并移动到“已上传宝贝”文件夹中，而你的宝贝也将同时自动登录。

三、模板

您可以将可选信息保存在“模板”中，您就能更快更容易地创建新的宝贝。

四、备份宝贝

备份文件可以保护您的档案和宝贝。利用备份功能，您可以为宝贝建立副本，包括图片、宝贝描述，以及预填的宝贝资料。

五、下载宝贝

按照弹出的提示框，选择你需要下载的宝贝状态和时间，并将数据保存在你的电脑中，就可以对下载的宝贝进行编辑了。

六、恢复宝贝

如果想恢复某个现有的备份文档，请选择“工具”—“备份数据”。

（1）覆盖现有的宝贝。删除现有宝贝并以备份宝贝取代。用户可以利用这个选项，删除现有的宝贝，替换为备份宝贝。

（2）合并到现有的宝贝。这个选项将备份宝贝合并到现有宝贝中，包括宝贝的图片、宝贝详情以及文件夹结构等资料。如出现相同的宝贝资料，系统会默认保存现有宝贝。

第74招

一劳永逸的商品模板

在网店中往往会销售很多相同类别的商品，这些商品除了名称、价格以及描述内容不同外，其他属性都是大致相同的，如运费、所在地、一些具体规格（如尺码）等。之前发布同类商品时，不论是在线发布，还是使用淘宝助理，都是逐一设置这些属性的，做了很多重复工作。

通过淘宝助理提供的“宝贝模板”功能，我们可以先为同类商品设置一个通用模板，以后发布这类商品时，可以直接通过模板进行发布，然后将模板中的商品名称、价格、图片、描述、内容以及一些可变选项进行修改即可，从而加快商品的编辑速度。

一、创建商品模板

创建模板的方法与创建商品信息的方法基本相同，不同的是设置模板时，只要对商品名称、价格等可变因素进行简单设置即可，具体方法如下：

（1）在淘宝助理左侧列表中选择“宝贝模板”选项，然后单击工具栏中的“新建宝贝”按钮，在列表中选择“空白模板”选项。

（2）打开“编辑单个宝贝”对话框，在各个选项卡中按照新建商品信息的方法选择与设置各个选项，对于一些可变选项，只要简单填写或留空即可。

（3）商品模板编辑完成后，单击下方的“保存”按钮保存模板，可以看到“宝贝模板”分类中已经创建了一个模板。

二、使用模板创建商品信息

创建了商品模板后，以后就可以直接通过模板来创建相应的商品信息了，由于模板中已经设置了多个商品的共性选项，因此通过模板创建商品信息时，需要做的工作就是设置商品名称、价格、数量以及上传商品图片。

使用模板创建商品信息时，先在左侧列表中选择“库存宝贝”或者“出售中的宝贝”选项，然后单击“新建宝贝”按钮，在列表中选择前面创建的模板。在打开的“编辑单个宝贝”对话框中补充商品信息和图片并保存即可，这样在创建商品信息时就节约了很多时间。

第75招

使用真人模特，增加视觉效果

如今，很多网上店铺的图片同样化很严重，搜一件商品，就会看到很多卖家用的图片都是一样的。这样势必会给买家带来麻木感和模式化印象。因此，如果想用心地经营一个属于自己的品牌店，使用真人模特图片为最佳的选择。这样可以增加商品的直观效果，吸引更多的买家。

尤其是很多经营服装店的店主都开始使用真人模特来为自己的服装制作

商品展示图片，其目的也是想从众多宝贝搜索中脱颖而出，那么使用服装模特拍照都要注意哪些方面呢？

一、合适的拍照环境

可以找一些免费进入的公园，最好能开车进去。这样可以方便换衣服，公园里的景色比较好，在自然景色中拍照色彩协调性比较好掌握。

也可以选择在大学校园里拍摄，背景加入一些活动的场面，很适合校园风格的服装，在校园里可以找到比较空旷的场地，这是拍摄出很不错的效果。

二、背景选择要统一

模特图片对背景的要求不是很高，只是不要把店面弄得让人眼花缭乱就可以了，但是在选择背景风格的时候也要做到统一化。如果使用的是树林背景，那整个店里的图片最好都选择这个背景，风格不统一让买家在选购的时候没有对比性，想要让自己的网店有独特的风格，那就统一背景吧。

三、拍摄坐姿有讲究

对鞋子、长袜来说，利用坐姿拍摄更恰当。但对模特来说，坐姿要比站姿难拍，局限性很大；但是如果坐姿优美，显示出来的曲线也是很漂亮的；坐姿要与相机成一定比例的角度，一般是45度比较好。坐姿大致有三种：斜侧向，背向，侧背向。不管怎样坐，都应该有角度。

四、多角度拍摄商品

使用真人模特拍摄时，要以展示产品个性为主，尽可能地进行多角度拍摄。这就要求模特的姿势要多些。当然最终目的还是突出产品特点，比如一件外套，正面、侧面、背面都应该得到全方位的展示，这是最基本的。

了解了这些，相信你一定可以为自己的产品拍出很不错的图片来，当然，在拍照方面我们要学习的专业知识也很多，上面说的也只是非常基础性的东西。

第76招

商品定价应考虑的因素

商品定价是让网上开店人员最为难的事情。定高了，顾客购买力达不到，从而放弃购买念头；定低了，顾客会顾虑产品质量不过关，也可能会直接向竞争对手投去目光。根据调查，最能影响网上购物消费者产生购买行为的因素就是价格。价格定位应该是卖家细心斟酌的要素。所以，如何定位价格，如何让价格最大限度地吸引顾客，激发顾客的购买欲望是非常重要的。定价不光是技术活，它也是一门经商的艺术。

到底怎样定位商品价格，既能让卖家赚到钱，又能让买家觉得在你的网店购物很值呢？这就需要确定一下自己的网店到底是要走怎样的价格路线。你的网店是要打开低价多销的市场，还是要打开精品高价的市场？你的网店是确定价格后谢绝还价，还是允许顾客有跟客服讲价的余地？这些都需要网店店主自己去计划、去把握。

如果商家给商品定一个合理的价位，自然会赢得顾客的青睐，商品也能更快销售出去。在决定商品价位时，你应考虑以下几个因素：

一、成本费用因素

商品的成本主要包括以下几个方面：

1. 生产成本

企业生产过程中所支出的全部生产费用。当企业具有适当的规模时，产品的成本最低。但不同的商品，在不同的条件下，各有自己理想的批量限度，其生产超过了这个规模和限度，成本反而要增加。

2. 机会成本

机会成本是指为了得到某种东西而要放弃另一些东西的最大价值，也指商家把相同的生产要素投入到其他行业当中可以获得的最高收益。

3. 销售成本

销售成本是商品流通领域中的广告、推销费用。在市场经济体制下，广告、推销等都是商品实现其价值的重要手段，用于广告、推销的费用在商品成本中所占的比重也日益增加。因此，在确定商品的营销价格时必须考虑销售成本这一因素。

4. 储运成本

商品畅销时，储运成本较少，商品滞销时，储运成本增加。不管发货的物流费用由谁负担，最终都包含在商品的综合总价里面，说白了这些将来都是由买家支付的，所以加上运费后，商品的价格要低于市场普遍价格。

二、要有正常的利润

不管经营什么商品，制定什么样的价格，都一定要保证自己的基本利润，做生意的基本目的是赚钱，没人想着要去做亏本生意。

三、特色商品价格可以高一些

有一些时尚类、特产类、手工类等特色商品在市面上一般比较少，这类商品的价格可适当标高一些。

四、价格要有档次

网店内经营的商品可以拉开档次，高中低价位的都有一些，这样可以满足不同品位顾客的不同需求。

五、价格要稳定

价格确定后，应具有一定的稳定性，不要在短时间内波动太大，这样会让老顾客感觉上当，让新顾客驻足观望。

网上经营千万不要轻易打价格战，共同维护市场的稳定，大家才可以都有钱赚，价格战受损的最后只能是卖家。

六、竞争与需求因素

商品的成交价格与竞争、需求情况密切相关，卖家可以通过网上历史数据的查询、有形市场的调研等途径了解商品市场的竞争与需求情况，估计潜在顾客数量，估算需求价格弹性系数，为卖家的定价决策提供参照依据。

七、消费者心理因素

卖家在制定卖价时都要充分地考虑买家的心理因素，买家有强烈的寻求低价的心理。

八、风险因素

对卖家而言，主要是支付及运送过程中存在风险，为了降低风险，这会使卖家成本增加。

第77招

网店商品的定价方法

给商品定价时，不但要考虑到利润目标，还要考虑到市场竞争态势。因此，可以根据不同的市场情况，采取灵活的定价策略。

一、同价销售法

也就是说，店内所有的商品以同样的价格销售。生活中，我们常见到一元店、二元店、五元店等都属于这种形式，这种方法属于一口价的报价方式，干脆简单，避免了讨价还价的麻烦，也便于买家选购。同时，采用这种报价方式，店内商品可以按照价格分类，如10元区、30元区、50元区等。

二、分割定价法

这种定价方法是一种心理策略，让买家在看到价格后感到只需付出很少的钱就可以买到所需要的商品。这种定价方法包含两种形式。

（1）用较小的单位报价。如大米每吨3000元，报成每千克3元；茶叶每千克80元，报成每10克0.8元，等等。

（2）用较小单位商品的价格进行对比。采用这种报价方法，千万不要玩数字游戏，不要寄希望于买家不会算账。

三、非整数定价法

就是把价格定成带有零头的非整数的形式，这种方法经常能让买家在心理上产生占便宜的感觉，从而激起购买欲。比如，我们在专卖店里经常能看到99元、199元等的标价，这就是用非整数定价法抓住了顾客的心理。虽然99元和100元只差一元，但却是两个不同的概念，人们容易接受99元的价格，却很难考虑100元的价格，就是因为90多元和100多元是两个价格区间。实践也证明非整数法确实能激发出消费者良好的心理呼应，获得明显的经营效果。

四、整数定价法

美国的一位汽车制造商曾公开宣称，要为世界上最富有的人制造一种大型高级豪华轿车。这种车有六个轮子，长度相当于两辆凯迪拉克高级轿车，车内有酒吧间和洗澡间，价格定为100万美元。因为高档豪华的超级商品的购买者一般都有显示其身份、地位、富有、大度的心理欲求，100万美元的豪华轿车正迎合了购买者的这种心理。对于高档商品、耐用商品或高档礼品宜采用整数定价法策略，让消费者产生一分钱一分货的感觉，从而提高自己店铺及经营商品的形象，这些商品采用低价或优惠策略反而会失去对顾客的吸引力。

五、比较定价法

就是参考同类商品在不同市场和不同店铺的价格，来确定自己的有竞争力的价格。因为有些时候，卖家无法准确了解市场需求，所以无法把握准确的价格，同行的同类产品就成了最好的参考。

六、弧形数字定价法

就是一种利用弧形数字的较小刺激性来确定价格的方法，也称价格数字偏好法。根据调查，商品定价时所使用的数字，按出现频率排序，依次为“5、8、0、3、6、9、2、4、7、1”，这些都不是偶然的现象，究其原因，就是顾客消费心理在起作用。“5、8、0、3、6”等带有弧形的数字，刺激性较小，易为顾客所接受。而在我国，因为谐音关系，很多人喜欢“8”和“6”而不喜欢“4”，在定价时也应考虑这一因素。

七、安全定价法

也就是说，在定价前先要考虑好自己想要的利润率是多少，直接在进价上加上利润率来确定销售价格。这是一种最稳妥的价格方式，对于大多数商品，价格定得过高，根本无法形成销售目标，价格定得过低，经营者可能出现亏损。例如，一双进价100元的皮鞋，想要赚到30%的利润，直接标价130元即可。这种方法，一定要确定适当的利润率，如果你经营的商品是很好的品牌，则利润率可适当提高。

八、分级定价法

就是经营者根据产品的质量及外观等的差别，将产品分成不同的等级，选其中一种等级作为标准，其余依次排列，确定为高、中、低三档，再分别定价。低档产品可以使其价格逼近成本价，而高档产品则可大幅提高利润率。使用这种定价法，一定要与顾客讲清楚商品质量上的不同。

九、顾客定价法

就是由顾客来确定商品的价格，这种方法虽然卖家可能少赚一部分钱，但却可以扩大销量，通过薄利多销来赢得利润。现在流行的一元拍就是这种形式。这种方法也可以是通过顾客自己对产品进行选择，来得出最后的价格。

十、驱逐定价法

这是一种恶意定价法，就是有意将例如奢侈品等需求弹性大的商品的价格定到无利可图甚至亏本的水平上，从而将竞争对手驱逐出市场，通过低利或无利来提高市场占有率，以占有率来保证利润。这种定价法杀伤力很大，不小心会“杀敌一万自损八千”，甚至挑起价格战，最后自己也会彻底输掉。为了保持良性竞争，驱逐定价法一般不宜采用。

第78招

网店商品的定价策略

不少人在开始经营网店时，始终无法确定商品价格，或参照别人的定价，或大致先确定一个价格卖卖看，再不断调整……其实，商品的定价并不难，它是有方法和策略的，你可以运用某种或某几种方法，来给自己的商品确定价格。从另一个角度说，你可以运用某种或某几种定价策略来争取买家、促进自己商品的销售、打压竞争对手。面对变化无常的市场环境，经营者在不同时期或同一时期可以采用多种定价方法和策略，从而适应需求的变化、市场的变化、网络销售的变化。

一般来说，给商品定价的方法有这样几种：

一、定价保证利润

销售价格要保证自己的基本利润点，不要轻易降价，也不要定价太高，定好的价格不要轻易去改。

二、投其所好

商家要熟知网络环境下消费者心理，有针对性的投其所好给商品定价。比如消费者一般以这样几种消费心理。以价格区分商品档次的心理，追求名牌心理，求廉价心理，买涨不买落心理，追求时尚心理，对价格数字的喜好心理，等等，定价时一定要把握住顾客的心理。

三、找准“特别”的价格

那些在实体店或市场上很难买到的具有某种特色性或流行性时尚类商品，要定一个“特别”的价格，当然要高一些。物以稀为贵，低了反而影响顾客对商品的印象。

四、拉开价格档次

店内经营的商品可以拉开档次，有高价位的，也有低价位的。有时为了促销需要甚至可以将一两款商品按成本价出售，主要是吸引眼球，增加人气。

五、定价同时打折扣

对于一些需求量大、资源有保证，可薄利多销的产品，当消费者大量购买这类商品，或者购买数量达到商家规定的优惠标准时，一定要给顾客折扣。当然是购买量越大，折扣越多。

六、参考同类商品网上报价

如果不确定某件商品的网上定价情况，可以利用比较购物网站的相关商品，在上面输入自己要经营的商品名称，在查询结果中你就可以知道同类商品在网上的报价，然后确定出自己的报价。

七、价格务必交代明确

定价一定要清楚明白，定价是不是包括运费，一定要交代清楚，否则有可能引起麻烦，影响到自己的声誉，模糊的定价甚至会使有意向的客户放弃购买。如果是自己愿意接受的价格远远低于市场售价，直接定一口价就可以了。

第79招

完整的商品标题结构

网店不同于实体店，实体店的商品一般是不需要附上“标题”的，顾客一眼就能看出商品是什么。但网店的商品标题却是广告中的广告，它的一大意义就是为了让潜在客户看到，并且被吸引，从而打开你的商品链接。如何让更多的人搜索到你的商品，并在看到你的产品标题后就想立即点击呢？

一个完整的宝贝标题应该包括三个部分：

一是商品名称的“主标题”，这部分需要尽量以比较明确、精炼的文字，让客户一眼就能够明白这是什么东西。

二是主标题前后的一些“感官词”，感官词在很大程度上可以增加重复打开你的宝贝链接的兴趣。顾名思义，它就是要对顾客的感官进行“诱惑”。

三是添加在标题里的一些“优化词”。优化词也就是卖家要考虑的，当买家搜索产品时候，可能会输入的关键词。你需要使用与本商品相关的关键词来增加宝贝被搜索到的概率。

在宝贝标题中，感官词和优化词是增加搜索量和点击量的重要组成部分，但也不是非要出现的。唯独主标题是必须有的，而且要详细描述出你的产品。

这里举一个宝贝标题的例子来说明，比如：“顶尖三钻店—浪琴名匠五针全自动机械表—手表—男表—世界名表”这个标题。浪琴名匠五针全自动机械表这一段就叫作主标题。“顶尖三钻店”叫感官词，这个词会让客户产生对产品的兴趣。“手表”“男表”“世界名表”这3个词是优化词，它是能够让你的潜在客户更容易找到你的这个宝贝的手段。

第80招

商品描述的结构

商品描述是网店主为了向广大顾客介绍商品的性能、构造、用途及保养、注意事项等所撰写的商品说明，是对商品图片信息的补充。目前交易平台在商品描述方面有很多不规范之处，什么样的商品描述都有，这导致很多顾客一点开网店，看到那些密密麻麻的商品描述文字就心烦。

可能会有人认为，个人电子商务市场应该提倡自由精神，不能有种种规矩的规范。但是这种自由精神，更应该建立在不让别人为你的自由花费过多成本的基础上。这个成本不仅仅是指资金成本，还包括更珍贵的时间成本。因此，为了让你的消费者在你的网店内拥有比较轻松美好的购物心情，要尽量把自已的商品描述正规化。

商品描述的正规格式分为三个部分：标题、正文和署名。

一、标题

对于使用了商品描述模板的网店主来说，这个部分可以省略，也可以写上。建议还是写上为好，为了不和模板上的信息发生冲突，最好改变标题，例如：写成商品的描述或者商品的说明。对于没有使用商品描述模板的店主，标题一定要添加上，这样给人一些正式的感觉，容易使顾客产生对你的网店的信任。

二、正文

正文是商品描述的主体部分，最好分成条来写，这样让人一目了然。每一条最好只表达一条信息，要表达第二条信息时另起一行。如果自己会制作描述模板，也可以用图片把正文分段。一段写商品的基本性能，一段来写商品的使用方法，注意事项也可以再起一段。对于每一段描述信息最好分成条来写。

三、署名

署名是一篇完整的商品描述应该包括的。对于使用了描述模板的店主来说，署名似乎被联系方式取代了，但是建议大家还是应该在写完自己的商品描述信息后把自己的店名署上。

第81招

商品描述的原则

网络店铺与实体店铺不同的地方在于，用户购买商品之前无法真正地了解商品，还有顾客的很多疑问得不到迅速的解决。因此，网上开店尽可能地详细介绍商品是绝对没错的。介绍信息详尽、能够解答消费者诸多疑问的网店商品，会受到买家欢迎和信任。其实消费者也不愿意花费时间精力去联系卖家，问个不停，如果能自己解决，实现自助式购物就最好了。

商品描述应注重以下几点：

（1）商品描述一定要详细，能够全面概括商品的内容、相关属性，最好能够介绍一些使用方法和注意事项，更加贴心地为买家考虑。

（2）同时为了直观性，商品描述应该使用文字、图像、表格三种形式结合来描述，这样买家看起来会更加直观，增加了购买的可能性。

（3）商品描述结束应注明卖家相关信息，如联系方式、交易方式、优惠策略、相关网站等。

（4）在商品描述中也可以加入相关推荐商品，譬如本店的热销商品、相关商品等，能够让买家更多地接触你的商品，增加商品的宣传力度。

（5）可以通过自拍清晰图片来描述商品。除了用文字描述商品外，放一张清晰的图片更具有形象性，也成为吸引顾客的关键。前提是商家必须保证图片的清晰度、层次性。最好通过自拍商品实物图来描述商品，这样更真实，可以给买家更直观的印象。

为商品拍照片时，一定要保证其真实性、清晰度，突出主体，而且要漂亮，一张完美的商品是很能吸引买家眼球的。店主最好使用摄影棚、摄影灯等设施拍照，再用Photoshop简单处理一下。商品照片要突出商品的主题，不要跟配饰物品分不开，显得主次不分就不好了。

店主可以在描述里面多放上几张商品通过不同角度拍摄的照片，或者一些商品部分细节的照片，让买家能更多地了解商品。商品的材质、尺寸、颜色等都要准确地标明。把物流信息、售后服务、支付方式、联系方式等也都详细地说明一下。可以采用一个漂亮的、多功能的、符合你商品风格的模板，在商品描述模板里可以多推荐几个店铺内的商品，这就相当于给你增加了店铺推荐位。

第五章

网店商品图片的拍摄与美化

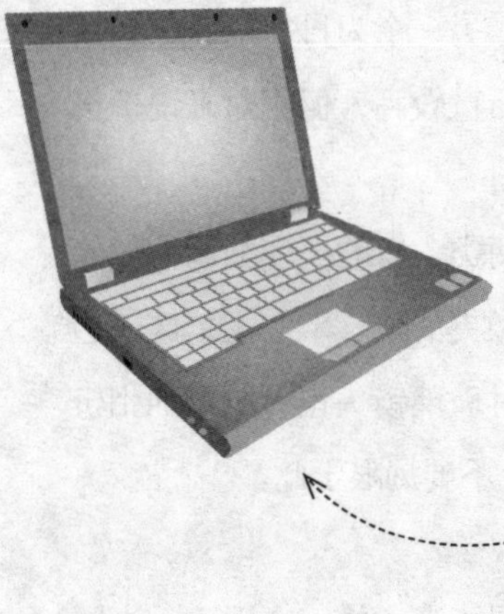

第82招

选购数码相机的技巧

如果你想让自己的商品有一个好的销路，选购一部合适的相机就显得非常必要了。如何才能找到一款称心如意的相机呢？下面就教你几个选购相机的小技巧：

一、镜头的重要性

可以毫不夸张地说，镜头是一部相机的灵魂，数码相机当然也不例外。虽然表面上看，数码相机由于感光元件分辨率有限，理论上对镜头的光学分辨率要求会比较低，然而由于普通数码相机采用的是CMOS（互补金属氧化物半导体）或者CCD（电荷耦合元件）感光元件进行感光，其面积要比传统胶片的面积小很多，所以对镜头解析度的要求就更加严格。否则，即便数码相机有很高的像素数，仍旧会因为镜头的原因而使成像质量比较差。

实际上，数码相机的镜头结构复杂程度和对制作工艺的要求，一点也不比传统相机的镜头低。目前，市场上主要的镜头生产厂商包括两大系列，一个为德国厂商，包括莱卡、蔡司和施耐德等品牌；另一个为日本厂商，包括尼康、佳能和宾得等品牌。德国厂商镜头的成像质量较高，但相对来说价格也较贵，而日本厂商镜头性价比高。

另外，数码相机的镜头材质分为塑料与玻璃两类，有的厂商强调他们的相机镜头以玻璃为材料，所以透光率佳、投射影像更清晰。事实上，玻璃透镜并不一定能比塑料透镜带来更清晰的影像，同时玻璃镜头也可能增加相机重量，因此选购相机时还是应该从多方面来考虑，不要局限于此。

二、正确解读光圈的大小

在选购数码相机时，光圈的大小也是我们不得不考虑的一个因素，光圈是指在单位时间内进光量的多少，也就是控制感光元件吸收光线的面积大小。因为照片的亮度由吸收光线的面积和吸收光线的时间来决定，一般情况下，配备大光圈的数码相机由于吸收光线的面积较大，所以可以使用更快的快门速度，也就是说可以在较短的时间内吸收足够的光线。因此即使在稍微昏暗的场所或者快速移动的情况下摄影，也不易由于抖动而使照片发虚。

此外，相机的光圈同时也是影响照片景深范围的因素，所谓景深即在拍摄的图像中，在一定距离的坐标上景物清晰的范围。浅景深可以实现非常模糊的背景但人物突出的效果，大景深则可以获取由近到远的广阔清晰图像，达到赏心悦目的效果。

三、注意变焦功能的细节

在选购数码相机时，变焦倍数是消费者普遍关注的一个要点。较大的变焦倍数能够使数码相机拍摄的灵活性更强，然而并不是简单地看大小就能够知道数码相机的拍摄情况的。变焦分光学变焦和数码变焦，我们要特别注意光学变焦的范围，一台相机的最小焦距越小，它的广角拍摄范围就越大，越有利于拍摄大场面，而最大焦距越大，则远摄能力越强。

此外，数码相机与传统相机不同的是，它还提供数码变焦功能，数码变焦与光学变焦有很大的不同，数码变焦是把摄入的图片放大后，对空白部分进行科学填充，也就是所谓的插值法放大。需要注意的是，插值成分越多，清晰度越低。所以，一般的数码变焦并没有太大的实际意义，所以，在选购数码相机时，要着重看光学变焦范围，千万不要听信商家的宣传，误以为通过数码变焦功能就能够补偿光学变焦范围的不足。

四、存储卡的速度

一般厂商随数码相机附送的存储卡质量都是比较好的，但是，这些附送的存储卡一般容量都比较小。因此，用户需要另外再选购大容量的存储卡，如果购买的是知名公司的存储卡，质量是没有问题的。然而，一般电子市场上廉价的存储卡大多是散装或标识不明的产品，单从外观上看，消费者很难去判断存储卡的质量。因此，有经验的用户都会带上相机去购买存储卡，实际测试一下才会放心。

在测试的过程中，您要特别注意测试存储卡的速度，速度慢的存储卡将使您的数码相机在存储照片时需要花费更多的时间，对相机性能的影响是非常严重的。

简单的测试方法是，连续拍摄固定景物，记录各个存储卡的速度。另外，你也可以使用读卡器来进行测试，但前提是，读卡器的接口传输数据的速度必须比要测试的存储卡的速度快。

五、电池的选择

无论是使用胶卷的传统相机还是使用存储卡的数码相机，电池都是非常重要的。如何为自己的相机选择一个可靠的电池，是您在选购相机时需要着重考虑的一个问题。

一般情况下，数码相机可以采用碱性锌锰电池、干电池、镉镍电池、锂离子电池、氢镍电池以及锂电池等作为其电源。很多人用过干电池，但干电池由于能量密度不足，一般只用于耗电量较小的电子产品；锂离子电池和锂电池虽然性能比较好，但价格略高，使用起来也比较讲究，尤其是锂离子电池还要用专门的充电器。

不少数码相机用户使用碱性锌锰电池，它的电容量大、电流强、使用起来又持久。但是对于采用定额电压的数码相机来说，碱性电池的缺点也就暴露出来了，长期使用会让普通消费者难以承担其费用。相比之下，氢镍电池和镉镍电池是目前在制造技术上比较成熟的电池，它的电容量高、放电深度大、循环寿命长、耐过充和过度放电、内阻低且记忆效应不明显、价格也较合理。对于大部分用户来说，氢镍电池和镉镍电池会是一个很好的选择，它可以大幅减少数码相机的使用成本，并且又环保。

第83招

选购数码相机的误区

在选购数码相机的过程中，大多数消费者往往存在着误区，使得自己把东西买回家之后，后悔不已。如何才能走出这些误区买到自己想要的那款相机？以下几条意见可供你参考：

一、并非像素越高越好

很多消费者认为像素越高清晰度越好，这没有什么错误；但是我们也不得不考虑实用的功能。如果仅仅是作为家用，那么一个1000万像素相机和一个800万像素相机所拍摄出来的图片肉眼上很难看到太大的区别。

所以，对于大多数家庭用户来说，过高的像素其实是一种浪费。而且，从理论上来看，影响图像清晰度的原因除了像素以外，还与感光器件的感光面积以及镜头的MTF（一种分析镜头的解像的方法）曲线有很大的关系。从实际使用情况来看，同样像素下，使用大感光面积CCD的相机无论是紫边控制、镜头衍射、噪音效果还是像场面积上，都要好于小CCD的相机。

二、并非镜头变焦越大越好

有些消费者喜欢购买大变焦镜头，或者具有光学防抖功能的镜头，并且错误地认为有了防抖功能就可以不买三脚架了，其实这些观点是不正确。

一般的，大变焦镜头相机确实具有更强的环境拍摄适应能力，但除非你喜欢拍摄野生动物和远景，否则大变焦镜头相机其实只能让你浪费钱而已。因为日常拍摄中，一般相机镜头的焦端就已经可以应付绝大多数情况的拍摄需要了。

至于镜头的光学防抖功能，它们的确可以帮助用户在长焦端或暗光线下，以较慢的快门速度拍摄出清晰的图片，但是如果你拍摄夜景或远处的风光非常少，那么这个功能就没有什么必要了。

三、并非功能越多越好

目前绝大多数的数码相机除了有基础的拍摄功能之外，往往还有许多附加的功能。比如有自拍和连拍的功能，有多个预览功能和视频输出的功能等。那么这些功能是不是越多越好呢?

答案是否定的。毫无疑问，这些功能是绝不会白给的，你肯定要为这些附加功能多花一些银子，更何况多一个无用的功能反而增加了出故障的概率，因此绝不要贪图附加功能。

比如对于普通用户来说，快速的连拍功能一般情况下是用不着的。因此对于产品的附加功能，一定要合理选择，绝不是越多越好。

四、并非“国货”不如“洋货”

这是大多数消费者都存在的一个误区。的确，在高端和专业级的产品中，国内的产品相对略逊一筹，甚至还不能达到一些“洋货”的高性能和高指标。但是目前我国一些中低端的产品，已经非常成熟了，这些方面和“洋货”相比我们的“国货”毫不逊色，并且在价格上也有一定的优势。所以如果您是一位普通用户，您想购买一款“中低端”的产品的话，不妨关注一下我们的国货。

第84招

辅助器材的选择

一、三脚架

数码相机的影像稳定系统一般都稍逊于传统相机，而且数码相机的快门速度和成像速度都比传统相机慢。所以，不要小看三脚架的作用，这会使我们在拍摄商品的时候选择和操作的范围大很多。因为有了三脚架，我们就不用再担心由于快门速度或相机抖动所造成的对焦不准的问题，这样在拍摄的时候我们能更加得心应手地用慢快门、小光圈来表现商品细节。

三脚架的稳定性非常重要，其次是云台即固定相机的台面，可调整的角度的范围当然是越广越好了。

二、摄影棚、摄影台

如果商品比较小，而且数量种类比较多，并且有很多是反光商品，那么这时就可以考虑购买一个摄影棚。不打算花很多钱的人，可以直接利用摄影棚配合阳光进行拍摄。

摄影棚配合阳光或者摄影灯具使用，能够很便捷地把太强烈的太阳光线或者附近可能造成色干扰的环境光源非常有效地隔离开，独立营造出一个很不错的摄影小空间；不用的时候可以收折保存在附送的便携外袋里，携带非常方便。

摄影棚的作用在于它可以把入射的光线做漫散射的折射处理，这样可以大大地削弱那些强烈的单方向投影和可怕的光斑，而且由于光线在它内部的多次折射，可以非常有效地对物品的背光部位进行补光，把商品的暗部细节也暴露无遗，亮部与暗部的巧妙配合让人赏心悦目。

摄影台也叫静物摄影台，只要将尺寸合适的商品放在摄影台上，固定好背景纸，就能配合各种光源进行拍摄。摄影台对商品本身没有光处理功能，由此拍摄的时候对光源的要求比较高，这是静物摄影常用的较为方便的工具。

三、灯光设备

摄影其实是对光与影的综合使用，夸张一点说，能否拍出一张好的商品照片，完全取决于摄影者对光线的理解与运用。

高明的摄影师，即便是在装备极其简陋的情况下，也可以拍出赏心悦目的照片来；而蹩脚的摄影者，即使有先进的设备，也拍不出让人愉悦的图片来。所以，要想拍摄出好的图片来，首先要对灯光的设置有一定的了解，在这里给大家两点建议：

（1）在拍摄小件的商品时，一般用两盏60瓦的节能灯就足够了。而对于大型商品，建议如果有条件，可以用瓦数大的灯，因为这样拍摄时光照会比较强，色彩还原才会准确。

（2）如果你是用几个灯照射商品进行拍摄，这时灯的色温一定要准。一般情况下，购买几个灯光颜色一样的节能灯就可以了；但是一定要是白色的灯。

第85招

网店商品分类拍摄攻略

目前网上销售的商品真是丰富多彩，不同的类别、不同的款式、不同的材质，都会涉及各种不同的拍摄方式，下面根据几种常见的分类给大家介绍不同商品的拍摄技巧。

一、服装类

网店用的服装照片主要作用是传达给买家一件服装的款式、风格，并尽可能准确地体现颜色。目前用得较多的展示方法是“平铺类”“悬挂类”和“真人模特类”。

要真实地展示所拍的服装，一张主图是不够的，所以要拍摄服装的细节照片。这些细节是对服装质地、做工等的展示，让买家看得更全面，买得更放心。

另外，要尽可能真实地还原被摄服装的色彩，除了选用色彩还原较好的相机外，还要选择较好的拍摄环境和光线。通常的拍摄背景选用纯白色或浅色的纯色墙面，当然也可以选用一张纯色的摄影背景布挂在墙上，并使其延伸至地面，并尽可能地消除背景布自然垂下的波纹。这样拍整体时，就不用担心地面和踢脚线造成的不和谐了。

选用自然光拍摄时，一般应选择光照充足的天气，光线要足够明亮，必须柔和，太阳光不要直射在被拍物体上，以免出现反光的现象。对被拍对象的背光部分，可以用反光板或白卡纸补光。拍摄中不要使用闪光灯。

1. 平铺类

平铺类又可以分为两种：

（1）按平整度分：①直板的。一点褶皱都没有，给人的感觉很规矩。②适当的修饰。并非要改变衣服的形状，而是突出衣服的某些特征，比如娃娃衫的下摆、衬衫的腰身等。

（2）按商品与水平线角度分：①90度。垂直的，给人的感觉比较直观。②随意摆放。拍摄的感觉很随意，但是绝对不是随便摆放的，一般的构图都很有美感。不过建议没有什么摄影和艺术功底的新手不要轻易尝试。③左倾或者右倾30度左右。按照一定的角度摆放，打破呆板的构图设计，比起一直循规蹈矩的垂直拍摄，更吸引人。现在日韩系的服装多采取这样的方式。

2. 悬挂类

悬挂类又可以分为有装饰和无装饰两种：

（1）有修饰。搭配一整套的服饰，上下装齐全，有的有包包，有的加了鞋子。有时即使你卖的东西不太吸引人，但是如果搭配得好，或者其他配饰是买家想买的，那也能至少让买家进店看看。

（2）无修饰。最多把衣服熨烫一下然后就挂出来。一般实体店里顾客看中的衣服也只是挂着的。大多数人认为这种方式太随意了，所以不太被采用。

通过挂拍都要用到衣架，我们可以选择与衣服风格一致的衣架，也可以选择不太显眼的衣架。总之，你要明确，衣架是次要的，主要拍的是衣服。

3. 真人模特类

真人模特类是最常用的一种方法，又可分为“卧拍”和“穿拍”两类。

卧拍能全面直观地展示服装，这种方法是最简单，也是最有效的。但卧拍的缺点也是显而易见的，即卧拍时服装缺乏立体感，层次也不够分明。因此，在卧拍时，我们可以使服装有些自然的起伏，将服装的领子或袖子等部位摆得动感些，如显出裙子的下摆，或卷起裤管，风衣可以考虑里面再放置一件毛衣，给衬衣配上一条领带，给裤子配上一根腰带等都是不错的解决方法。

这样，一方面可以展示服装的搭配效果，另一方面也可以让服装有层次，以弥补卧拍的缺陷。

另外，卧拍需要选择白色的背景，光线均匀地照射整个被拍摄服装。入射光线不要太过倾斜，否则服装上起伏的部分会有较长的投影，影响美观和色彩还原。对那些需要保留的服装的外缘的阴影部分，可以根据自然光线转动白色背景，获取你满意的效果。

拍摄时，拍摄者站的位置不要挡住入射光线。相机镜头应该垂直对准被拍摄服装的中心位置，为了能方便地看清取景范围，可以选用带翻转显示屏的相机。

穿拍是比较理想的展示服装的方法之一，它往往能给人一种真实的感觉。顾客通过画面，可以比较清楚地看到服装的效果。

选择穿拍时，首先要确保服装尽可能符合模特的身材，另外，要确保服装的平整。

其实，只要背景干净，光线充足，一般的自然光就可以拍出不错的照片；室内光线充足的条件下，可以让屋内的家具，如沙发、靠椅等做背景。

当然，也可以到户外，如在绿草如茵的草地上，或干干净净的大街上。

二、围巾

围巾的拍摄，构图非常关键。因为围巾比较长，如果整体拍摄，即便是对角线构图，也是非常小的。所以，这时我们可以选择局部拍摄。

我们可以把围巾置于背景的中间，这样可以让买家更好地了解围巾的色彩和花纹。采用局部拍摄时，我们可以把围巾放到摄影棚里，利用自然光拍摄，也可以用一个或两个台灯直接照射。如果是反光的面料，可以在灯前面加一张白纸，让光线透过纸张照射到商品上，这样就能消除反射光线了。

另外，我们也可以把围巾围在人的脖子上进行拍摄，长的围巾围在脖子上时，可能不能全部露出来。这时，我们只要把脖子那块显示出来就可以了。

三、手机

对于手机的拍摄，我们可以选择一个白色的背景，把手机放在背景上，从上面进行拍摄，也可把手机斜靠在手机的包装盒上进行拍摄，还要以让手机稍微倾斜着进行拍摄。

另外，如果以黑色为背景，我们可以准备一块透明的玻璃，配合黑色背景布使用，能够达到很好的倒映效果。

四、包

比起服装，包的拍摄要显得容易多了。

拍摄包的方法有多种，可以把它放在白色的背景上，也可以放在长椅上，还可以让模特背着、提着等。不管你采用哪种方式，拍摄之前应该将包填满，这样造型会好很多。拍摄包的过程中，要注意镜头和包保持同样的高度，因为过高或者过低的镜头拍出的图片容易变形。

另外，拍摄包时，要从多个角度拍摄。比如，包的扣子、里子、拉链等都可以单独拍张图片上传上去，这样买家才会放心。

五、鞋

关于鞋的拍摄，最重要的是把鞋子最美、最直观地表现出来。拍皮鞋跟拍运动鞋还是有一些区别的。拍女鞋更是有讲究的，不仅要体现出鞋的款式，而且还要把鞋跟也很好地表现出来。而运动鞋除了拍鞋的正面，还要把底部也拍出来。

如果把两只鞋并排放着，会显得有点单调。这时，我们可以稍加调整，在拍鞋时，可以将前面的一只成45度斜摆，后面的一只底朝天，这样不仅可以看到鞋子正面的款式，鞋底也一目了然，而且比起两只鞋都是正面的图片来说，也不会显得那么呆板。

皮鞋也是从45度角去拍摄最漂亮，前面的一只斜放着，正面、侧面都可以看得很清楚，后面的一只鞋让它侧着，款式、鞋面、鞋跟等就很好地体现出来了。

六、饰品类

首饰种类繁多，有耳环、项链、戒指、脚链等。质地有玛瑙、玉石、水晶等材质。它们加工精美、造型别致、色彩耀眼，拍摄时应充分表现其精度、美感和色彩。例如，玉器需要拍出柔润的反光面、金银需要拍出高光线条、水晶要拍出通透感。多棱面的宝石应用直射光，金银质地的首饰布光时需要用到散射光，要拍好这类商品，使用的道具不同，布光方法也不同。一般情况下，我们可这样来拍摄它们：

1. 构图方式

在商品构图上尽量采取中心构图和对角线构图的方式来拍摄。相机和商品保持45度角俯视，这样拍出来的商品效果比较好。

2. 微距

将相机调节到微距模式，如果你的相机有锐化模式，请打开此模式。如果相机微距功能是五厘米或五厘米以上，将相机的照片尺寸调节到最大，这样拍摄出来的图片在后期处理的时候细节部分不会丢失。

3. 布光方式

最好使用无投影摄影台，没有的可以用玻璃板和可乐瓶自制一个放在桌子上，此时注意桌子上一定要铺设白布或是白纸，否则使用底部光源照射的时候， 桌子的颜色会反射到商品上。拍摄时，左右和底部都要布光，如果想要效果更好一点，再准备一个移动灯具，从稍远的地方照射商品，制造高光或反射点，进一步强化商品的质感。

另外，拍摄时最好穿白色的衣服，准备好白手套，因为有些饰品直接用手拿会留下痕迹，这些痕迹会影响到拍摄效果。

对于戒指来说，直立角度拍摄会比平躺看更有立体感，所以如果拍戒指，还需要准备一些橡皮泥或双面胶，把它们黏在桌面或其他的地方。

再如，手镯光滑的表面及其特殊的光泽决定了它必须在摄影棚中拍摄，摄影棚主要起到一个柔光的作用，而且也能有效地解决手镯表面反光的问题。我们可以按以下步骤来拍摄：

首先，准备好道具。先把一张桌子或者椅子放在摄影棚里，这样可以在桌子或椅子上进行拍摄，取手镯时最好戴上白色的手套。另外，尽可能穿白色的服装，因为色彩鲜艳的服装容易将自己的影子映到手镯上，拍出来也不好看。根据个人喜好，可准备些陪衬的小饰品，这样能让图片看起来更美。

接着，道具准备好后，可以进行拍照了。将相机调整到最佳距离，可选择微距拍摄。可以用白色的纸张或别的淡色物品为背景，手镯可以适当倾斜，然后从不同的角度进行拍摄，最好把手镯的形状、材质等精细地呈现在顾客面前。

第86招

拍摄商品照片要注意的问题

在拍摄商品照片时，我们一般会遇到以下几个问题：

一、每一张商品照片要反映商品全貌吗

你并不一定非要把商品的全貌拍下来，有时候，只对商品的某个具有特色的地方进行夸大拍摄，反而会创造出具有强烈视觉冲击力的图像。有时只需要简单地离被摄物体近一些，就可以得到比远距离拍摄更好的效果。同时转换多个角度来拍摄照片，然后把这些照片一起传到店铺里，让顾客感觉店主的独具匠心。

二、为什么拍摄出来的商品照片非常模糊

许多刚学会拍摄的朋友们经常会遇到这样的问题，即拍摄出来的图像很模糊，这是由相机的晃动引起的，所以在拍摄中要尽量避免相机的晃动。你可以靠着一个稳定的物体，或者双手握住相机，将肘抵住胸膛，并且要放松。

三、取景对于拍摄商品照片重要吗

每个摄影者都不希望自己拍摄的照片看起来就像是个平面，没有一点立体感。所以，取景对于好的拍摄来说非常重要。在拍摄中，可以适当地增加一些用于显示相对性的物体。比如说你要拍摄一个背包，你就可以在画面的布景加上一个漂亮的女孩子。当然如果你Photoshop技巧非常不错，拍照取景也不那么重要了，照片只要如实反映商品的信息就可以了，其他的可以通过Photoshop处理来添加。

四、拍摄商品照片时如何捕获细节呢

在拍摄的过程中，使用广角镜来将“一切”东西都囊括在画面中总是很有诱惑力的，但是这种拍摄方法会让你丢掉很多细微的地方。如果你想展示商品的一些细节，以便打动顾客，这时候你就可以使用变焦镜头，使画面变小，然后捕捉有趣的小画面了。

五、商品拍摄时，一定总要放在画面中间吗

总是将被摄物体置于画面中间会让人觉得厌烦，事实上，一幅好的图像往往是因为它的构图非常恰当。摄影上比较常见的构图就有三点构图规则法，即画面被分为三个部分（指水平角度、垂直角度各截取切割成三个画面），然后将被摄物体置于线上或是交汇处。所以不妨用三点规则来拍摄多样性的照片。

第87招

怎样“抠”出好看的商品图片

所谓抠图，即把图片或影像的某一部分从原始图片或影像中分离出来成为单独的图层。主要功能是为了后期的合成做准备。抠图是作图设计的基本功，对于店主来说学会抠图也是制作出诱人的图片的保证。

下面结合实例来介绍用Photoshop抠图的方法。对于那些背景单一的商品照片的抠图处理是非常简单的。通常的抠图就是使用套索、魔棒等工具构列出商品的图形，复制出来就可以了。对于比较复杂的抠图，你还需要了解一些Photoshop知识。

1. 什么是通道

简单地说，通道其实就是一个用来保存每种颜色信息的选区。

2. 什么叫通道抠图

通道抠图法就是利用通道中的选区将所需的部分从背景中抠出来。通道抠图的原理就是在通道中将要抠的地方变成白色，不要的地方变成黑色；如果有灰色的话，那么抠出来后该灰色的地方是半透明的，因为在通道中白色的部分就是选区。

3. Photoshop的抠图法

（1）“通道抠图法”。它的抠图范围一般只适用于一些背景不太复杂的图片，如果背景过于复杂的话那就需要多做些功课了。

（2）“抽出抠图法”。对于一些背景较复杂的图片效果也是不错的，但是这种抽出法也有缺点，那就是对于一些不是毛发类的图片有时效果不太理想，所以我们可以用抽出法来抽取毛发。

（3）“正片叠底抠图法”。跟通道抠图法一样只适用于一些背景不太复杂的图片。

（4）“色彩范围抠图法”。适用于一些颜色变化不太丰富的图片，对于一些颜色变化大而丰富的图片效果就不理想了。

总之，抠图前先分析一下该用哪一种方法去抠，如果图片的确是太复杂，可以结合几种抠图法进行制作。

第88招

去除商品图片中的背景干扰

在商品图片中，有些背景看起来与你的商品十分不协调，那么能否用Photoshop去掉这些背景呢？答案是肯定的。

一般情况下，我们可以按照以下七个步骤来去除商品图片中的干扰背景：

（1）复制图层。用Photoshop处理照片的背景。

（2）滤镜—模糊—高斯模糊。

（3）设置模糊半径。

（4）将复制图层的不透明度设置为80%左右。

（5）用橡皮擦工具将想要保留的主体擦出来。细微之处要把橡皮擦设置得很小。

（6）慢慢地把主体擦完，再把复制图层的不透明度设置成100%，当然你也可以设置成其他数字，这要根据具体情况确定。

（7）最后，把图层合并，一幅去掉干扰背景的商品照片处理就完成了。

如果图片的背景与主体反差很大、主体比较单一，处理起来就更简单。用Photoshop打开图片后，可以直接用魔棒工具或套索工具选取背景，然后用模糊工具的“高斯模糊”或“镜头模糊”处理即可。

第89招

调整商品图片的色调

使用相机拍摄照片时，往往由于相机类型、光线等原因造成与实物颜色存在偏差，这就需要卖家对相片进行修正，以保证图片的颜色与实物尽可能一致。这里我们主要介绍利用专业图像处理工具Photoshop调整照片色调的方法。

在Photoshop里，主要通过三个功能来对图片的色调进行调整，分别为"色阶""曲线"以及"亮度与对比度"。我们可以单独使用某个功能来调整，也可以综合运用各种功能进行调整。色调的调整是个反复的过程，需要不断地尝试，才能获得最佳的效果。

一、调整色阶

色阶是表示图像亮度强弱的指数，也就是我们常说的色彩指数。色阶决定着图像的色彩精细度和饱满度。对于商品图片，色阶的调整主要用于调整图像色彩的饱满度，从而使得图像更加逼真。其具体调整方法如下：

（1）在"图像"菜单中的"调整"一列菜单中选择"色阶"命令，打开"色阶"对话框，然后拖动"输入色阶"区域的三个滑块，对图像的色阶进行调整，图像会同步显示调整效果。

（2）反复尝试直至调整到最佳效果后，单击"确定"按钮。

二、调整曲线

曲线调整主要用于调整图片的色调比重以及明暗度，它集对比度、亮度、色阶等调整功能于一体。不过曲线的调整方法相对来说更加灵活与复杂，往往需要多次尝试才能调整出最佳效果。具体操作方法如下：

（1）在"图像"菜单中的"调整"一列菜单中选择"曲线"命令，打开"曲线"对话框，然后在对话框中拖动曲线线条，图片会根据调整自动变化，也可以单击线条增加节点进行多重调整。

（2）调整完毕后，单击对话框中的“确定”按钮。

曲线调整是个非常有用的功能，它不同于亮度、对比度以及色阶的全局调整。可以对图片不同位置的色调与敏感度进行调整。

三、调整亮度与对比度

亮度的调整用于降低拍摄时由于光线太强或太暗导致的颜色偏差，而对比度的调整则用于调整图像整体的颜色对比强度，从而使图片亮度与对比度更加清晰。

调整图片亮度与对比度的具体操作方法如下：

（1）在Photoshop中打开要调整的商品图片后，单击“图像”菜单，在“调整”一列菜单中选择“亮度/对比度”命令。

（2）打开“亮度/对比度”对话框，用鼠标拖动亮度滑块调整图像亮度，调整效果会随着亮度值的改变同步显示，直至调整到最合适的亮度。

（3）亮度调整合适后，再拖动对比度滑块调整对象的对比，调整到最佳对比度后，单击“确定”按钮关闭“亮度／对比度”对话框。

（4）此时即可看到调整亮度与对比度后的图片与实物色调更加接近了。可以将调整后的图片保存，也可以继续进行其他调整。

第90招

更换商品图片的背景

为了使店铺中商品图片更加美观，你可以为商品图片更换一个漂亮的背景。另外，对于一些原始图像过于粗糙的照片，也可以考虑通过更换背景的方式使图片看起来更加赏心悦目。

在Photoshop中为商品图像更换背景时，首先需要将图像从原始图片中分离出来，并且还要准备一张漂亮的背景图片，然后通过图层将二者叠加起来。一般情况下，选择图片背景时，应采用色调较淡，不影响商品展示效果的背景。具体操作方法如下：

（1）在Photoshop中同时打开已经从背景中分离的图像文件与新的背景文件，此时窗口中显示两个图像窗口。

（2）切换到背景图像窗口，选择“移动工具”按钮，将鼠标指针指向背景图片任意位置并按下鼠标左键，将图像拖到商品图像窗口中，此时“图层”面板将新建一个图层并显示已经拖进来的背景图片。

（3）在“图层”面板中将背景图片所在图层移动到商品图像图层的下方，完成图片背景的添加。

上面的操作其实就是在不同图像中复制图层。在Photoshop中打开多个图像窗口后，就可以使用“移动工具”，通过拖的方法来快速在不同窗口之间相互复制图层。需要注意的是，复制前要将原图像窗口与目标图像窗口并排显示出来。

第91招

剪裁商品图片到合适的大小

使用数码相机拍摄的照片，一般尺寸都比较大而且分辨率也比较高，而网店中的商品图片宽度一般为700像素就足够了。太大的图片不仅无法在商品页面中完整显示，载入的速度也很慢，而且可能无法上传。因此，拍摄商品照片后，必须对商品图片的尺寸进行调整。具体方法如下：

（1）打开要调整尺寸的图片文件，在“图像”菜单中选择“画布大小”命令，打开“画布大小”对话框，对话框将显示当前图片的尺寸。

（2）在“新建大小”选项区中将“单位”设置为“像素”，并根据需要更设置宽度值与高度值，宽度一般设为500至800像素，高度则根据图像内容决定。

（3）单击“确定”按钮，此时，将弹出提示框提示用户需要对图片进行剪切，单击“继续”按钮。

（4）返回图像窗口，我们可以看到由于画布变小而无法显示出全部图像内容，这时需要对图像大小进行调整。按“Ctrl+T”组合键进入自由变换状态，图片四周将显示控点与变换框。

（5）先用鼠标拖动图片使左上角与画布左上角对齐，然后按住“Shift”键拖动图片右下角的控点调整图片大小，使之与画布大小相同。

（6）调整完毕后，按“Enter”键确认变换。将图片保存为JPG格式。上传到网店中即可。

第92招

制作动态的商品动画

如果想要在店铺中动态展示商品图片，那么我们首先需要将商品图片制作为动画，并保存为GIF格式，然后将其插入到商品描述中。GIF动画的制作工具有很多，这里我们将通过Photoshop来制作GIF动画。

常规的动画展示图片，就是将多个商品效果放到一张图片中，并以动画方式逐张显示图片，这和电子相册有点相似。在制作商品动画前，首先需要准备若干张已经处理好的商品图像，然后将图像在Photoshop中打开并进行相应的处理后，就可以开始制作动画了。具体操作步骤如下：

（1）在Photoshop中新建一个宽度为500像素、高度为600像素的文件，然后将打开的商品图像拖到新建的文件中。在“图层”面板中将显示复制到当前图像中的所有图层。

（2）在“窗口”菜单中选择“动画”命令，显示“动画”面板，并单击面板右下角的“转换为帧动画”按钮。

（3）切换到“动画（帧）”面板，此时面板中显示一幅图像缩略图，该图像表示动画最开始显示的图像。

（4）在“图层”面板中隐藏其他图层，仅显示第一个图层与背景图层，表示动画第一帧（最开始）显示的图层为第一个图层。

（5）在“动画帧”面板中用鼠标拖动图像框到下方的“新建”按钮，复制一个动画帧。然后在“图层”面板中仅显示第二个图层，表示第二帧动画显示图层二的图像。

（6）继续复制一个动画帧，并在“图层”面板中仅显示第三个图层与背景图层，表示第三帧动画显示第三个图层中的图像。

（7）至此，动画图像的设置完成，接下来分别设置动画的显示时间与播放周期。时间的设置方法为：在“动画（帧）”面板中单击每帧动画图像下方的时间下拉按钮，在弹出的列表中选择时间即可，建议设置为0.2至1秒。设置周期时，单击面板下方的“一次”按钮，在列表中选择“永远”选项，即无休止播放动画。

（8）设置完毕后，可以单击面板下方的“播放”按钮播放动画。在“文件”菜单中选择 “存储为Web和设备所用格式”命令，然后在打开的“存储为Web和设备所用格式”对话框中单击“存储”按钮即可。

（9）在打开的“将优化结果存储为”对话框分别设置保存位置与保存名称，单击“保存”按钮。

（10）在弹出的提示框中直接单击“确定”按钮，即可将动画文件以GIF格式存储到指定位置。双击动画文件，即可打开并播放动画。

第六章

网店的全面营销与推广

第93招

利用社区营销

淘宝网推出的淘宝社区里活跃着很多网店店主，他们喜欢聚集在社区里交流开店经验。淘宝网曾经一度取消淘宝社区，推出了帮派。但是由于帮派太过个人化，比较分散，难以统一，所以后来又恢复了社区功能。如今淘宝上形成了社区和帮派共存的局面。社区和帮派的聚集页，称为“门户”。

淘宝社区和淘帮派都是卖家和买家集中在一起进行交流讨论的地方，里面有很多资源可以拿来用作宣传推广。但社区和帮派并不是完全相同的。淘宝社区是由淘宝网官方建立的，是由不同的板块组成的，人气相当集中。而淘宝帮派则是淘宝网会员自主建立起来的，也需要自主管理。淘帮派的人气相对分散一点。

虽然活跃在淘宝社区中的人大部分都是卖家，买家不多，但你可以这么想，每个卖家只是卖一类商品，即使销售多种商品，也不可能所有的商品都卖，所以卖家也有购物需求，卖家也是别人的买家。要做好每个人都可能成为潜在顾客的心理准备。

第94招

发帖和回帖

在社区中进行营销推广，最基础也是最有效的方式就是发帖了。发帖要注意以下几点：

一、发广告不能太明显

最好不要发广告帖，发广告帖没几个人看，还有被禁言甚至封号的风险。多用心写原创。如果自己不擅长写，多转发一些有潜力的帖子也是可以聚集人气的。如果能在帖子中宣传到自己的店铺是最好不过的，但切忌发明目张胆的广告。

二、回帖也能吸引人

认真回帖，楼主一般都会注意到的，尤其是一些有争议的帖子，提出自己独特的见解，也是吸引人的一种方式。

第95招

参加社区活动

一、参加社区活动的益处

（1）社区活动奖品丰富，参加活动一般都会有银币作为奖励。银币可以购买社区中的广告位，还有不少活动是有推荐位作为奖励的，如能获得推荐位，将是很好的宣传机会。

（2）可以提高店铺知名度。参与活动的人数一般会比较多，只要参加，就一定会有被别人关注的机会，免费做一次宣传。很多活动帖都是置顶的，而如果能在活动中脱颖而出，就可以让更多人认识你，进入你的店铺。并且很多通过社区认识你的人信任度也相当高，如果是潜在顾客，成交的概率是很大的。

（3）结识朋友，扩展人脉。社区中朋友都有可能成为你的潜在顾客。

二、选择性地参加社区活动

每个板块都会定期举行一些活动。如果个人精力比较有限，可以选择一两个对自己的网店宣传最有用的板块长期关注。比如做化妆品的网店店主可以多关注“美容化妆”这个板块；做儿童玩具的店主可以多关注“妈宝亲子”板块。还有一个板块是大家都应该关注的，那就是“疯狂促销”板块，这里有不少促销活动可以报名参加。

第96招

购买社区推荐位

目前在淘宝中，可以用银币购买社区首页广告位。社区首页广告位的投放规则是这样的：

广告可以以图片和文字的形式发布在社区首页底部，100个银币能购买一个位置，每天有10个位置，在每天12：00到次日9：00开放预订。获得广告位的前提是店主要有充足的银币，所以在开始抢广告位置前先要把银币攒够。

在社区里赚取银币一般有五种方法：

一、多发表好帖子

发精华帖子是获取银币的两个主要方法之一，每一个帖子被“加精”后都会奖励10个银币。

二、多参加社区活动

1. 参加“发帖得银币”的活动

很多活动都有按照活动的要求发帖，只要是原创的帖子并且超过几百个字，不管帖子写得好不好，都会有银币送。

还有不少活动是以参赛的淘友公开投票的票数来决定奖项和银币的归属，奖励的银币往往有几十个到几百个。所以即使写不出质量很高的帖子，只要你的人气足够旺、朋友足够多，一样有机会赚取银币。

2. 参加“回帖得银币”的活动

很多活动帖规定在相应的“楼层”回帖，就可以得到5个到20个不等的银币；也有一些活动会在回帖中随机抽出几个幸运的回帖，奖励几十个到几百个不等的银币；还有一些活动主要以“你问我答”的形式来进行的，规定只要在回帖中正确回答“店小二”“掌门护法”或“普通淘友”提出的问题，而且是第一个回答的，就可以获得5个到20个不等的银币奖励。

此外，还要非常密切地关注活动的进展。只有做到这些，你才有可能借此赢取大量的银币。

三、购物指南

每个帖子被加为“购物指南”后，会奖励银币10枚。

四、发起活动帖

上面说的是参加活动，这里说的是发起活动。淘宝有这样的规定：发起活动帖，如果回帖数超过50页，奖励银币50枚，然后每超过一页，奖励银币一枚。如果回帖数在50页以下，就没有银币奖励了。

五、当选掌门、护法、先锋等

当选之后，银币就相当于薪水，是淘宝网对社区管理者们的一种鼓励方式。

第97招

有效利用社区买家秀

在淘宝社区中，有一个叫作“买家秀”的板块，是用来给顾客们展示自己购买过的商品的地方。如果顾客写了一篇关于你的网店商品的精彩“买家秀”的帖子，一定能够为你的网店带来不少人气。因为买家一般对卖家自己的宣传抱着半信半疑的态度，但对同样是买家的人说的话却很容易相信。所以你可以利用这一点，在“买家秀”为自己的网店大力宣传。

一、请买家写帖子有奖励

店主可以和对自己商品满意的顾客或者店里的老顾客沟通一下，请他们为自己写一些精彩的买家秀。如果顾客对你的商品非常满意的话，一般来说，他们都是乐意帮你做宣传的。当然，作为店主不能太小气，对为你写“买家秀”帖子的买家最好给予一定的奖励。如果没有激励政策，想要人家花心思帮你“秀”并不是一件容易的事情，就算人家愿意帮你，识大体的店主也应该回馈顾客，对顾客表示真诚的感谢。

二、要重视“买家秀”帖子

如前所说，“买家秀”里的帖子最容易得到顾客的信任，所以店主一定要认真对待每一张“秀帖”；如果看见是自己网店商品的买家发的“买家秀”，一定要积极帮发帖人顶帖。如果帖子写得很精彩，那么在征得顾客同意的情况下可以将帖子内容放入相应的宝贝描述中，这样可以让看到你商品的顾客都看这个推荐帖子。

第98招

创建“帮派”营销，进行店铺推广

自己创建“帮派”的话，对推广自己的网店来说是非常好的机会。如果自己建立的“帮派”人气很足，而且自己又可以随意操作，想做广告就做广告，想办活动就办活动，那么宣传效果肯定是比加入别人的“帮派”强得多。

不过，通过自建的“帮派”来推广自己的网店有一个很重要的前提，就是你的“帮派”人气要很足才行。想要为“帮派”聚拢到大量人气的话，需要花掉“帮主”大量的时间去管理和宣传。如果没有做任何管理宣传，“帮派”的人肯定寥寥无几，就与无人问津的店铺差不多了，那么这样的“帮派”形同虚设，还不如加入那些人气足的大“帮派”更简单易行。做好一个“帮派”和做好一个店铺的道理差不多。如果店主精力和时间很有限，还不如加入别人已经做大的“帮派”。

一、可以创建一个同自己网店有紧密联系的私人“帮派”

这样的“帮派”主要是和店铺经验、产品介绍和店铺活动等有关。这类“帮派”很像店铺的广告牌，用直接营销的方式来推广店铺。这种方式比较适合已经做大的卖家，因为他们拥有很多拥护者，“帮派”人气会比较高。如果你所建的“帮派”是和自己的店铺紧密联系或直接挂钩的话，“帮派”名称最好是你的网店名加上“官方帮派”字样，这样会显得正式。

二、可以创建一个关联“帮派”

创建私人“帮派”比较适合店铺已经做大了的卖家，创建关联“帮派”就比较适合中小型卖家。创建一个和你的主营产品有很大关联的“帮派”，目的是吸引那些有买你的产品倾向的人群，帮派是直接面向潜在的消费顾客群的。关联“帮派”内的帖子内容实用性较强，因为可以以和你主营商品相关的资讯为主，比如，你的网店主营化妆品的话，可以建一个美容类的“帮派”；主营头发护理相关商品的，可以建一个介绍美发知识的帮派。

三、可以创建一个促销“帮派”

纯粹的促销类“帮派”，对买家卖家也有一定的吸引力。因为促销一般就意味着可以花更少的钱买到好东西。不过由于促销“帮派”所面向的促销商品类目太广，而做起促销活动来，每一期商品数量和种类有限，对一些买家吸引力不够，活跃在“帮派”里的卖家可能会比买家要多一点。当然，为了能更好地集中目标消费者，可以把促销“帮派”的范围细化。

第99招

运用“人气宝贝”提高访问量

“人气宝贝”，听名字就差不多能明白它指的是什么。它是淘宝推出的名词，也就是网店中很受顾客欢迎、销量一直很高的商品。

淘宝网的引擎搜索默认结果显示，是按照所有商品的结束时间长短来排序的。距离下架时间越近的商品，排名越靠前。

在“所有宝贝”的排序之后有一个按“人气”的排序。这里面的商品排行不再是按商品结束时间的长短来排序的，而是按商品的人气高低来排序展示的。人气指数越高的商品当然排名也就越靠前。

2009年，淘宝网曾一度把默认搜索结果改为“人气”方式。但是，可能因为遭到卖家们的强烈反对，2009年底，淘宝网又把默认搜索结果改回了“所有宝贝”方式。尽管如此，“人气宝贝”的威力还是不容小觑的，一款

"人气宝贝"往往能带来巨大访问量，甚至能带动整个店铺的销售。

选择什么样的宝贝来做"人气宝贝"比较合适呢？想要培养一个能不断带来点击率的商品作为"人气宝贝"，以下三个条件缺一不可。

一、选择与市场需求相应的商品

适销商品就是指品种、价格、质量等方面与社会消费需求相适应的商品，简单说来，就是你销售的东西有人想购买，而且想买的人越多越好。那怎样才能知道什么样的商品好卖呢？店主可以先从调研整个行业的行情入手，可以到同类型的网店中看一看你的竞争对手们都卖些什么，他们的网店里哪一种商品最热销，或者去有名气的网店里看看这些厉害的店主的"人气宝贝"，或者调查一下你的竞争对手们的店里缺少什么样的商品。这样做的目的是，既可以参考他们的热销商品来确定自己要挑选的"人气宝贝"，也可以观察他们所没有的产品，开动脑筋填补市场空白，说不定就是让你的网店一战成名的绝佳机会。

举例说明一下，你的网店内主营手表，在网上调查后你发现近一个月中淘宝网卖得最好的手表是一款卡西欧的，其次是西铁城的一款。恰好你也卖这两款手表，假如你的西铁城表价格和售后都极具优势，那么肯定首先考虑主推这款西铁城手表。假如你的西铁城表在价格上处于劣势，而卡西欧表则在价格上极具优势，你就可以优先考虑主推卡西欧的那款。

再举例说明一下，通过调查后你发现，你进的货里有一款最新型的斯沃琪手表，在价格和售后都具有优势。你在调查后发现淘宝网上还没几家在售这款手表，但是线下的广告已经铺天盖地，那么选这款手表为"人气宝贝"的重点培养对象就非常合适了。

二、选择热销周期长的商品

培养一个"人气宝贝"需要一定的时间。等你终于把一款商品捧成了"人气宝贝"后，发现商品热销周期很短，那么你这么长时间的辛苦就白费了。而且"人气宝贝"带来的访问量关系到整个店铺的发展，如果热销的宝贝周期很短，一旦夭折就又要重新培养，对店铺的发展非常不利。所以，切忌选择"短命"的宝贝来培养。

什么样的商品可以称为"短命"？一种是供货不足的商品。比如某个商品厂家已经停产了，而你也只有几件库存，卖完了你就补不到货了。这样的商品再好也不能作为培养成“人气宝贝”的对象。还有一种是本身就有一定使用期限的商品。比如粽子，一般来说，端午节的前半个月最好卖，但一旦过了端午节就没有多少人要了；再比如服装，秋天来了，夏装就不合适了，秋装或冬装就会比较有销量。

三、选择性价比高，物有所值的商品

这并不是说一定要质量最好的商品才行，更重要的是看性价比是否够高，是否能满足大部分顾客的要求。如果你的商品质量比较一般，但是价位很低，商品性价比高，也是可以考虑的。你要培养为“人气宝贝”的商品，至少能让大部分买家觉得物有所值才行。反之，如果买过的顾客都觉得商品性价比很低，那这样的商品估计还没培养成功就要中途夭折了。买过的顾客的评价就是后来的顾客衡量商品好坏的重要参考标准，会大大影响到商品的销售，相应地也就会影响到商品的排名。

第100招

利用人气博客吸引外部流量

博客也属于网站的一种，而衡量网站的好坏也有一定的标准。衡量博客成长与成效的标准之一，就是看流量的多少，即访客数量。淘宝店家“柠檬绿茶”的博客建立两年后，只用了158篇文章，就积累了40多万的访问量，访问量就是一笔巨大的财富。访问量越大，代表着与你交流的顾客人数和次数就越多，那么对于网店来说推广效果也就越好。因此，如何才能大幅提高自己博客的流量，是每个店主都需要了解的。

一般来说，博客的初期流量都来自于其他网站或者博客的链接，搜索引擎以及一般的营销渠道。接下来就介绍一些如何吸引外部流量的重要技巧：

一、搜索引擎的优化技巧

对于一个正常经营的博客而言，它的流量大概有20%来自于其他的博客，40%来自老顾客，还有40%来自于搜索引擎的搜索。如何提高你的博客对于搜索引擎的“友好”程度，则需要做到：多发表原创的文章，多放一些链接链回到自己的博客首页，多重复关键词等。你可以在每篇文章的最后，提供相关文章的链接来积累流量，让新访客可以很方便地深入探索你的博客。多联系一些有一定流量的博客，和他们互相做博客链接。这样可以分摊各自的顾客，给你带来不同的顾客流量。

二、在其他博客留言

如果你能够在别的博客上多多留言，当别的博主或者浏览者看到后，就有可能访问你的博客了。当然，留言也不能随便留，你的文字要有吸引力，并且要切合你的店铺经营范围，因为你需要吸引有质量的流量。

三、做个优质“标题党”

撰写有创意的标题更容易获得博客圈的推荐，并且更容易吸引顾客点击浏览。

四、写好正文

你需要发挥单次访问的最大效用，也就是说，提高顾客的回访量，或者是提高到你淘宝店铺的转化率。这就需要你写好正文，还不要忘记把自己的店铺地址写在文章后面等。

五、“狡兔三窟”

你也可以开设多个博客来增加自己同一篇文章的浏览量。如果这样做的话，你最好不要开在同一个博客平台上。

第101招

网店开微博非常有必要

一百多字的微博言简意赅，使用户自动成为信息传播的参与者，帮助网店把内容发送给更多的用户，而这并不会花费太多资金。网店通过在微博上与消费者的互动沟通，不但能汇聚大量的关注人群，还可以随时监控潜在或已发生的舆论危机，更好地把握市场，带来实质性的销量增长。

网店可以在微博上展现网店品牌形象，宣扬产品卖点；可以展现网店员工的可爱可亲的精神面貌；和用户群建立纽带，听到消费者反馈，得到及时市场回馈；给微博客户效劳，比如供给行业的前沿资讯以及相关产品信息；预警及监测，迅速解决危机，及时调解消费者对店铺或产品的不满，树立良好的市场反应机制。

微博有利于实现精准营销。使用微博的用户，可以根据自己的毕业院校、工作单位、兴趣爱好设置“标签”，会主动寻找和自己有共同学习、工作经历及兴趣爱好的网友，互相关注，互加粉丝，形成一个庞大的网络社区。在微博社区中，营销人员可以轻而易举地捕捉到用户之间的关系和网络行为，能够细分用户实现更精准的网络营销。

第102招

寻找适合推广的论坛

由于淘宝社区规则的限制，现在在淘宝内部的社区直接推广自己的产品是越来越难了。然而互联网上并不是只有淘宝社区一家论坛而已。

现在互联网上有一群人，号称是“败家一族”，他们对网购可谓疯狂痴迷，一天不在网上买点东西心里就不舒服。因此，为了满足这类人的需求，很多类似的购物网站、团购网站随之孕育而生。

事实上，大部分的淘宝卖家都没有意识到，在外部论坛中也会有很大的推广空间。只要找到合适的论坛、合适的人群，推广效果说不定会比在淘宝社区推广还要好。那么我们如何去寻找合适的外部论坛呢？

（1）找到几家最大的淘宝购物论坛。

（2）找到几家最大的团购论坛。

（3）找到几家最大的行业论坛。

下面以团购论坛为例。你可以首先进入百度，搜素关键字“团购论坛”，在搜索结果中，单击排名在前面的“TOGO论坛”。这个论坛的流量和管理还是很不错的。我们找到“网购乐翻天”板块，单击“网店专区”。你可以看到，这里绝大部分都是广告型的帖子，但是流量却非常高，这说明来这个板块的都是潜在买家。他们是对网络购物非常痴迷的一群人，所以向他们促销产品自然更容易。

第103招

利用口碑营销争取回头客

市场营销学告诉我们，争取一个新顾客的成本是留住一个老顾客成本的五倍，在利润贡献方面，老顾客更是新顾客的16倍。据统计，一个忠诚的老顾客可以影响25个消费者，诱发8个潜在顾客产生购买动机，其中至少有1个人产生购买行为。

开发新顾客成本远远大于留住老顾客的成本，开发老顾客的意义主要体现在以下几个方面：

一、节省宣传成本

吸引新顾客需要一定的宣传成本。对于网店来说，要吸引人不断进入店铺中，不是花大把时间就是花大把金钱。而吸引老顾客进店就容易很多，定期发送一些消息，对老顾客有一定的优惠政策即可。旺旺群发或顾客定期关怀，都只需要简单的几个操作就可以完成。

二、节省人力成本

新顾客有购买意向后，还需要花精力在促成交易环节上。未曾交易过的新顾客总是有很多顾虑，要促使他进行购买，你就需要做多方面的工作，以使他打消顾虑。而老顾客一般都不会有这样的顾虑，因为已经打过交道，再回头购买就说明他对店铺的规则已经很了解，对商品也很信任了。所以，老顾客一般都会直接下单，不需要客服再大费周章。

三、老顾客带来的利润比新顾客多

很显然，新顾客喜欢砍价，而有不少新顾客就是冲着促销特价来的。他们对价格比较敏感，多几块钱少几块钱他们都会进行比较。老顾客不一样，他们认可了你的店铺和你的商品后，对价格就比较迟钝了。他们容易忽视竞争对手的商品，对价格不敏感，消费能力也更强。

比如，顾客第一次来你的网店购物时，发现你的商品标价非常低，而收到货后他觉得非常划算，他的印象中就认定你店铺的产品是超高性价比的。即使他们以后再买其他的稍贵一些的商品，潜意识里也不会认为这些商品价格相对于别家来说高了。

四、老客户还能带动相关产品和新产品的销售

一些忠于你的店铺的老顾客，会时不时到店铺里来看一看。对于掌柜主推的新品，他们比新顾客更容易接受。

五、老顾客可以带来更多的新顾客

这个就是开发老顾客的真正意义所在：老顾客用了你的产品，觉得不错，会推荐给他们身边的亲朋好友，这些都是免费的推广，潜力无限。老顾客拥有很多你网店的客源。这就是所谓的“物以类聚，人以群分”。

六、老顾客还是网店树立品牌的基础

顾客一旦享受你的服务以后，他就会发自内心地、死心塌地地跟着你。因为信任，所以放心，也因为信任，所以会主动帮着传播。

可见，口碑营销不仅十分有效，其力量也可谓难以预估。为什么皇冠店会很强大？很大一部分原因就在于此——长年累计下来，他们拥有大批拥护者。

第104招

多用促销提高访问量

促销，简单地说就是促进销售。通过销售方式，在短期内激励买家进行购买，以达到扩大销售的目的。网店通过促销，使买家加深对产品的认识，培养更多的老顾害，以促使消费者愿意多花钱来购买店内其他产品。促销的最大作用是使产品能够更快速地成交，它的作用有以下几个方面：

一、缩短产品入市的进程

新品促销是一种常见的手段，它可以使得新品能很快地打开市场。当新品有了购买的记录后，人气容易积累起来，从而能更快地增加销量，被更多的买家所接受。人们都有从众心理，看到交易记录为“0”，即使自己喜欢，而没有看到别人购买，就容易怀疑自己的眼光或怀疑商品的质量，从而犹豫不决。一旦有很多人购买了就很容易打消这种顾虑。

二、激励买家初次购买，达到使用目的

一般而言促销都是让利给买家，这样的让利并非时时都有，往往会给人“机不可失，时不再来”的感觉，利用了买家怕错失良机的心理，促使他们尽快决定尝试新品。不少卖零食的网店都有低价试吃样品或免费赠送样品的活动，这样，很可能带来商品的销量。

三、激励使用者再次购买，建立消费习惯

当买家初次试用了产品以后，如果对商品基本满意，可能会产生重复使用的意愿。对于一些有使用周期的商品而言，初次被消费者接受就十分重要了。如果初次使用满意，再通过促销促进他们再次购买，买家习惯了使用这个商品后，会有可能长期购买。

四、提高销量

网店的业绩越好，信誉越高，购买记录就越多，而购买记录越多，越容易卖出商品。现在很多精明的买家对店铺信誉也是有要求的。信誉高的店铺比信誉低的店铺更容易卖出产品。顾客在选择商品的时候，往往也要看交易记录。

第105招

吸引更多的淘宝客推广你的商品

淘宝客是一个非常好的推广助手，由于他们采取的是一种按照成交后支付佣金报酬计费的推广方式，因此你只需要拿出额外获得利润的一小部分即可。这也算是没有成本的免费的推广模式，也是每个店铺都愿做的推广方式。

先简单介绍一下淘宝客推广的流程：首先，淘宝客们从淘宝联盟获得卖家设置的推广商品的链接，然后他们会在聊天室、论坛、博客、个人网站或使用其他方式帮淘宝卖家推广商品。买家通过点击这些广告链接完成交易后，淘宝将会把卖家之前承诺的一定比例的佣金直接转给淘宝客，最终完成所有的环节。

使用淘宝客推广可以使你的店铺宝贝的广告无处不在地遍布互联网，大大拓宽了你的潜在客户群。接下来就简单介绍一下如何设置你的淘宝客推广。

首先，登录进入淘宝后台，单击“营销中心”栏中的“我要推广”，进入推广服务页面。单击淘宝客推广区域中的“马上进入”按钮。

进入到“淘宝掌柜”推广类目佣金设置页面。你需要在这里选择好你产品所在的类目。这样， 将来淘宝客可以通过类目搜索，更容易找到你推广的宝贝。

一般佣金比率限制在商品售价的1.5%至50%，你可以在此之间任意设置自己愿意付出的佣金。单击最右“修改佣金比例”中的“修改”。在打开的类目佣金比率修改窗口中，将佣金比率按照你的利润来设置，一般这种整店铺的佣金比率不用设置太高。填好后，单击底部的“保存”按钮，完成类目佣金的设置。

接下来还需要单独设置你店铺的主推商品，主推商品只有30件的额度。

你可以把店里热卖的商品推上去，提高佣金比率。设置好这个部分以后，淘宝客们才能看到你的推广单品，而店铺的其他产品他们是看不到的。单击“新建主推商品”按钮，进入到新增主推商品页面。在新增主推商品页面选择好需要推广的宝贝之后，单击“下一步，设置佣金比率”按钮。在打开的佣金比率设置页面中，根据实际情况分别输入每个宝贝的佣金额度，可以适当把这些特别推广的宝贝的佣金设高一些。完成后单击底部的“下一步：设置完成”按钮。

最后系统自动进入到管理主推商品页面。在这里你可以看到所有已经设置好的推广宝贝，如果觉得产品选择或者佣金比率设置得不合适，你还可以做删除和修改的操作。

你平时可以单击“交易查询”按钮，进入到交易查询页面，设置好查询时间以后就可以实时地查询你淘宝客的推广成交状况了。

如果你不想做淘宝客推广了，也可以直接退出此服务。单击最右边的“退出淘宝客推广”按钮，进入退出淘宝客推广页面。再继续单击“确定”按钮，即可完成退出的操作。而一旦退出申请提交，卖家将在15天内不能再次参加此次活动。

第106招

申请钻石展位营销

钻石展位是用图片的方式按曝光量收费的广告形式，是专为有更高推广需求的卖家量身定制的产品。精选了淘宝最优质的展示位置，通过竞价排序，按照展位数量计费。最直接的效果是提升店铺和宝贝的浏览量，为你引来大量潜在客户。能不能成交那就要看你的宝贝有没有吸引力了。

钻石展位这个推广方式性价比比较高，一般适合日常消费品、服装、化妆品等。

此工具不建议小卖家们使用，更适合相对成熟的卖家。因为，它首先要求卖家可以制作漂亮的展示图片或动画，其次要求卖家有活动、促销等的发布意识，并且要有成熟的店铺销售经营经验，可以以最合适的噱头推广最合适的产品。

钻石展位相对于其他推广方式的特点是：超低门槛，即使花很少的钱也可以在淘宝最有价值的展示位上发布信息。超炫展现，展现形式更绚丽，展现位置更大，展现效果更好。超优产出，不展现不收费。自由组合信息发布的时间、位置、花费，轻松达到最优异的投产比。

在哪里能找到“钻石展位” 这个推广工具呢？首先登录进入淘宝后台，单击“营销中心”栏目下的“我要推广”，在打开的淘宝营销中心页面中，单击钻石展位板块中的“马上进入”按钮。

这时系统将自动转入“我要报名”页面，如果你想要开通这个工具，就需要先听《新人邀请》培训课程。在参加完课程之后，讲师就会给你开通钻石展位的权限了。

在你开通权限以后，你就可以进入你的钻石展位后台了。在这里可以很直观地看到个人账户信息区、公告区，以及展示位推荐区。要充值以后才能参加出价，完成广告投放计划。想要查看更多的展示位，单击“展示位资源”按钮。

现在进入到展示位资源列表页面。这里显示的是所有可以参加的钻石展位活动，你在淘宝上看到的大多数的图片位置都属于钻石展位。单击你想要加入的推广展示位的“展位示意图”或者“参加出价”，就可以查看该展示位的详细信息。

在出价页面中可以看到该展示位的各项信息，包括当前竞价情况、每日总展现量等。你需要首先添加符合此展示位尺寸的素材，素材必须通过审核才能竞价此展示位，单击页面下方的“创建素材”按钮。

在弹出的创建素材框中，你需要选择素材类型、尺寸，填写素材名称、推广宝贝链接及上传素材。完成后，单击底部的“保存”按钮。

钻石展位不仅支持图片格式，更支持gif、flash等动态格式。你可以把自己的展示图片做得非常漂亮，同时钻石展位的尺寸都比较大，视觉冲击力强，可以最大限度地吸引买家进入你的店铺。你也可以单击“素材管理”按钮，去创建素材。

制作好展示图片并且通过审核之后，就可以对你喜欢的展示位置的某个时间段的“千人展示成本”的单价进行自由出价了。价格高的卖家的推广信息将被优先展示。钻石展位的竞价时间段单位为一小时，也就是说你竞拍的实际上是某个位置某个小时内的发布权。你也可以直接单击“投放计划管理”进行出价的管理。

如果你想要为你的账户充值，你也可以单击顶部导航栏中的“消费账户管理”按钮，进入充值页面，再直接单击“充值”按钮，进入支付页面，输入支付密码即可完成支付。

单击导航栏中的“报表”按钮进入到报表查询页面，在这里可以查询一段时间内的日消耗报表。

使用钻石展位最关键的是图片创意和出价，做好这两点才能用最少的投资换来更多的流量。

第107招

利用网络广告推广

网络广告投放步骤包括以下几个方面：

一、确定广告投放目标

广告的最终目的无疑就是增加流量，进而增加成交量。这是总的目标，比较笼统，在进行广告投放前，最好把目标量化，有利于执行，也有利于效果评估。比如，通过广告引进10000流量，增加500个店铺收藏，这样的目标就是可以衡量的。广告投放前，在选择投放媒体和广告制作方面应是有利于目标实现的，并可以围绕着目标展开。

二、选择合适的广告位

1. 要做什么样的广告

首先考虑的是哪种广告形式更利于目标的实现。比如推广单品的广告，做直通车和图文广告都很合适，而推广整个店铺的广告，做图文广告和文字链接则更合适。

其次要考虑的是广告预算。不管做什么广告推广，都要从实际出发，最好不要出现目标很大，想法很多，钱却太少的情况。先计划好在一定的时间内用多少钱来做广告。如果只有一百元，那就做好一百元的推广；如果有一万元，那就做好一万元的推广。

你的预算也决定了广告投放的位置。如果你是皇冠级卖家，每个月宣传费用为两三万元，流量大的首页广告是不错的选择；如果你只是一个小钻石卖家，每个月最多只能支付起一两百元的广告费，那么就可以考虑投资稍小的广告位；否则，如果你出一两百元到淘宝首页展示几分钟广告，纯属浪费。

2. 广告网站的选择

将广告投放在淘宝网上是最佳选择，如果要投放在淘宝网以外的网站，就需要加以分析了。

（1）选择目标受众集中的地方。首先要考虑计划投放广告的网站用户与你的店铺的目标受众是否一致。如果没有数据分析，可以从投放网站的内容上来分析。一个专业的编程网站和一个卡通动漫网站的用户肯定是不一样的。比如一个征婚网，它的用户多是单身顾客，而一个流行风尚网，用户则多是年轻的弄潮儿。

（2）选择与产品配合度高的网站。产品与投放网站的内容密切融合，能大大提升网民对产品的认知，尽可能地减少用户对广告的排斥。因此，广告投放网站的可配合度关系到内容合作的可操作性和广告投放的效果。比如一个网站中对养生方法介绍得很多，这个网站就很适合放保健品的广告，一个摄影类的博客，就很适合放摄影器材的广告。

（3）选择稳定的网站。服务器的稳定性以及是否能承受大浏览量，关系着广告能否正常播放。有些合租的服务器极不稳定，流量稍大就无法打开网站。这样的网站不仅难吸引固定用户，也给广告主带来了损失。如果一个网站经常打不开或者总显示“系统繁忙，稍候再试”，你就要仔细考虑了。在淘宝网以外的网站做广告，建议找一些广告联盟网站，那里可以获得更多质优价廉的广告资源。广告联盟又叫网站联盟，就是将广告主的广告分别展示到各大会员网站上去的一个中介平台。广告联盟网站本身没有广告发布站，靠的就是庞大的中小站长的网站来展示广告并且消耗点击，广告联盟挣取佣金。比较有名的广告联盟有搜狗、百度以及淘宝联盟（阿里妈妈）等。

三、制作广告

广告的目标和广告位的类型决定了广告内容的表现形式。不同的广告位的尺寸不同，制作广告图片应是在选定了广告位之后进行的。

在广告制作方面，不管是自己做还是请人做，都要先弄清楚广告的卖点，没有人比卖家更了解自己的产品。一个好的卖点和有冲击力的表现形式，可以吸引更多的顾客。

此外，一些卖家推荐使用阿里妈妈的广告招牌在线制作动态广告。使用方法比较简单：登录阿里妈妈网站后，单击“广告牌DIY”选项。此后进入了广告牌合成器，可以使用模板制作也可以自己设计。

还有一种更简单的图片广告牌制作方式：“我拉网”免费广告牌制作。

具体使用方法也很容易掌握：打开“我拉网”，选择“BANNER免费制作”选项。先选择广告牌的规格，再选择一种模板，单击“点这里开始制作”按钮，就可以开始设计了。在演示图下方，根据需要输入文字提交即可生成广告牌，超级简单和实用。制作好后可以下载图片，还提供源代码，方便粘贴。

四、广告投放

对于刚开始尝试投放广告的卖家，建议先从阿里妈妈网站的自助推广做起。

阿里妈妈网站把广告位当成了商品来出售。在这里买广告位就像买商品一样地简单，并且有担保交易，有评价权，还可以参考别的投放过广告的掌柜的评价，以此判断广告位的价值。

阿里妈妈自助推广的流程如下：

登录“我的淘宝”—“我是卖家”—“营销中心”—“我要推广”—“阿里妈妈推广”页面。单击“马上进入”按钮后就到了阿里妈妈自助推广的页面，默认显示的是包时广告的资源页面。单击“自助推广”选项。

五、创建点击广告

1. 新建广告

（1）标题：即广告词，是广告文字部分最抢眼、最容易吸引视线的部分。

（2）内容描述：对标题的进一步补充。

（3）目标网址：即广告链接地址。

（4）显示网址：显示在广告内容后的网址，也可以是文字。

2. 选择广告组

在原有的广告组中选择已经创建好的广告进行投放。

3. 目标群体的设定

投放地域：单击“选择地域”按钮后，可以选择“投放在所有的地区”选项，也可以选择“投放在指定省市地区”选项。如果要指定投放地域，只需在左侧的对话框中选中地域名，再单击“增加”按钮就完成了对这个地域的添加。未被选择的广告将不投放。

最期望投放的频道：选择最期望投放的频道，可以使你的广告目标更为集中。

关键字：关键字能有效提高广告覆盖的精准度。关键词是用来为你推荐适合的广告位的，这是广告类目之外的内容，有助于提供比较精准的匹配度。可以根据自己的需求，设定区域、客户类型或喜好等。

4. 预算

广告预算，就是你打算用在广告投放上的费用，即在多长时间之内你愿意花多少钱来购买广告。

按点击量计费，你需要明确计划投放的广告费用总额和单天被点击的次数之间的关系。

费用=点击次数×单次点击价格。

如果单天的点击达到你设定的数量，当天系统会自动停止投放广告，第二天继续。如果累积费用超过了设定的总限额，系统会自动停止投放，保证预算不超支。

例如：你选择了一个单次点击价格为0.50元的广告位，设定了广告费用总额为10000元，单天点击限量为1000次。那么一天之内，当这个广告的点击此次数达到1000次时，这个广告会自动停止投放，第二天再继续重新计算。如果20天内，每天的广告点击都达到1000次，那么20天后，你的广告投放完毕，就会自动停止。

填写完毕后单击“下一步”按钮，计划就创建成功了。

如果余额不足，进行充值后广告即可开始投放。

要查看正在投放的广告计划，只需要回到“我的阿里妈妈”—“广告主”—“广告计划管理”—“按点击计费广告”页面中即可看到投放的进程，这里可以对投放计划进行暂停或修改数据。

创建包时广告的流程如下。

登录阿里妈妈网站，在“自助推广”中选择“挑选合适的广告位”。在这里，广告就成了商品，广告主就是买家，你要做的就是选择适合的广告位并买下。

可通过广告位分类快速找到合意的广告位。每个广告位的尺寸、价格和日均访问量在你点开网页后可以看到更为详细的数据，这些数据对选择广告位非常有参考价值。

这里最具有参考价值的莫过于“该广告位数据信息走势图”，你在这个图中不仅可以看到近期的流量，还可以看到“千人访问成本”。“千人访问成本”也就是钻石展位中的CPM，这个数值越低越有价值。

选好广告位和购买时间后单击“购买”按钮，再选择广告牌及广告组，确认付款后就购买成功了。

包时广告计划管理步骤如下。

登录阿里妈妈后，在“我的阿里妈妈”—“广告主”，—“广告计划管理”—“按市场计费广告”中可以看到已经创建成功的计划，可以通过“更改”按钮来对投放广告组进行修改。

六、效果跟踪和优化投放

广告效果可以从店铺的计数器中分析，也可以直接从广告联盟自带的报表中进行分析。查看数据报表的方法如下。

登录“我的阿里妈妈”—“广告组”—“数据报表”页面。

在广告投放前和投放中，要有一些必要的投放管理与优化。

（1）投放前对创意进行测试，尤其是大型广告投放。如果一个广告位可以按天数购买也可以按周或月购买的时候，建议先投放一两天，效果满意的话再进行周期投放。

（2）在广告投放之初，建立必要的备份方案，以保证在投放效果出现波动时进行替换与弥补。

第108招

通过网络聊天工具进行推广

也许很多网店新手们，都在为自己的网店没有浏览量而发愁，说实话，现在网店竞争日益激烈，要是没有好的方法，网店经营起来还真的会很头疼，这里介绍一个好方法，你会发现网店浏览量的提高真的很简单。

有一招是很有效的。那就是利用网络聊天工具来宣传，简单明了，没有太高的复杂度，而且是完全可行的。

在做这个事情前，需要两个前提条件：

（1）网店空间每天更新可读性比较强的文章或者能吸引人的文章。

（2）网店空间已经有足够数量的资料，要让别人有逛网店空间的欲望。

选择聊天群的时候，有如下几点需要注意：最好是聊天人气比较旺的那些，但不要选择房地产中介类的群，这些群大家都在上面像蜜蜂一样忙着发自己的信息，发完就走，根本就不去留意别人在说什么。建议选择一些家庭主妇的聊天群，这类群比较喜欢聊网购一类的事情，你可以利用这个机会推销自己的商品。到底选择什么群，只有自己去体验了。

你可以利用个性签名来给自己的小店做最简短、最有效的广告，这样任何一个找你聊天的人都能一目了然。然后就可以在网络空间上传图片了，把自己的产品上传到空间去，这样可以使跟你聊天的人方便参观你的小店了。

第七章

网店商品发货的省钱妙招

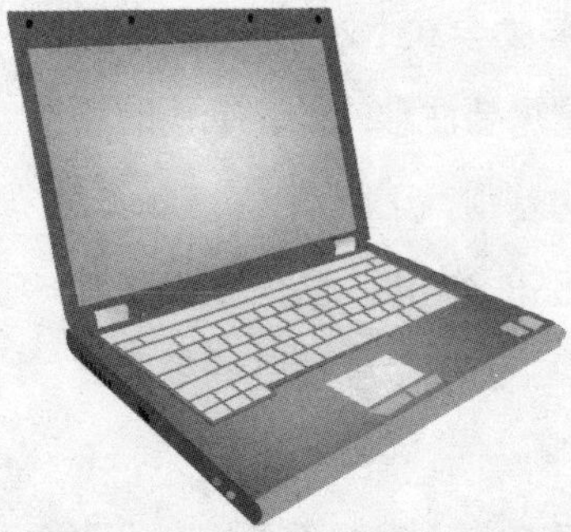

第109招

在哪里购买纸箱

自制纸箱是一个省钱的好办法，但当生意越来越好，销量逐渐增大时，已经不大会有时间自己做了，除非是特殊尺寸的商品，一时找不到规格合适的纸箱。其实，很多店主在开店之初就一直使用网上出售的邮政纸箱发货，方便又正规，毕竟外包装也是代表店铺形象的一个方面。

大多数人以为邮政纸箱只在邮局有卖，那种纸箱一般是用白色或绿色钙塑板制作的，价格有些偏高。其实为了控制成本，赚取更多的利润，卖家们通常在网上购买纸箱。

网上出售的邮政纸箱一般是三层或五层瓦楞纸制作的，不同的型号有相应的规格尺寸及厚度，在使用上和邮局出售的差别不大，但是价格差异却很明显。有的卖家还提供在纸箱上印刷店铺名称、网址、标志及联系方式等服务。在这个追求个性的年代，使用体现店铺独一无二文化的纸箱，有利于提高店铺的整体形象，还能给顾客以深刻的印象。

花50元在淘宝网上买纸箱，完全能产生传统购物模式下200元左右的消费效果，所以还是选择在网上购买纸箱合算。但是需要注意的是，纸箱的销售价格相差较大，这是因为纸箱所用纸板有厚薄的差别，正所谓一分钱一分货，太薄的纸箱肯定不够结实，难以起到保护商品的作用，还有可能在邮局交寄时遇到麻烦，甚至被拒收。所以在购买时，选择厚度适宜的纸箱比较好。

纸箱的型号和种类繁多，网上出售的商品更是多如牛毛。不同的商品当然不能塞进同样型号的箱子邮寄。在保证货物安全的前提下，只要能放下，纸箱就不要选择大的，因为纸箱大了，价格就贵，大纸箱的重量自然也会有所增加，邮费也会随之上涨。所以还是那句话：合适最重要。

我们生活中常见的商品一般在网上都有销售，也能找到适合包装的纸箱，但是也会有部分超大体积的商品无法使用这些纸箱包装。这类商品就需要通过另外的途径寻找合适的纸箱，比如收集家用电器箱子等。家具、电脑、儿童床和家具类商品，都需要更大的纸箱或木箱包装。

第110招

发货纸袋的制作

在发一些体积小的商品时，它的自带包装一般是有厚度的长方体，如果用快递公司提供的纸袋邮寄，怎么放都会鼓起一块来，会影响美观。其实，只需要动手添加一点小东西，再花一点点时间，就可以使商品的外包装看起来漂亮很多。这样的商品，顾客收到后的感觉也大不相同。

下面就教大家用废的纸板条来改装快递纸袋，让它变成符合商品内包装的立体形纸袋。

准备好这些小材料，行动起来一起给快递纸袋来个“大变身”吧。

先裁三条纸板条，其中两条的长和纸袋的宽一样，一条和纸袋的长度相等，分别贴上双面胶。撕开双面胶，把纸板分别粘在纸袋相应的边上，用手按紧。用封箱胶带粘好袋底部的两个角，纸袋就变成立体的了。放进准备寄出的物品。用封箱胶带粘好封口，改装后的纸袋就完成了。

第111招

使用打折邮票

为了赚钱，卖家们简直使出了浑身解数，光是在包装上节省费用还是远远不够的，我们还要继续“抠门”、继续省。邮局那里，可是交钱收货，概不赊账的。如果想省钱的话，先要了解政策，再琢磨对策。

使用打折邮票就是一种省钱的变通方法。精通邮寄的卖家告诉我们，对于邮政部门来说，邮票就相当于代金券，除了特快专递的邮资和包裹的保价费用不能使用邮票支付外，其他的包裹、挂号信、印刷品等都是可以贴上邮票交寄的。

有些卖家说他们那里的邮局不允许贴邮票邮寄包裹，其实，国家邮政总局是允许贴票交寄的。一般大城市的邮局都允许寄包裹时使用邮票来支付邮资，只需在交寄时告诉工作人员这件包裹不付现金而是贴邮票就可以了。

第112招

巧妙组合邮票面值

“打折邮票”顾名思义，就是以低于票面价值的价格买到的邮票。网上有很多出售打折邮票的卖家，不同的面值有不同的折扣，因为折扣不同，邮票面值的组合就变成了一个很有意思的智力组合游戏，当然对于一些数学不太好的卖家们来说，组合最佳票面简直是个苦差事。

邮寄包裹都是按千克计算的，每个包裹都要收取3元的挂号费。这样一来，寄一个包裹，邮资肯定在3元以上，不同面值的邮票组合，会产生不同的邮寄成本。有时候看似多贴了一毛两毛的邮票，其实却省了更多，这就是“游戏”里最具挑战的地方，看你如何开动脑筋运用智慧了。

邮票面值越大，折扣越多。如果邮寄一个包裹，邮资是4.2元，付现金就是4.2元，少一分都不行。但贴邮票交寄的话，就会有几种组合的产生，而每一种组合所产生的成本又会不一样。

票面金额：2.00 + 2.00 + 0.20 = 4.20（元）　所需成本：1.08+1.08 + 0.16 = 2.32（元）

票面金额：1.00 + 3.00 + 0.20 = 4.20（元）　所需成本：0.77 + 1.65 + 0.16 = 2.58（元）

票面金额：3.70 + 0.50 = 4.30（元）所需成本：2.15+0.36=2.51（元）

票面金额：2.80 + 1.50 = 4.30（元）所需成本：1.44+0.80=2.24（元）

由此可见，第3种票面组合，虽然比第2种多贴了一毛钱的邮票，但是购买邮票的成本却比它少；而第4种票面组合，也是4.30元的面值，多贴了一毛，但购买成本却最少。试想，如果你是每天发货量不小的卖家，仅此一项所带来的节余是不是很可观呢？钱，就是这样省出来的。

发往不同地方的包裹会产生不同的邮资，不同的票面组合又会产生不同的成本。如果每天发10个这样的包裹，就省下近20块钱，长此以往，省下的钱可是一笔不小的数目。热爱数学的卖家可以多尝试这种组合游戏，省钱的同时还刺激了脑细胞，说不定还能琢磨出更省钱的组合呢。

第113招

巧省打包辅料

通过上面的讲解和实践，许多卖家都快成了“省钱专家”了。那么包装、邮资都省了，是不是就算成功了？不，“省钱”的技术远不止这些，你也许没意识到，打包也会产生费用，日积月累，也是一笔不小的开支。所以，我们还要乘胜追击，务必将每一笔多余支出都一一“扼杀在萌芽中”。

一、购买便宜包裹单

普通快速包裹单在邮局购买是0.5元一张，网上的价格是0.3元一张，便宜的还有卖0.25元一张的。邮局出售的特快专递包裹单是1元一张，而网上售价才0.6元一张。

二、自备封箱胶带

很多卖家说寄包裹时邮局收了他们一至两元的包装费，其实就是封箱胶带的费用。如果我们自备封箱胶带的话，这个钱是不是又可以省了？卖家们并不是一掷千金的富豪，生意竞争越来越激烈，不在微薄的利润下省钱，就在大手大脚的浪费中关门。所以，能省则省吧。

三、别忘了气泡膜

一般出售纸箱的店铺同时也出售气泡膜，气泡膜按米计价，购买纸箱时可以一并购买，不用单独支付这部分的邮费。邮寄易碎和怕挤压的物品时气泡膜就派上用场了，最好先使用它们包裹一层，再放入其他的填充物，这样可以达到更好的保护效果。

四、实用又不花钱的填充物

这东西不用花钱买，像旧报纸、塑料袋、废纸板、硬泡沫边角料等都可以作为填充物。以效果好、分量轻为选择原则。虽然这些东西不用花钱买，但邮寄时它们的重量也是要算在邮资里面的，要是超重的话，又要从我们口袋里滑出去几个铜板了，刚刚辛辛苦苦省回来的银子，还没捂热就和我们说再见了，这种情况大家一定要避免。

第114招

省钱的打包方法

我们要将“省钱大法”修炼到极致，在备齐了便宜纸箱，打折邮票后，该着手准备打包了。这可是卖家应熟练掌握的一项技能。正确的打包方法能够最大限度地保护我们的货物不被损坏，也就避免了赔钱的悲剧，所以大家要勤学苦练，不要让隐患出现在我们自己手上。

先把适合包装货物的纸箱底部用封箱胶带仔细粘好，然后把我们需要邮寄的货物放进纸箱测试一下，看是否还有放置填充物的空间。在纸箱和货物之间的空隙塞上报纸、海绵之类的物品，目的是给我们的货物多增加一层保护，不让货物在里面晃动，这样损坏的可能就会大大降低，也就意味着增加了货物的安全指数。

记得报纸要捏成团，疏松而留有空间，这样才能起到缓冲的作用。切记不要把报纸平铺在箱子里，这样很难起到保护的作用。

接下来，我们要把纸箱的几个角上有缝的地方都用封箱胶带粘起来，主要是防止运输途中由于别人包裹里面的液体泄漏，渗透到我们的包裹里。这就要求我们打包得密实一点，不用过多考虑顾客拆包裹时会有多费劲，商品能否安全到达目的地才是我们应该关心的问题。

如果是到邮局发货的话，请记住一定要留出一边暂时不要封口。因为到邮局交寄的时候，工作人员是要开箱检查的，要是“不幸”忘记了这么一回事把包裹封得严严实实的，到了邮局就得麻烦你怎么封上怎么拆了。因为“绿衣天使”们要过目后才能放行，这么一折腾既浪费时间又浪费体力。所以，千万要记住这一点。

第115招

自己计算运费，方便又实惠

在网店的经营过程中，邮寄发货会需要一定的费用，如何节省费用呢？需要店主对以下的这些邮寄费用计算了然于心。

一、平邮基本的费用

平邮最基本的就是挂号费3元和邮单0.5元。这是还没有邮寄就要交给邮局的钱。如果你用的是箱子，还要打个包装带，邮局的说法就是打个包装，根据箱子的大小包装带的费用是1至3元不等。接下来就是称重，每500克根据城市距离的不同为0.5至2.5元不等，同城为0.3元，所以交易前一定要问买家的具体收货地点。其他就是包装费用或箱子的费用了。

怎样给你的商品定运费呢？要先看你的商品是什么样的物品。如果是衣服之类不怕压、不怕坏的东西，根据商品本身的重量算邮费就可以了，如果你的商品是塑料、玻璃等怕摔的东西，就要注意了。千万不要以商品的实际重量定邮费。要把您所要承担的包装的费用也算在内，比如，箱子根据大小在200克到500克之间，塑料泡沫根据您估计的重量计算。 如果您还要垫报纸，就要注意报纸也是有重量的，这点一定要格外留心。

二、快递的费用计算

快递是很便利而又快捷的发货方式。适用于同城交易，这样比较划算。基本费用在五至十元。

与外地买家交易的快递费根据城市距离的不同，为每1000克10至15元不等（有的快递公司是以每500克计算的）。注意一定要弄清楚快递是否能到买家的收货地。很多偏远的地方是快递不能到达的。这样会给你和你的买家带来不必要的麻烦。如果是不能到的地方，建议你使用邮政快递（也就是快邮）一般七天内就能到。

如何计算大件物品的快递费：如果你的商品不是衣物之类的小件物品，而是像电脑、旅行箱之类的物品，那就要注意了。大件物品的快递并不是按物品的实际重量计算的，而是按体积计算的，且不是按照物品本身的体积计算，而是按照物品的包装箱体积计算的。计算方式为长乘宽乘高除以6000来计算的。如果你的包装箱够30厘米时，一般快递公司就会根据这个计算方式来计算了。

快递公司也是很精明的，如果你商品的实际重量大于体积重量时，就按实际重量计算，也就是哪个计算方法算出来的贵就是最终的计算方式。

第116招

怎样选择快递公司

网上开店，选择快递公司一定要慎重。如何选择一家既省心又省钱的快递公司，一直成为很多卖家关注的焦点。快递公司竞争非常激烈，但也有鱼龙混杂之辈，总是因为这样那样问题给大家带来很多的不便和困扰。那么选择快递公司该注意些什么问题呢？

一、价格问题

每个快递公司，每个区域，都有一个负责收件的快递员。直接跟他谈价格，告诉他，你的店铺才开业，初期业务会很少，慢慢会增多，想找一家长期合作的快递公司。接件的业务员一般都是按照件数或者业务金额提成的，所以态度也都不错。这样他为了揽下你这个潜在的大客户会给你一个他的价格底线。

二、运送速度

卖家不要一味追求价格低廉的快递公司，而忽视了运送速度问题。要保证运送速度，卖家尽量多找几家快递公司，先从大公司下手，最后在多方面比较下再决定选用哪个。因为全国各地每个地方都不同，他们的网点都是独立核算的，所以服务态度、质量、速度都参差不齐。

三、安全是否有保障

不管用什么运输方式，都要考虑安全方面的问题。因为我们不管是买方或是卖方，都希望通过一种很安全的方式把货物送到顾客手上。如果安全性不能保证，那么一连串的问题可能会来影响你；如果运输出了问题，比如商品中途丢失了，或者运到客人那里时破损了，等等。这一系列的问题都将困扰着你。所以在选择快递公司的时候，一定要选择一个安全性较高的公司进行合作。

四、诚信

做什么都需要讲诚信，那么用快递公司时这一环节也是很重要的。如果你是一个诚信度很高的掌柜，那么你的诚信一定会为你带来不少生意。选择快递公司也是一样的，诚信度高的能够让你更有安全保障，能让买卖双方都放心。

五、人员素质

在考虑了快递公司的各种硬件设施之后，也要注意看看快递员的个人素质。因为快件是需要快递员直接经手的，如果快递员的个人素质不高，或者道德有问题，那很可能导致贵重物品的丢失、钱财的丢失等问题，这会直接影响店铺的声誉。

第117招

降低快递费用的妙招

通过快递公司发送货物是网上店铺发货的首选方式，这主要是因为他们费用不高，服务较为方便周到，送货比较及时的特点。运费的高低也是制约卖家的商品成交可能性的一个因素。如果两个卖家的商品相同，而运费有差别，买家当然会更倾向选择运费低的那一个卖家。

因此，卖家如果能够选择一个费用较低的运输方式发货，吸引买家，就可以增加店铺的收入了。如何才能降低快递的费用呢，这里为各位卖家支几个妙招。

一、咨询朋友

对于新开店的卖家来说，还没有与快递公司合作的经验。因此，你就要多方咨询，了解大概情况后，再选择最合适的快递公司。如果你认识有经常发快递的朋友，那么提前先和他们打听一下快递的价格。

二、讨价还价

如果你在与某家快递公司合作过程中，感觉这家有点贵了，你可以直接给快递公司打电话。你可以这样说："我用过某某公司的快递，他们的价格比您的价格要便宜一些，您是否能给我再便宜一些呢？"如果对方不能马上答应你，你可以接着说："因为我感觉您的公司网点比较多，而且服务态度也不错，所以想以后在您这儿长期发货。"这时，快递公司的人员一般会给你一些让步。

三、直接联系快递人员

很多快递公司都是快递人员说了算的，所以你可以直接和快递人员谈价格，更有保证。但是在与快递人员沟通中，态度一定要好。这里有一个前提，那就是你要有快递人员的联系方式。

你可以在网上查找快递公司，然后记下你所在城市的网点的电话，接下来再一个个打电话，把负责你所在区的快递人员的电话记下来。这些事虽然相当烦琐，但对于节省快递费用，确实很有效。

四、建立长期的合作关系

由于这些快递公司大多是民营企业，且竞争日趋激烈，价格弹性大。如果发货量比较大，商家可以选择一个较为可靠的快递公司建立长期的合作关系，以享受更低的协议价格。比较大的快递公司都有自己的网站，卖家和买家可以根据快递的发货单号在网站上查询货物的运输情况。争取和一家快递公司长期合作，这样可以把快递费用降下来。

五、与朋友合作

我们都知道如果想取得更多的快递费用的优惠，最好的办法就是加大你的销售量。对于新开店铺来说，刚开始销量可能不大，但是你可以与朋友合作。比如你有三个同在深圳的朋友，那么你们就可以互相留下电话，当其中一个与哪家快递公司合作比较愉快时，可以顺便将其他两位也介绍给这家快递公司。这样，三个人的订单加在一起，快递公司自然就可以给你们一些优惠了。利用网络，在网上下订单也可以适当减少一些快递费用。

第118招

向国外发货的省钱秘诀

在网上开店偶尔会遇到国外买家，下面介绍一下向国外发货省钱的秘诀和注意事项。国际货运包括快递、空运和海运。从价格方面来说，海运是最便宜的，运费一般按照体积来计算。以发到英国为例，有的每立方米50美元，有的25美元，需要注意的是，海运不仅要收取运费，还要收取报关费、装箱费，甚至拆箱费等。空运到英国一般要每千克30元（人民币）左右，这个价格一般都比快递便宜，不过如果你的货物体积很大的话，它就按体积来算了。

从速度方面来说，海运是最慢的，一般到英国要20天左右，要是选择快船的话，费用会高一些。空运和快递的速度差不多，在不用转到另外一个城市的情况下，到英国一般也就五天左右的时间。

其中比较常用的EMS（中国邮政特快专递服务）国际快递是按照货物重量（实重）来收费的，而DHL（中外运敦豪）、FedEx（联邦快递）、UPS（联合包裹速递服务）国际快递等是按照实重与体积（长×宽×高/6000）相比，哪个重就按哪个来收费的。

空运是不送货上门的，快递是送货上门的。

那国际快递省钱的秘诀又有哪些呢？

（1）EMS国际快递并非一定要收首重的。在有的城市，只要一件货超过了10千克，就不需要收首重了。

（2）DHL、UPS每千克的收费都要比EMS打折后每千克的收费低不少。比如寄到英国，一般EMS折后每千克要70元左右，而DHL最便宜的每千克45元。所以，如果寄重的而体积小的东西，就用DHL、UPS等发货。如果寄轻的而体积大的东西，可以选择EMS发货。

（3）发货不能直接找EMS、DHL。因为针对小客户，它们是不会打折或打很多的折扣的。要找它们的代理公司帮你发货，这样你就可以节省一些成本了。

（4）EMS国际快递给代理公司的折扣一般在年初比较低，而到了年尾会比较高，这个规律经常会在一些还没有到年尾就已经超额完成任务的城市得以充分体现。比如现在广州的EMS一般只能打4.8折、4.5折，最低也只是4.2折。如果你接受不了这个价格，有些EMS代理公司会帮你把货物拉到另外一个城市去发，虽然时间会延迟两三天，但价格却优惠不少。

（5）发EMS国际快递可以用自己的纸箱，还可以用比EMS最大的专用纸箱还要大的纸箱。如果用的箱子小，导致货物要装很多箱的话，就要被收多几次首重了，因为每一个箱子是要算一次首重的，除非你能找到不需要首重的EMS代理公司或你的货物能达到一定的量。

（6）发国际快递不能一次发太多货，否则很容易被目的地国的海关确认为商品，从而征收关税。虽然有过一些大宗货物没有被查的案例，但那只是偶然，不能有这种投机取巧的心理。如果货很多，你可以参照以下两种方法来安排发货：一是想办法让对方多找几个到达城市的市内地址（最好相隔不远）来发货，分别发到同一个城市的不同地址；二是把货物分几天发，一天发一些，一般一次是两大箱左右。

第119招

大件物品的打包

大件商品因为本身体积或重量的问题，一般都需要用特殊制作的纸箱子来包装，好在很多商品供应商都会给你提供包装箱，比如家用电器、家具等。但不论是专门的包装还是自己制作的包装，因为大件商品有可能走的是公路或铁路的物流运输路线，大箱子很有可能被压在众多箱子的最下面，或成为搬运工的垫脚石。所以对包装的要求还是很高的，够厚够结实、密封良好是最重要的。

下面我们以漆器为例，看看大件商品应该如何正确地打包。

（1）用气泡膜或薄海绵包住整个商品。因为这件物品为分体式，所以一定要用胶带将上下两部分粘上固定，避免物品在箱子里晃动。

（2）准备好纸箱，将底部用硬的塑料泡沫垫上。

（3）小心地将商品放入纸箱，并用较厚的海绵垫或塑料泡沫插入商品四周有空隙的地方，作为缓冲。

（4）四周以及边角用塑料泡沫垫卡死，避免物品在纸箱内晃动，发生碰撞。

（5）顶部也用海绵垫或塑料泡沫垫上，因为在运输过程中，一般你的箱子上面会压上其他箱子。

（6）封上纸箱，有条件的用打包带打好外包装，便于安全搬运。

需要注意的是：有些特别贵重的商品必须用木箱包装。在委托物流公司或货运公司送货的时候，如果是保价额度高的商品，他们首先会开箱检查货物是否完好无损，然后会要求使用木箱包装。你也可以到货运公司定做木箱，不过这可是需要另外支付费用的。

还有一点是我们必须知道的，就是在外包装没有明显损坏的情况下，如果里面的货物损坏了，物流或货运公司不会承担任何责任。最好是每件商品都保价，谁也不想商品出任何差错；即使有保险，但是来回运输的麻烦以及买家和卖家之间由此产生的矛盾都是不可避免的。

第八章

网店的资金账目管理

第120招

投资网店的预算很重要

经过市场调查和市场需求预测之后，网店店主对于网店的店铺规模、经营商品类型、市场需求现状及未来发展趋势等方面都已经有了大致的了解。接下来就应该进行投资数额的预算了，以便顺利进行筹资和资金安排。

投资预算的工作是一定要具体落实的，因为它对于避免创建网店过程中的资金不足或资金闲置有着十分重要的意义。投资预算通常要有根有据，且要显示在业务表上。通过预算，可以让网店店主大致了解多长时间能够收回自己的投资，以及这笔投资大概能赚取多大的利润。

一般来说，开一家网店的投资预算需要包括以下几个部分：

一、预算初期费用

初期费用包括用于会计核算、法律事务以及前期市场开发的费用，还有一些电话费、交通费之类的管理费用。

二、预算负现金流量

通常很少有哪家新开的网店能够在一开始就达到营业损益平衡。一般要经过六至八个月才可能有利可图。在此期间，网店就会遇到负现金流量的情况，这就需要用投资来达到收支平衡。

三、预算劳动力成本

无论是网店店主本人经营，还是雇用他人负责经营，都需要付出一定的报酬，这就是劳动力成本。预算劳动力成本时，可以按不同人员的工资标准乘以人数来估算。各类人员的工资水平，在各劳动力市场都有平均工资标准可供参考。

四、意外损失基金

在为新店筹划时，难免会有意想不到的开支。为了应付这些意外的费用开支，新开的网店需要有可以动用的准备金。

五、预算运营费用

运营费用包括营销费用、广告费用、培训员工费用等。除此之外，还应该考虑不可预见状况的准备金。

一般来讲，需要准备比上述资金预算更为宽裕的资金，才能在发生意外成本时从容不迫地应付。从资金筹备来说，如果你的资金有限，那么你就必须对网店的规模、档次，进货的数额，及从筹建到正常运作的时间等进行一定程度上的严格控制，尽量避免浪费资金和时间。

第121招

对经营成本进行详细分析

了解需要预算的项目之后，就要对开店的经营成本进行具体细致的分析和预算，它包括商品采购费、工资福利费、修缮费、其他费用等多个方面。

一、商品采购费

它包括生产经营过程中通过多种渠道采购商品的费用，它在网店创建初期的经营成本中占有很大的比重。估算中，可以事先列出需购商品的清单，将每种商品的单价乘以预算时间段内的采购量，从而得出需投资的金额。其中，还应包括估算出的运输费用。

二、工资福利费

如果网店由店主一人运营，这一点就可以不用计算了，不过如果店主雇人经营网店，那就要好好算一算这笔用在工资上的预算。工资包括采购、财务、管理协调人员和客服人员等所有相关人员的工资、奖金、津贴和补贴等费用。按店铺定员人数乘以各类人员年工资标准得到估算数。员工福利费可按工资总额乘以一定的比例进行估算，主要用于医药费或医疗保险、员工困难补助以及其他福利性开支等。

三、修缮费

它包括店铺所属范围内所发生的修缮费用。一般按照同等规模店铺同类费用的支出数目进行估算，也可以根据个人经验进行大致的判断。

四、其他费用

此类费用一般包括管理费用和销售费用中的办公费、差旅费、运输费、保险费、员工教育经费、咨询费、业务招待费、坏账损失和在成本费用中列支的租赁费（非融资租赁）、广告费、销售服务费用等。

由以上各项费用累计计算出的费用总和，即可估算出计划期限内的经营成本。这里的计划期限一般可设定为一年，如果以采购费用为主进行估算，则可再短一些，如半年、一个季度等。

第122招

预算网店的管理费用

网店的管理费用指的是，网店店主为了组织和管理网店的各项经营活动而产生的各种费用。管理费用属于期间费用，在发生的当期就计入当期的损益。要想让自己的网店赚钱，那么开店之前就必须对管理费用进行一番估算。

管理费用主要包括以下几个方面的内容：

一、网店硬件设施设备费用

（1）仓储运输费：仓库或经营过程运输费用。

（2）办公费用：网店的办公设备以及办公用品费用、快递费用、电话费用等。

二、人员管理及运营费用

（1）员工薪资：根据地区不同收入的状况来定。

（2）员工福利及提成：根据店铺收益情况及地区收入状况以及激励制度来定。

（3）促销费用：店铺为了吸引顾客，刺激消费而举办的一系列优惠活动所花费的费用。一般按营业百分点来核算。

三、投资方面的费用

（1）品牌保证金：品牌商大多收取不等的保证金，合同到期一般都可返还给你，在一定信用额度内可短期抵作货款使用。签署合作合同的时候，关注此保证金的有关条款，并索取收据。

（2）加盟金：有些品牌商会收取金额不等的加盟金，关注了解加盟金的支付细节，合同续约是否还需要支付费用等。

（3）首批货款：根据店铺面积提供的首批铺场货款，要了解店铺与商品结构的关系，在能保证品牌商品风格完整性、保证满足销售的同时降低库存风险。

（4）其他费用：包括市场考察费用、促销礼品等，可以作个记录，每年做个汇总，大致摊入每月或者核算出占年营业额的比例。

在网店的实际经营过程中，还会产生许多你无法预计的支出。网店的支出是必需的，但支出多少是需要控制的，不能不把小钱看在眼里，店主一定要记住“积少成多”的道理。

第123招

预算网店每月支出的费用

为配合网店运营的合理化及资金的合理运用，网店经营者对店铺每个月的支出费用也有必要做出细致的估算。这部分费用多为固定消耗，无论生意是否有盈利都得支出。因此，店主要详细估算每月的费用，做到心中有数。并且，在不影响店铺正常营业的情况下，要尽量节约这部分开支。

店铺每月的支出的费用一般包括以下三个方面：

一、人员管理费用

管理费用是指为组织和管理生产经营活动而发生的各项费用。管理费用属于期间费用。对店铺来说，一般包括薪金、津贴、加班费、资金、退职准备金、福利等。这部分费用可根据当地的收入水平及店铺的人员数量情况来估算。

二、维持费用

为了维持网店的正常运营所消耗的费用，如进货款、事务费、杂项费等。进货款根据店铺的产品销售情况来估算，事务费、杂项费根据店铺的具体情况来估算。

三、变动费用

从网店的角度考虑，变动费用多指网店为了刺激消费者的购买需求而举办一系列促销活动所花费的费用。一般包括广告宣传费、包装费、盘损等。这部分费用根据店铺的经营情况、促销活动的大小、收入情况来估算。

第124招

核算开店需要的资金额

开店之前，必须筹集一定数额的开店资金，作为实现经营范围的经济基础。

网店创办者可以利用自有资金，也可以通过向银行或金融机构借贷的办法来获得开办资金。这笔资金的多少可视网店的规模与种类而定，这里我们就介绍一种确定网店筹资规模的方法，即实际核算法。

它就是在新店投资需要基本确定的情况下，根据实际投资的需要核算需要筹措的资金额的方法。它的特点是简单而精确，但需要有详尽、可靠的基础资料。它的一般步骤有以下五步：

一、确定投资的规模

投资规模是指一定时期内商家在固定资产再生产活动中投入的以货币形态表现的物化劳动和活劳动的总量。对于新开网店的店主来说，投资规模要根据先消费后投资的顺序来确定，投资规模适度。

二、核算需要筹措的资金总额

新开网店的投资额一般不等于网店筹资额，因为可能存在本期投资但上期已经筹措到的资金，以及下期投资但需本期筹资的项目。要防止出现各种意外情况，就要使所筹资金比所投资的资金多。因此网店创办者可通过分项汇总的方法来核算筹资总额。

三、计算网店内部资金筹措额

计算内部资金的筹措额。根据自己所拥有的资金，估算出内部资金的数额。根据筹资的具体情况进行修正，必须具体情况具体分析。

四、确定筹资规模

用筹资总额减去新店内部资金筹措额，即可确定新店筹资规模。也可根据实际情况决定是选择合伙人还是银行贷款。

五、根据网店筹资的评价准则进行修正

决定开店时就要清楚所开网店的标准，然后根据筹资情况再进行修正。如果筹资充分，店铺标准可以按照计划进行，如果有需要也可提高准则进行修正。如果筹资计划没能完全实现，只好降低店铺的标准进行修正了。

第125招

确定网店的融资规模

融资规模是指中小店铺在一定时间段内融资的总量。业内专家建议，在筹集资金开店时，首先要确定的便是店铺的融资规模。筹资过多可能造成资金闲置浪费、增加融资成本，或者可能导致店铺负债过多，偿还困难、增加经营风险。而筹资不足，又会影响店铺投、融资计划及其他业务的正常开展。

因此网店在融资决策之初，要根据店铺对资金的需要、店铺自身的实际条件以及融资的难易程度和成本情况，量力而行地确定店铺合理的融资规模。一般来说，确定店铺融资的规模有以下几个要素：

一、根据成本融资

为什么融资，融资总收益、总成本是多少？只有当总收益大于总成本时，才去融资。融资成本从小到大的顺序为：财政拨款、商业信用、银行贷款、发行债券、发行股票。

二、选准融资时机

从内部看，要选准经营、开发与发展的关键时机，配合以适度、及时的资金到位。从外部看，要抓住银行等融资机构出台最新金融产品、改善店铺融资环境的良好时机，全力跟进，走在同行的前边。

三、控制好责、权、利

融资中常会使所有权、控制权有所丧失，而引起利润分流，使店铺利益受损。如专利技术公开、投资折股、上下游重要客户暴露、店铺内部隐私被泄露等，这些都会影响网店的稳定与发展。

要在保证对店铺相当控制力的前提下，既要达到融资目的，又要有序让渡所有权。

四、市场占有率

扩大规模、占有市场是店铺融资的主要目的，要考虑资金用于哪个产品的扩产、增销上，将为店铺带来多大的市场份额，带来多少整体利益。同时，还要考虑能否争取到其他资金，进入资金市场，运用多种资金和资源，两个市场通盘决策，达到互补效应。

五、清醒认识风险性

网店在融资时，应选择风险较小的融资方式，运用可控制风险的融资手段。如已知风险足够大时，要有更大的融资收益作为保证，并要清醒、准确地认识到融资项目的风险性。

融资过多或过少都不合适。筹资不足，影响业务，缺乏产品实力，相对增加了成本。因此，在融资规模上，网店店主一定要切记八个字：量力而行，综合决策。

第126招

精打细算投资的四个方略

精打细算与节约俭省是做生意必备的两个要诀。如果在开店初期大肆挥霍，很可能造成资金不足，或使筹资规模迫不得已扩大。这样就增加了大量成本，使网店将来的获利相对减少。但也不能矫枉过正，一味追求降低成本，结果筹资不足，反而导致将来的经营失败。要做到精打细算，就要从许多细节上入手。

这里为店主介绍精打细算的几个方略：

一、降低筹资成本

1. 利用不同时间

银行利率由国家调控，所以根据政策的不同，在不同时期，国家规定的银行利率也不同。对于银行贷款筹资，则要看准时机，选择利率相对较低的时期，以求得较低的筹资成本。

2. 利用不同空间

贷款的方式很多，除了银行贷款，还可以通过信用社或社会筹集，即债券筹资。不同方式间的利率是不同的，有时甚至不同地区的不同部门利率也不同，经过比较进行合理选择，在利率较低的地区或部门办理贷款。

降低与节约成本的方法还有很多，但要具体情况具体分析，看看选择哪种手段最合理，效果最好。在开店初期，在各个方面都要注意节约，这是为将来更多的获利创造前提。

二、优化精减人员

有些网店在开业初期，老板经常身兼数职，从进货卖货，到当客服，从商品展示到店铺装修等，都自己一人动手。有些行业的店铺，只靠老板一个人是无论如何也照顾不过来的。那么，老板如何雇人、如何充分利用每个员工，就显得非常重要了。

即使以后你的网店规模扩大了，人员增多了，也要尽量做到人尽其才，才尽其用。让每个员工最大限度地发挥其特长和作用，这是降低成本的有效途径。

因此，一个精明的创业者在投资开店之初，一定要精打细算，根据店铺发展的需要来决定其投资。因为开店初期赚钱较难，成本太大，要尽量留够充足的现金作为店铺发展的储备金。

第127招

如何对网店进行损益分析

在开店之前，损益分析及损益平衡点的预估可作为网店规模及经营范围的依据。损益平衡分析法是最为常见的一种方法，它是用于研究成本、销售收入与利润三者关系的一项重要分析方法。一般来说，开店之前，要估算一年或六个月内的损益情况。进行损益分析包含如下内容：

一、营业额预估

其实就是销售预算，结合目前市场、以前年度数据、未来市场的变动等进行预算。主要是确定销售单价与销售数量。也可以考虑在一定的区间里，一定的风险接受范围内进行分析。但是预估只是事前的一种判断，肯定会有偏差。

二、销售成本预估

以半年内计划扩充店数来推估销货成本，举例而言，超市可能因采购能量扩大，销货成本降低几个百分点，另外损耗也会因管理技术的精进而降低，因此店铺应有一个长期毛利率目标，作为努力的基准。

三、管销费用预估

店铺管理销售费用包括开店前的摊销、贷款的利息、保险费用及固定资产折旧费用等。

（1）开店费用摊销，包括开店前一切费用的摊销。

（2）开店成本的利息：含押金利息。

（3）保险费用：依承保金额，计算每月保费。

（4）折旧费用：依税法规定，固定资产有不同的折旧年限，此亦应列入管销费用。

四、管销费用预估

（1）薪资费用，按调薪幅度调整，但须注意薪资在管销费用中所占的比例有限，超过时生产力将出现危机，故薪资水准的管理，和职员、兼职打工的比例须依年度调整，以保持生产力的提高。

（2）促销费用：单店促销费用较高，多店则较低，但促销费用以不超过营业额1.5%为主。

（3）其他费用：如产品折旧、员工培训、差旅、劳保、伙食津贴、员工奖金、电话、交通等费用。

五、损益平衡点销售额预估

损益平衡点销售额是店铺收益与支出相等时的营业额，超过此营业额，店铺即产生盈余，低于此营业额即表示亏损，计算方式如下：

（1）固定费用：将前述每月固定支出项目累加起来，如员工薪资、公用事业水电，电话、房地产成本摊销、固定租金、折旧摊销、押金利息、开店贷款利息、保险费用、会计师签证费用、修缮保养费等。

（2）销货毛利率：即销货毛利占营业收入的百分比。

（3）变动费用：直接营运成本、包装费、广告促销费、计时工资等，会随营业额多寡而变动的项目累加之后占营业额的百分比，称为变动费用率。

（4）损益平衡点销售额=固定费用÷（销货毛利率—变动费用率）。

第128招

做周全的筹资计划

网店的创业资本比实体店少很多。但如果你想一出手就把网店做大，做出规模，资金也是不能少的。这笔资本越充分越好，以免在创办早期因各种不可预测的原因造成资金不够周转。资本越充分越好的原因在于，可以使网店店主开店时游刃有余地应付各项突如其来的支出，但这也并不是要求全部投入。这就需要网店店主制订一个周全的资金筹集计划，为日后店铺一步步发展壮大做好准备。

一个周全的网店筹资计划应该包含以下几个方面的内容：

一、计算回收期

投资回收期就是使累计的经济效益等于最初的投资费用所需的时间，可分为静态投资期和动态投资期。投资回收期的计算方法是将初始投资成本除以因投资产生的预计年均节省数或由此增加的年收入。

二、计算现值和终值

现值就是开始的资金，终值就是最终的资金。

三、计算筹资成本

（1）筹资的含义：网店筹资，是指网店根据其生产经营、对外投资以及调整资本结构等需要，通过一定的渠道，采取适当的方式，获取所需资金的一种行为。

（2）筹资成本的含义：网店筹资成本是指网店因获取和使用资金而付出的代价或费用，它包括筹资费用和资金使用费用两部分。

（3）计算公式：网店筹资总成本＝网店筹资费用＋资金使用费用。

四、计划筹资渠道

筹资渠道主要有：国家财政资金、专业银行信贷资金、非银行金融机构资金、其他企业单位资金、企业留存收益等。

五、计划筹资方式

筹资方式主要有：吸收直接投资、利用留存收益、向银行借款、利用商业信用、融资租赁等。

六、预测筹资数量

（1）筹资数量预测依据：法律依据、规模依据等。

（2）筹资数量预测方法：因素分析法、销售百分比法、线性回归分析法等。

七、进行筹资可行性分析

（1）筹资合理性：合理确定资金需要量，努力提高筹资效果。

（2）筹资及时性：适时取得所筹资金，保证资金投放需要。

（3）筹资节约性：认真选择筹资来源，力求降低筹资成本。

（4）筹资比例性：合理安排资本结构，保持适当偿债能力。

（5）筹资合法性：遵守国家有关法规，维护各方合法权益

（6）筹资效益性：周密研究投资方向，大力提高筹资效果。

（7）筹资风险性：网店的筹资风险是指网店财务风险，即由于借入资金进行负债经营所产生的风险。其影响因素有：经营风险的存在、借入资金利息率水平、负债与资本比率等。

总之，做生意要精打细算，这是再明了不过的事了，而制订详尽的筹资计划对于网店店主而言，不仅可以节省许多不必要的开支，还可以减少开店之初遇到的各种麻烦。若店主在制订筹资计划时能将以上各方面的内容都考虑在内，对网店经营来说会是一个很好的开端。

第129招

筹资的五个要求

筹集资金是一项重要而复杂的工作。网店筹资要研究影响筹资的各种要素，讲求综合经济效益，并按照一定的要求进行。

一、筹资必须有效、及时

筹资的目的是为了保证开店伊始所必需的资金。无论通过什么渠道、采取什么方式来筹集资金，网店店主都应预先确定合理的资金需求量，并制订筹资计划，使资金的筹集量与需求量达到平衡。这样，既能避免因为资金筹集不足而影响创建工作的正常进行，又可以防止资金筹集过多而降低资金的利用率。同时，店主筹资应根据资金的投放时间来合理安排，使资金的筹集和使用在时间上互相衔接，避免超前筹资造成使用前的闲置和浪费，或滞后筹资而坐失良机。

二、提高筹资效益

筹资是为了满足网店创建以及经营初期资金运作的需要。店主只有明确了这一点、安排了资金的用途以后，才能根据需要选择适当的筹资渠道、筹资方式以及筹资数量，避免漫无目的的盲目筹资。

三、选择筹资方式，降低资金成本

资金成本是资金使用者支付给资金所有者的报酬及有关的筹措费用，是对店铺筹资效益的一种预先扣除。不同渠道和方式的筹资其难易程度和资金成本是不一样的。网店店主在筹资时要综合考虑各种筹资渠道和方式，研究各种资金来源的构成情况，选择最优的筹资方式，以降低资金成本，使资金的使用效率最大化。

四、适度负债经营

网店的资本结构一般由自有资本和借入资本构成。自有资本是指网店依法筹集并长期拥有、自由调配使用的资金，包括资本金、资本公积金、盈余公积金和留存利润等。借入资本是指店主依法筹集并依约使用、按期偿还的资金，通常指短期负债和长期负债。自有资本的多少反映了网店的资金实力。但大多数店主不会以自有资本作为唯一的资金来源，而是通过借贷来筹集部分资金。店主在筹集资金时，要科学合理地确定借入资本与自有资本的比例，优化自身的资本结构，适度地负债经营。这样既利用了负债经营的财务杠杆作用，又降低了自身的财务风险，偿债能力也得到了保障。

五、规划筹资方案，认真执行筹资合同

在筹资过程中，首先必须进行筹资成本和投资效益可行性的研究，拟订筹资方案。对筹资时间应选择有利的时机，既要与用资时间相衔接，又要看资金市场的供应能力。在具体操作时，筹资者与出资者应按照法定手续认真签订合同、协议或制定章程，明确各方的责任和权利。此后，必须按照筹资章程、筹资方案和合同规定执行，恰当支付投资者报酬，按期偿还借款。这也是维护自身信誉的必要保障。

第130招

高效稳健的筹资渠道

这是一个讲究效率的时代，那么在开店筹资的过程中怎样才能在短时间内筹措到更多的资金呢？作为店主，应坚持以下几个原则，力求做到稳健、高效。

一、筹、融资方式、数量要合理

网店筹集资金，必须有一个合理数量，不能宽打窄用，要精打细算，合理预算资金需求量。筹措不足会影响商店生产经营活动的正常进行，筹措过多会造成不必要的资金浪费，只有筹措适当才能促进商店的发展。

二、筹、融资期限要合理

商店融资用于引进新货，相应地会出现新的销售周期，这个周期的长短反过来制约着借款期限长短的选择。具体来讲应结合投资期、盈利期和还款期来考虑所筹资金期限以及资金期限的搭配问题。

三、筹、融资方式的选择应合理

融资方式的选择也很重要。面对众多融资工具，网店一定要根据自身的具体情况和资金使用的要求，做出合理的选择。

（1）要根据各种融资方式所能筹到资金的数量、期限等因素进行选择。不同的融资方式所筹的资金使用期限可能是不一样的，筹集资金数量的能力也是不一样的。因此，网店必须根据自身和社会上资金供求状况进行选择。

（2）根据不同融资方式所需办理手续的繁简程度来进行选择。有些融资方式虽然具有数额大、期限长，利率低等长处，但由于各种手续相当烦琐，与经营难以很好地衔接，可能会使网店丢失早期占领市场的机会，因此，网店在融资时还要考虑现实性和便捷性。

第131招

降低筹措资金的成本

筹资成本是店铺取得资金后，需要以利息、股息以及其他形式付出的一定的代价。利用不同资金来源的成本率在时间、空间、行业间的差别，选取较低成本资金来源，可以有效降低筹资成本。筹资成本的降低也依赖于筹资的三个准则：

一、制定资金最低筹措目标

一方面保证了经营运行的启动资金；另一方面避免借款过多增加负担，避免无节制开销造成的浪费。

二、创建良好的筹措资金条件

筹资要有较好的吸引资金来源的条件。良好的筹措资金条件主要包括经营者的经营方向是否符合市场需求，是否符合当地外在的环境条件，经营水平是否够高，是否具备偿还债务的能力等内容。

三、权衡选择利率低的筹资方式

利息支出率的大小直接影响到经营者的利润，在一定的经营利润的前提下，支付利息越多，经营者的利润就越少。经营者要权衡各种筹资方式，选择利率低的借贷。银行贷款的筹资则可以利用不同时间、空间选取最佳时期，以降低筹资成本。

第132招

借钱的技巧

在开店筹资的过程中，为了顺利筹措到所需要的资金，需要你掌握好借钱的一些技巧和注意事项。

一、及时归还借来的钱

向亲朋好友借钱，碍于面子，一般不立借据，借方应牢记心里，一旦资金充裕就及时还钱。遇到意外无法按时归还时要及时告知对方，表示歉意。久欠不还，只会引起别人的反感，甚至导致关系的破裂。

二、还款票面要新整

即使所借的钱票面破旧，面值零碎，归还时也要讲究票面平整，宜整不宜零，以示尊重和谢意。有条件的情况下，借款要一次还清。分多次偿还的情况下要向对方说明差余款项，写下书面借据，避免日后纠纷。

三、要当面归还

无特殊情况下借方与被借方应直接交接款项，避免托人转手，这样既失礼也可能因混淆不清造成损失。

四、还钱切忌遗留

久别远离时，对所借款项要还清再离开，以免日后发生纠纷不方便处理。

五、借钱不等于出卖店铺权限

亲朋好友借钱给你的时候，总错误地认为他们对店铺的决策有控制权，容易引起彼此的纠纷。故而，在借钱之时，你要表明且坚定自己的立场，区分开独资和合伙的运作方式。

尤其是跟亲朋好友借钱，重在巧开口，技巧的运用不仅能顺利筹集到自己所需的资金，也不至于因为借贷而破坏了彼此的感情。

第133招

建立健全的财务系统

网店的财务管理在网店的实际工作中起着非常大的作用，但其发挥作用的前提是，网店店主必须认识到财务管理在店铺经营中不可忽视的重要性。而网店财务管理的第一步就是建立健全适合的财务系统，主要包括以下几个部分：

一、缩短资金周转期

要缩短资金的周转期，就需要扎实地管理网店的日常资金开支，按照实际准确地预测各个阶段的资金应用。要有计划地筹措和使用资金，维护好网店的形象和信誉。

（1）做好现金和银行存款的管理工作。店主应阶段性地统筹现金剩余和不足的情况，制定资金预算，规划好未来的现金流出入量。

（2）协调好信贷关系，保证商品流转资金的及时获取。

（3）控制合理库存，扩大销售，增加资金周转次数。

（4）保持收支平衡，研究筹措资金、延长支票和赊购支付商品期限的方法。

二、增强对库存的控制度

对库存管理的加强有利于网店进一步降低运行成本。网店的商品具有周转快、流量大、品种多、规格齐的特点，这就更需要网店加大对存货管理的力度。

三、健全内部管理制度

内部制度主要分为两个方面：岗位责任和操作流程。岗位责任明确规定各个岗位的工作内容和职责范围，以及员工之间的衔接关系。操作流程则进一步规范管理，明确权限。

四、设置分类账目报表

网店要根据自身的具体情况来设置分类账目报表，比如日志账目、分类账目、试算表、损益表、资产负债表、财务状况分析表、费用分析表、商品毛利分析表等。

第134招

适时对财务指标进行系统分析

网店应配备专业的会计记账及财务核算。网店店主虽然不是专业的财会人员，但是店主的职责就是保证网店的盈利，店主需要掌握分析财务指标的方法，通过分析财务指标，了解本店的盈利能力。财务分析的基础工具是网店的资产负债表和损益表。这两张报表概括了网店的财务状况对网店经营业绩的影响。

一、资产负债表

资产分为流动资产和长期资产，负债分为流动负债和长期负债。资产负债表通过显示资产和负债的比例，可以反映出网店的经营效率。

二、损益表

损益表反映出网店是否赚到利润。它由销售收益、成本、费用三部分组成。通过损益表细致的分析，可以得知有许多方法改进一个网店的盈利经营情况：

（1）增加销售额，但是要确保不能同比例增加销售成本或者是营业费用。

（2）降低营业费用，但是要确保不能同比例减少销售额或者是同比例增加销售成本。店主要分析不同时期各种费用的增长或减少的原因，不要仅仅简单地靠增加销售额来改善网店经营情况。

三、比率

（1）流动比率（流动比率=流动资产÷流动负债）。流动比率表明网店是否有能力用流动资产偿还流动负债。例如，流动比率为2：1是被认为安全的比率，表明该网店可以用2元的流动资产偿还每1元的流动负债。如果流动比率小于1，即流动资产小于流动负债，则意味着该网店的现金入不敷出，离破产不远了。

（2）速动比率（速动比率=速动资产÷流动负债）。当网店的流动资产被大量的存货所占用时，就需要用速动比率来检测网店的偿还流动负债的能力。速动比率用来说明网店可以马上转化成现金用来偿还流动负债的能力。一般认为1以上的速动比率是合适的比率。对于网店，将大量的现金压在货物上是不明智的行为。

第135招

做好网店财务指标分析

了解了资产负债表、损益表两张基本的财务报表之后，还要通过各种财务指标计算公式，来具体了解网店的盈利水平、费用成本等具体的财务状况，以便根据情况采取对策。

一、营业额达成率与毛利率

营业额达成率是指网店的实际营业额与目标营业额的比率。其计算公式如下：营业额达成率=实际营业额÷目标营业额×100%，营业额达成率的参考指标在100%至110%之间。

毛利率是指毛利额与营业额的比率。它反映的是网店的基本获利能力。计算公式如下：毛利率=毛利额÷营业额×100%，毛利率的参考标准是16%至18%以上。

二、营业费用率

营业费用率指网店营业费用与营业额的比率。反映的是每一元营业额所包含的营业费用支出。计算公式如下：营业费用率=营业费用÷营业额×100%。

该项指标越低，说明营业过程中的费用支出越小，网店的管理越高效，获利水平越高。营业费用率的参考指标是14%至16%以下。

三、净利额达成率

净利额达成率是指网店税前实际净利额与税前目标净利额的比率。它反映的是网店的实际获利程度。计算公式如下：净利额达成率=税前实际净利额÷税前目标净利额×100%，净利额达成率的参考标准是100%以上。

净利率是指网店税前实际净利与营业额的比率。它反映的是网店的实际获利能力。计算公式如下：净利率=税前实际净利÷营业额×100%，净利率的参考标准是2%以上。

四、总资产报酬率

总资产报酬率是指税后净利润与总资产的比率。它反映的是总资产的获利能力。其计算公式为：总资产报酬率=税后净利润÷总资产×100%，总资产报酬率的参考标准是20%以上。

五、营业额增长率与营业额利润增长率

营业额增长率是指门店的本期营业额同上期相比的变化情况。它反映的是网店的营业发展水平，计算公式为：营业额增长率=（本期营业额－上期营业额）÷上期营业额×100%。

一般来说，营业额增长率高于经济增长率，理想的参考标准是高于经济增长率2倍以上。例如，去年的经济增长率为8%，则营业增长率应该达到16%以上才算合格。

营业利润增长率是指网店本期营业利润与上期营业利润相比的变化情况。它反映的是网店获利能力的变化水平。计算公式如下：营业利润增长率=（本期营业利润－上期营业利润）÷上期营业利润×100%，营业利润增长率至少应大于零，最好高于营业额增长率，因为这表示网店本期的获利水平比上期好。

六、盈亏平衡点

盈亏平衡点是指网店的营业额为多少时，其盈亏才能达到平衡。其计算公式如下：盈亏平衡点时的营业额=固定费用÷（毛利率－变动费用率）×100%。

毛利率越高，营业费用越低，则盈亏平衡点越低。一般情况下，盈亏平衡点越低，表示该网店盈利就越高。

七、人均劳效

人均劳效是指网店的销售额与员工人数的比值，它反映的是网店的劳动效率。其计算公式如下：人均劳效=销售额÷员工人数。

如果网店的人员越少，销售额越高，则人均劳效也越高，劳动效率就越高。

八、总资产周转率

总资产周转率是指网店的年销售额与总资产的比值，它反映的是网店的总资产利用程度。其计算公式如下：总资产周转率=年销售额÷总资产×100%。该项指标越高，说明总资产的利用程度越好。

第136招

制订资金运用计划

网店要有周密的资金运用计划，当然资金运用计划可能随用地计划与建设计划的变更而发生变动。在实际进行时，应力求向计划目标靠近，以免造成太大的出入，影响资金的运用。另外，在制订计划时，也要考虑临时应变措施。

资金运用计划可以分成资金计划、收支计划、利益分配计划等几个部分。在制订收支资金计划时，均要多方面考虑，并慎重地拟订计划。经营环境、业内动向和网店本身的经营状况等对资金运用计划也有很大的影响。

一、资金计划

资金计划，可以分为资金使用计划和资金调配计划。

1. 资金使用计划

资金使用计划分为开店前计划和开店后计划两部分。开店前计划费用有硬件设备及设备费、保证金、入股金及商品准备金等。开店后计划费用则可以包括经营运转资金、商品采购费、贷款利息等各种费用。

2. 资金调配计划

资金调配计划同样分开店前计划和开店后计划。开店前调配计划是配合开店前资金使用之需而准备的，若能调配得当，对于投资成本的降低有很大作用。开店后调配计划是根据营业活动情形，对扣除经营费用后的剩余金、折旧额以及各项应收、应付费用等做统一调配，以求灵活运用资金。

如何筹备与运用资金，是每位经营者应当深入了解的，只要能参照以上重点，就能朝原定目标的额度谨慎执行。

二、收支计划

1. 营业额估算

开店第一个年度的营业额，需依照市场调查、卖场构成、网店实地条件、经营能力与同行加以比较后进行估算。以后则根据收入所得与消费支出成长状况，配合已设网店的年度变化情形加以估算。

2. 收入估算

毛利额计算，一般依据毛利率及营业额进行估计，其他收入方面如利息收入、租赁收入等，则可以依据发生情况予以列入。

3. 经费支出计算

按照经营之需，分为变动费用与固定费用。变动费用是依营业额的高低比例来确定的，如包装费、广告费、营业税等。固定费用则包括水电费、日常用品费及其他各项管理费等。

三、利益分配计划

利益分配，除了缴纳各项税款外，可依营运的需要提取公积金，或是作为股东、员工的股利分配之用。

资金使用没有计划，就像用兵打仗没有章法。做好资金使用计划，是成功经营网店必修的功课，对一家网店当前的经营和长远的发展来说，有着十分重要的作用，甚至可能成为投资成败的关键。

第137招

如何检查网店的财务隐患

一、现金流少，纸上富贵

一些网店存在着一个相当普遍的问题：经营业绩上去了，但现金流量却捉襟见肘，甚至入不敷出。有的网店净利润虽然很高，经营现金流量却为负值，说明网店虚盈实亏，其净利润实际上是一种潜伏财务隐患的纸上富贵。

二、会计手段偏激超前

有的网店少计费用和损失，不恰当地提前确认或制造收入和收益，利用销售调整增加本期利润。为了突击达到一定的利润总额，有的网店在报告日前做一笔假销售，再于报告日后退货，从而虚增本期利润，将费用挂在“待摊费用”科目里，采用推迟费用入账时间的办法降低本期费用。

三、利润资产泡沫成堆

某些网店不仅利润是虚假的，甚至资产也是虚假的。虽然负债累累，财务报表却相当好看。

四、低收益、高分配带来高风险

有的大股东为了自身利益，根本不考虑网店的发展，把少得可怜的利润分光吃光。大股东把网店的现金全都掏空，留给网店的是实实在在的财务隐患。

第138招

提高有限现金流的流动率

无论是生产单位，还是商业部门，包括网店，最怕的是商品卖不出去，造成积压库存。库存商品越多，包袱背得越重，只有勤进货，快销售，商品流通渠道畅通，不造成商品的积压，才能加快资金周转。在快销中获利，这是成功的经商之道。

加快资金周转的先决条件是建立一套系统的会计模式，这样才能把握有效调动资金的技巧。首先，你需要预计可见的未来会有多少收益，同时也知道固定的支出是多少。只要收益大于支出，就能顺利周转，相反，某段时期内，如果支出过高，大于收入，就可能造成资金周转不灵。如果周转资金的技巧不善，便可能要不断地注资，越注越多，投资成本也就增加，风险也会相对提高。

懂得周转资金的生意人，能尽快取得利润，以利润抵销开支。他们会想办法及时处理库存商品，使店中货物常进常新，以保障常有可动用的现金。

资金转得快，钱来得快，在经营中，一定要加快资金的周转，及时处理积压商品，及时购进流行商品，使网店永远跟得上时代的脚步，这样自然就可以吸引大批新老顾客，财富也就会源源不断。

在网店的运营过程中提高现金的流动率要从以下几个方面着手：

（1）流动账户：在你往来的金融机构设立多个流动账户，利用多出的现金结余获得利息。资金可以自动转账，或者闲置时转入一个有息账户，需要时再自动转回到你的营业账户。

（2）管理费用：评估你的间接成本，看看是否有下降空间。降低间接成本会直接有益于盈利能力。管理费用，包括租金、广告、间接人工费用等，是在直接材料成本和直接人工外用于商业运营的间接支出。

（3）应收账款：对应收账款实行有效监控可以确保你准确无误地向顾客发出通知，并让对方尽快付款。

（4）应付账款：同你的供应商协商延长付款期限，尽可能推迟资金过账时间。

（5）所有者开支：对从网店提取用于非商业用途的资金额度进行监控，比如所有者开支等。支取过量资金会造成网店不必要的现金外流。

（6）盈利能力：审查你的各种产品和服务的盈利能力。评估是否能在正常基础上提高定价，从而维持或增加盈利能力。

在网店里采用上述几种简单方法改善现金流，有助于确保你拥有良好的现金流水平，从而实现可持续运营和网店成长。

第139招

加强应收账款的管理

在网店的经营中如何加强应收账款的管理呢？要从以下方面着手：

一、力争现款交易

由于赊销方式在一个信用体系相对薄弱的国家，存在着诸多问题与较高的风险。一些国内外有条件的公司都是以现款的方式来处理订单的。

现款交易对于厂家来说可以减少借贷，加快资金周转，提高网店整体效率，降低经营成本及经营风险，有利于完全实现权责发生制。

对经销商来说，虽然现款交易将资金变成了存货，但由此带来的压力有利于网店更专注销售和管理，并关心收益，使应收账款的金额减少，账龄缩短，从而加速了资金的周转。

在以往的销售实践中，曾有经销商在厂家实行现结后，资金占压明显降低。同时由于没有信用方面的问题，消除了因应收账款导致的矛盾，有利于从供货商那得到更多的支持，有充足的时间与精力共同探讨市场方面的问题，从而取得更好的收益。

二、确定适当信用标准，谨慎选择客户

网店应以信用评估机构、银行、财税部门、消费者协会、工商管理部门等保存的有关原始记录和核算资料为依据，经过加工整理而获得客户的信用资料。在此基础上，根据对客户信用资料的分析，确定评价信用优劣的数量标准，以一组具有代表性、能够说明付款能力和财务状况的若干比率作为信用风险指标。根据数年中最坏年度的情况，分别找出信用好和信用坏两类顾客的上述比率的平均值，以此作为比较其他客户的信用标准，再利用客户公布的财务报表数据，测算拒付风险系数的能力；然后，结合网店承担违约风险及市场竞争需要，具体划分客户的信用等级。

三、谨慎选择结算方式

在充分调查了客户的资信情况后，接下来便要选择合适的结算方式，它是决定能否安全、及时收回款项的主要因素。网店采用的结算方式有支票、银行本票、委托收款、托收承付、商业承兑汇票、银行承兑汇票等。对于盈利能力较强、资信度较好的客户，网店可适当放宽政策，采取委托收款、托收承付等结算方式；而对于盈利能力较弱、资信度较差的客户，网店则应该选择支票或银行承兑汇票。决不能只为了单纯地提高销售额，而去迁就客户提出的不合理要求。针对不同客户采取不同的结算方式，才能有效地降低应收账款带来的风险。

四、制定合理的收账政策

应收账款的收回是应收账款管理的最后一步，也是最关键的一步。网店如果采用积极的收账政策，可能会减少应收账款，减少坏账损失，但会增加收账成本。如果采用较消极的收账政策，则可减少收账费用，但却会增加应收账款投资，增加坏账损失，这样就要求网店根据市场经济环境和自身状况科学地设计回收策略。若客户虽有能力付款却想方设法进行拖欠，则有必要采取法律行动，维护网店利益。

五、认真做好应收账款的账龄分析，建立坏账准备制度

欠款时间越长，催收难度就越大，成为坏账的可能性就越高。因此，网店必须认真做好应收账款的账龄分析工作，密切注意应收账款的回收进度和出现的变化，并按期计提坏账准备。如果账龄分析显示网店的应收账款的账龄开始延长或者过期账户所占比例逐年增加，那么就必须及时采取措施，调整网店信用政策，努力提高应收账款的收现效率。作为网店，只要存在商品销售活动，就会有应收账款的发生，也就有可能出现坏账损失。按照谨慎性原则，网店对坏账损失的可能性进行估计，建立坏账准备制度，按期末应收账款的一定比例提取坏账准备，以补偿因种种原因而无法收回的应收账款形成的坏账损失。

第140招

赊欠供货商的货款经营

商家在资金不足，而又急需商品时，可以向厂家采取赊购的方式获得需要的商品。如果进货量大，又准备长期合作，你可以跟供货商协商赊购其商品。在赊购商品时，先从供货商手中获得商品，并不向其支付现款或支付部分现款，然后在一定的期限内付清贷款，即货款的延期支付。

在这个过程中，由于从赊购商品到付清贷款，有一段或长或短的时间间隔，所以对赊购商品的店铺来讲，实际等于获得了一笔贷款，只是这笔贷款不是从银行获得的，而是从出卖商品的店铺那里获得的。

赊销商品是商业信用的一种形式，又可称为未清账信用。这种信用通常是在供货商对你的信用可靠程度做了充分调查了解之后才提供的。

网店可以利用赊购方式获得急需的商品，在一定时期解决了资金不足的问题。同时网店在赊购商品时，必须考虑赊购成本高低。因为赊购商品的金额是按照商品的销售价格来支付的。表面上看是债务人“无偿”占用了债权人的资金。实际上，提供信用的网店已经把这笔款项的利息加到价格中去了，利息已随价格转嫁给商品了。

有些供货商在赊销商品时，规定了现金折扣的办法，即购货方若在货款到期前提前付款，可以按发票金额享受一定优惠（折扣）。购买者若能提前归还贷款，就可以减少一笔支出，若不能提前归还，则只能放弃优惠价格，而多支付款项。所以，你尽可能不赊欠供货商的货款，一旦赊欠就会付出更多的成本。如果你的资金允许，则尽量避免类似的赊欠。

第141招

控制成本是开店的盈利途径之一

店铺的经费开支是必不可少的，店主在进行经费计划的同时还要将店铺的经费管理考虑在内，尽量减少交出，才能增加利润。控制成本是一个长期持续的过程，要想保持持续的成本优势，必须依靠科学、严格的基础管理来支撑。

成本控制是成本管理中的一个重要环节。店铺的经费主要包括人事上的，如员工薪资、伙食、资金等；设备上耗用的，如设备修缮费用、折旧费、租金等；还有维持类费用，如水电费、日用消耗品、事务费等；必要的营业类费用，如广告费、宣传费等。将所有的这些费用都算入经费计划中，那么：经营费用=营业额目标×预计变动费用率+预计固定费用。

一、人员成本节约

在店铺经营中，店铺租金及水电费、商品成本等基本上都是固定不变的，而人员的工资及提成奖金等占销售管理费用较大比例，因此店长应从以下方面控制人员成本。

（1）选择合理数量的精干人员，在旺季或销售繁忙时临时聘请兼职人员。

（2）所有人员的工资及提成资金等占店铺毛利率的比例，应控制在40%以下。

（3）培养店员一专多能的能力，用尽量少的人做尽量多的事情。

二、其他费用的节约

随着电费、水费的不断涨价，这部分费用在营业费用中占的比例也越来越大。有效节约能源，可以降低营业成本。店长应规定每月的最高使用量，规定各种用电、用水设备的启用时间，教育店员尽量节省。

第142招

管人，管数据

财务管理是一项重要的经济管理工作，是网店管理的重要组成部分，在提高店铺经济效益中担负着重要责任。财务工作管理对象特殊，财务人员必须具备较高的政治素质和业务素质。作为网店店主，应对本店财务人员的自身素质了如指掌。只有了解了员工的情况，方能实行更好的管理，从而更好地发挥财务人员的积极性，更好地指导财务人员完成本职工作。

网店管理者要加强会计队伍的建设。首先，应该注重培养和选拔既有专业知识又善于管理的年轻人才，会计人员必须具备必要的专业知识和专业技能。其次，注意培养财务人员良好的职业道德。《会计基础工作规范》关于会计人员职业道德的规定是：敬业爱岗，熟悉法规，依法办事，客观公正，搞好服务，保守机密。最后，要增强财务人员的法制观念，这既是对会计人员行为的规范，也是对单位负责人不正当干预财务工作的约束，为开展正常的财务工作创造良好的法制环境。

在保证管好财务人员的同时，网店管理者还要管好网店数据。因为网店的财务数据属网店商业机密，如被竞争对手获取，将会造成经济损失。

通过网店的财务数据可以分析掌握网店的动态，预测网店将来的发展情况。网店的财务数据不同于专利权、著作权，它不光靠外在法律的强制和保护，还要靠网店自身内在的保密机制。如果仅从网店人力资源管理的角度加强网店商业秘密数据的保护，网店就必须通过和员工签订保密协议，或者在聘用合同中附加保密条款，通过这些书面方式，对员工的保密义务进行制约和监督。只有财务数据得到了保密，网店和网店之间的竞争秩序才能得到维持，网店才能保持诚信度，保证在竞争中处于优势。

第143招

制定切实的利润目标

利润目标是指网店在未来一段时间内，经过努力应该达到的最优化控制目标，它是网店未来经营必须考虑的重要战略目标之一。利润目标一经确定，便成为网店生产经营活动的行动依据，网店要根据利润目标来组织销售收入，控制销售成本的资金占用。

如果制定目标的基础是不切实际的臆想，这种目标就毫无价值。比如，未能考虑到该产品已处于其生命周期更成熟的阶段，面临的销售机遇已发生了变化。

一、制定利润目标时需要考虑的因素

（1）网店持续经营的需要。

（2）资本保值的需要。

（3）内外环境适应的要求。

制定目标时的首要问题是标准以多高为宜。目标远大固然可赞，但如果遥不可及就必然大伤士气。

二、制定利润目标的步骤

1. 制定利润目标

按照下一年度的经营方针，制定网店下一年度的利润目标。

2. 制定经营方针

根据上一年度的实际成本费率以及当年的经营业绩，制定网店下一年度的经营方针，估计下一年度各项成本费用的增长比例，预估出下一年度的工资、制造成本、销售费用、管理费用等。

3. 制订细分到网店的每个人的利润计划

（1）细分销售计划。

（2）细分各项生产成本计划。

（3）细分各项费用计划。

（4）综合制定利润预算。

4. 制订资金计划

（1）制订设备投资计划。对照网店所掌握的自有资金数额，计算出下一年度设备投资所需要的借款数量，制订设备投资的资金调度预算和计划。

（2）制订资金周转计划。根据下一年度的销售收入计划、经营计划，计算出因此产生的销售收入现金流入、应收账款、进货支出、产品库存的计划和预算，并以此制订出资金周转预算和计划。

（3）制订投资融资计划。根据经营计划制订下一年度的银行贷款及其偿还计划、借款及其偿还计划、投资计划、融资计划等。

（4）综合资金运用计划。根据设备投资计划、资金周转计划、融资计划，加以汇总，制定下一年度的预估资产负债表、预估现金流量表，这两个预估的财务报表可以有助于网店的管理者综合性地掌握资金的运作动向。

利润目标制定的适当与否直接关系到实施效果，利润目标制定得过低，难以激发网店潜力，容易给网店带来大量无效成本，网店不能创造出最佳的经济效益；而利润目标制定得过高，又会使执行者觉得高不可攀，望而却步，失去实现目标利润的信心。因此，确定合理的利润目标是实施以利润目标为导向的网店预算管理的一个关键环节。

三、制定利润目标最常用的方法

1. 量本利分析法

通过对市场的调查分析，首先对产品的销售量或销售额做出科学预测，然后再分析预测网店的固定成本、变动成本、贡献毛利率等，最后确定目标利润。

2. 相关比率法

与利润目标相关的比率主要有销售利润率、成本利润率、经营杠杆率及资本净利率等。管理者可根据分析，先对这些比率进行预测，根据预测来确定利润目标。

3. 简单利润增长比率测算法

根据网店历史最好利润水平、上年度达到的利润水平及过去连续若干年特别是近两年利润增长率的变动趋势与幅度，结合预测期可能发生的变动情况，来确定预计利润增长率，然后测算出利润目标。此方法主要适用于稳定发展的网店。

4. 标杆瞄准法

以最强的竞争网店或同行业中领先的、最有名望的网店为目标，将本网店产品、服务和管理措施等方面的实际状况与目标进行定量化评价和比较，分析目标网店的绩效达到优秀水平的原因，在此基础上选择改进的最优策略，提高网店绩效的管理方法。

第九章

使顾客心满意足的客户服务

第144招

申请专用客服电话

有些细节，网店店主也要想到。比如，在你的网店做到一定规模，并有一定利润后，可以申请安装一部专用的800或400客服电话。这两种电话，一般都是上了规模的店铺或企业专用的客服电话，既是你的网店良好实力的体现，也是赢得顾客信任的有效方式。顾客在购物时看到你的网店拥有800或400客服电话，一定就会安心不少。

一、800电话

800免费电话，简单地说，就是打电话者（通常是顾客）不需要支付话费，而是由受话人（即登记开通此电话的单位或个人）集中支付话费的一种业务。

此业务在经济发达国家早些年就已盛行，比如在美国，70%以上的企业都在使用这种免费电话业务。安装一部800电话充分体现了客户至上理念，因而这一举动也会受到客户的广泛欢迎。

目前，手机用户不能拨打800免费电话。

二、400电话

400业务又称主被叫分摊付费业务，是一项为被叫客户提供一个全国范围内的唯一号码，并把对该号码的呼叫接至被叫客户事先规定的目的地（电话号码或呼叫中心）的全国性智能网业务。

该业务的通话费由主、被叫分摊付费。主叫用户只需拨打400号码，无须加拨区号，便可按照申请业务用户预先设定的方案，将呼叫直接接到客户所指定的电话号码或呼叫中心。主叫用户只需支付本地通话费，而不会产生长途费用。

手机用户也可以拨打400电话。

第145招

与客户沟通交流技巧

为了实现交流的最终目的，树立网店的良好形象，你在交流时可以采取一些特殊的技巧来加强沟通的效果。掌握了这些与顾客沟通的技巧，店主就可以顺利地与顾客沟通，树立良好的店铺形象，拉近与顾客的距离，掌握他们的消费倾向，增加消费频率，开拓新的客源渠道，掌握顾客动态，培养长期顾客。

一、不要过分热情，分寸很必要

过分热情往往令人反感。在用即时联络工具与顾客交流时，尽量不要说："您想要买什么？"之类太直白的话。特别是顾客刚上来的时候，因为有很多人找你是因为他们还没拿定主意，这样问的话顾客就会想："非要买你的东西才能跟你说话吗？我打听打听就不可以吗？"或者会认为："我还有很多问题没弄清楚呢，这个卖家就这么不耐烦，直接就跳到买东西这一步了。"

其实，刚开始和顾客在网上聊天时，适当的接待，朋友一样的寒暄，专业敬业的精神，恰到好处的热情和真诚，才是你最需要表现的。

二、商品的缺陷也可以说一说

每个客户都相信没有完美无缺的商品，如果店主自始至终只提商品的优点，而对商品的缺点只字不提，那你的商品不仅不会在顾客心中得到美化，反而会引起更多的怀疑。他们可能会主动询问，也可能会暗自猜疑。

为了打消顾客的疑虑，店主可以主动说一些商品的小缺点，说这些缺点的时候，态度一定要认真，让顾客觉得你足够真诚，但是这些缺点一定是微乎其微的并且是对方可以接受的。

店主主动把商品存在的问题说出来之后，顾客会认为你更值得信赖。这种做法常常会使那些理智型或挑剔型的顾客迅速对你产生好感，接下来的沟通就会顺畅得多。

三、不要显得太功利

尽管与顾客沟通的最终目的是实现销售，赢得利润，但在沟通过程中不能时时想着利润，要抱着与顾客交朋友的心态进行沟通。

在与顾客沟通过程中，不管是以电子邮件的方式还是以在线聊天的方式沟通，都不能一味地只为了让顾客下订单而层层逼近。严肃、功利的沟通过程，只会让客户产生压力和厌恶，这反而偏离了沟通的目的。可以在跟客户洽谈的时候多聊些生活上的事情，或客户感兴趣的历史文化之类的话题，让顾客先喜欢上你的人，再引导顾客喜欢上你的商品，最后变成你的网店的忠实顾客。

四、卖家也要有底线

不要把自己当成卖家，要站在顾客的角度给其合理的建议，向顾客推荐最合适而不是最贵的商品，这样顾客容易听取你的建议，也就很容易达成交易了。

将心比心并不意味着你要一味地迁就顾客，卖家也要有自己的底线。对于那些提出无理要求的顾客，不要不理睬或冷嘲热讽，而是要委婉地解释无法成交的原因。有时过分迁就还会让顾客觉得你的商品可能是质量上有什么问题。

五、让顾客感受到你的诚意

以交易为目的的沟通本来就是一个揣摩对方的心理、让对方接受自己主张的过程，对买卖双方来说都是如此。

绝大部分顾客都对作为商人的卖家有一种天然的不信任感。所以，在沟通中，一定要让顾客感觉到你的专业和诚意。顾客的负面情绪，很大程度上是和价格无关的。顾客最讨厌的是买到价高质差的东西，感觉受到了商家的欺骗或者说是“玩弄”。卖家开店的目的就是赚钱，谋求合理的利润，完全没有对顾客隐瞒的必要，顾客也完全能够理解。因此，诚恳地对顾客说：“我们的价格定得很合理，我们保证为您提供优质的商品和服务。”这才是真正尊重顾客，真正表现诚意的做法。

六、让顾客自己掌握主动权

买不买东西，是顾客最大的权力，所有想剥夺顾客这个权力代替人家做决定的商家都是非常愚蠢的。购物者的心理，除了满足实际的需要之外，还要求获得精神上的成就感和猎奇的满足感。你一定要创造一个环境或者条件，让你的顾客高高兴兴地做出购买的决定，而绝不是靠花言巧语让你的顾客被你说昏了头之后做出这样的决定。否则，事后冷静下来，顾客会觉得上了你的当，或在收到你的商品后，因为不是他真正需要的东西而对你的商品产生失望。

所以尽量不要把顾客逼到非买不可的境地，至少要让顾客觉得，是他在掌握主动权，而不是你。

七、找到共同话题

要利用一切信息，迅速找到与顾客共同的话题。可以通过研究顾客的网名、顾客的个人资料、顾客以往的购物记录等来发现顾客的兴趣所在，聊聊对方感兴趣的话题，这样就很容易与顾客产生共鸣。在介绍自己商品时，顾客也会很容易接受你的建议了。

八、不要赢了争辩，失了顾客

网上开店的目的只是卖东西，而不是与顾客辩论，你只要推销自己的商品就可以了。双方观点不一致时，应该理性接受顾客的观点，即便不同意，也不必恶语相加，与其争辩。做生意以和为贵，买卖不成仁义在，多一个朋友也就多了一个潜在客户。如果不同意就与顾客争辩，纵然你占尽上风，赢了争辩，估计最后也要失掉顾客。

第146招

做好售后回访

对买家进行售后回访，了解商品的使用情况，交代使用注意事项，指导买家进行维护和保养，有问题给予及时解决。

很多生意并不是一次性就完成了。因为这些生意是需要很多回头客的，所以东西卖出去，钱收回来了，还要定期与买家进行交流、沟通、回访。在选择回访时，不仅要选择再次购买可能性大的买家，还要考虑其他买家，因为他们永远是潜在的客户。

一、建立客户档案

把买家的姓名、联系方式、地址、购买的商品以及所需商品做一个详细的清单，方便假日的时候问候买家。

二、节假日信函回访、问候顾客

定期对买家进行回访，节假日花几分钟时间真诚地给买家发一封贺卡、一个留言问候等，都有助于维护客户关系。买家也会感到店主很尊重他，惦记着他，同样他再次需要购物时会想起店主。

三、电话回访

电话回访的最佳时机就是估算买家大概的收货时间，这时回访有两方面的好处。一让买家觉得你在关心他，若是没有收到货最好及时为他查询；二有利于买家及时做出好评。买家因为店主热心周到的服务而感动、感激，觉得店主是个可以信赖的卖家。店主也就赢得了更多的回头客，生意也会越来越好，而且还交到很多朋友。

无论是在交易中还是交易后，都要以客户为中心，把客户永远作为上帝，这样才能赢得客户的信赖，才能做好网上销售，提升营业额。

第147招

追售行为的奥妙

事实上，在完成交易后，你还可以对客户采取一个追售的步骤。因为人类都有一种与生俱来的特性，那就是承诺一致原则。也就是说，当他们在已经做出一个承诺的时候，为了保证与之前的承诺一致，大部分情况下都会接受第二个要求。心理学家研究发现，当客户在已经决定购买的情况下，你再要求对方继续购买，只要要求的产品价格与客户决定购买的产品价格相差不大的时候，就会有50%的客户会接受这样的追售行为。

为了更好地进行追售的操作，提高成功率，下面就来介绍一下具体的操作细节。

首先建立一个特价区，这里可以放置价格偏低但是利润偏高的产品。你可以随时在这个区域找到合适的产品来给客户进行追售。

追售的时间点一定要在对方拍下产品之前提出。给对方一个多买的理由和一个具有吸引力的价格，让他们没有理由拒绝。你可以告诉对方，现在这个产品在做活动，只有购买这个产品的客户才有机会享受在产品已经特价的基础上，再享受八折的优惠。这样就很好地利用了人们喜欢贪便宜的普遍心理。

在提出追售的时候，一定要把商品链接发给对方，别图自己一时的方便，让对方自己去找。这一步很重要，不然你的追售成功率会大大降低。不要给客户制造麻烦，而要尽量给对方提供方便。

在对方拒绝你的追售要求之后，一定要马上放弃，不能再次提出，不然会让买家怀疑你的动机。

研究证明，60%至70%的消费者是愿意在原来购买的基础上增加消费的。所以，只要你使用正确的方法，就能够有效而简单地增加自己的利润。

第148招

移动旺旺交流

如果买家在选择商品时，卖家的旺旺没有在线，那么就很可能放弃选择该卖家的商品，为什么呢？因为买家选择商品时，除了查看商品信息外，通常会向卖家咨询相关事宜。如果买家无法实时咨询，其购买的可能性就不大了，毕竟销售相同商品的卖家很多，买家有较大的选择范围。

卖家应当尽可能使自己的旺旺长时间处于在线状态，但并不是所有卖家都具备这种条件。其实淘宝网还提供了一项移动旺旺服务，也就是手机版旺旺，该功能可以将旺旺与手机绑定，并且接受来自旺旺的信息以及对旺旺好友进行回复。

一、将旺旺与手机绑定

要使用移动旺旺，首先需要将旺旺与自己的手机绑定，在淘宝网中卖家的状态就显示为24小时在线，这样卖家就不会错过买家的询问了。将旺旺与手机绑定的方法如下。

（1）在电脑中登录到旺旺后，用鼠标点击任务栏右侧的旺旺图标，在弹出的菜单中选择“移动旺旺—绑定手机”命令。

（2）打开“绑定手机”对话框，选中下方的“我已经阅读并同意用户协议”复选框，单击“下一步”按钮。

（3）在接着打开的对话框中输入要绑定的手机号码，单击“下一步”按钮。

（4）稍等片刻后，淘宝网会向输入号码的手机发送一条验证信息，将信息中的6位数验证码输入到对话框中的“验证码”文本框中，单击“下一步”按钮。

（5）在最后打开的对话框中选择要使用的服务，一般保持默认即可，然后单击“完成”按钮，完成手机绑定的操作。

二、用旺旺发送手机短信

当用户将旺旺与手机绑定后，我们就可以直接用旺旺给该用户手机发送短信了，具体操作方法如下：

（1）用鼠标点击任务栏右侧的旺旺图标，在弹出的菜单中选择“移动旺旺—发送手机短信”命令。

（2）打开“发送手机短信”对话框，在“发送给”一栏中输入对方的手机号码，在“签名”文本框中输入自己的签名，然后在下方输入短信内容并点击“发送”按钮，即可将信息发送到对方手机上。

三、手机接收旺旺信息

当我们为旺旺账户绑定手机后，买家在浏览商品或逛店铺时，就会看到卖家是通过手机登录旺旺的，此时旺旺联系图标将显示为“给我短信”。如果卖家绑定手机时开通了接收旺旺信息服务，那么买家发送的信息会自动接收到手机中，通过手机短信即可查看来自买家的信息内容。短信内容则为信息内容和买家会员名称。

卖家在通过手机接收短信并查看内容后，直接对短信进行回复即可，咨询的买家会同步收到所回复的内容。

第149招

处理好顾客投诉

你的商品不一定会使每一位顾客满意，因此，可能会引起他们的投诉。在处理顾客投诉的过程中，态度是非常关键的。大部分开网店的朋友对于处理顾客投诉是没有什么经验的，认为对顾客说了“对不起”就等于承认责任是自己的。事实上，道歉跟承担责任并不是等同的。道歉可以适当地安抚顾客的情绪，不至于将事态扩大。顾客并非总是对的，但重点不在于此。

一、倾听的重要性

倾听是解决问题的前提。在倾听顾客投诉的时候，不但要听他表达的内容，还要注意他的语调与语气，这有助于你了解顾客语言背后的内在情绪。

要通过解释与澄清确保你真正了解了顾客的问题。例如，你听了顾客反映的情况后，根据你的理解向顾客复述一遍。认真倾听顾客，并请教顾客你的理解是否正确，向顾客显示你对他的尊重以及你真诚地想了解问题。同时，这也给了顾客一个机会去重新复述他没有表达清晰的地方。在听的过程中，要认真做好记录（所要表达的意思一定不能理解有误），注意捕捉顾客的投诉要点，以做到对顾客需求的准确把握，为下一步调解打好基础。

二、做到感同身受

顾客在投诉时会表现出烦恼、失望、泄气、发怒等各种情感，你不应当把这些表现当作是对你个人的不满。特别是当顾客发怒时，你可能心里会想：“凭什么对着我发火？我的态度这么好。”我们都知道愤怒的情感通常都会通过一个载体来发泄。因此，顾客的情绪是完全有理由的，是理应得到最大的重视和最迅速、合理的解决的。所以，应该让顾客知道你非常理解他的心情，关心他的问题。

三、反应及时

在餐厅点菜后，如果等了一个小时才上菜，你觉得怎么样？肯定会愤怒。速度是关键，速度体现了态度，一旦解决问题的时间被拖延，不论结果如何顾客都不会满意，而且拖得越久，处理的代价越高。顾客投诉是由于顾客的需求在店铺得不到满足而引发的。顾客在哪里有困难，哪里就有我们的责任。抚慰措施一定要迅速而有力，态度一定要诚恳和谦恭。及时拟订解决方案，找出自己工作的薄弱环节，把握改进工作的机会。

四、超越期望

不要弥补完过失，使顾客的心理平衡后就草草收场，应当好好利用这一机会把投诉顾客转变成忠诚顾客。当与顾客就处理方案达成一致后，以超出顾客预期的方式真诚道歉，同时再次感谢他购买了店铺的商品。

顾客服务的目的是什么？是得到顾客的微笑吗？绝非如此简单。我们都知道，服务的目的是把每一个顾客留住，努力创造忠诚的顾客和口碑效应。通过正确处理顾客投诉同样可以提升店铺的信誉，吸引忠诚的顾客。服务弥补的过程决不应是一个对顾客实行“补偿方案”的过程，而是一个去争取回头客的过程。

第150招

建立互动型的客户关系

意大利经济学家帕累托发现了经济世界中20%的人拥有80%的财富，从此一条被喻为二八定律的法则应运而生。该原则被广泛地运用在管理理论和管理实践中。在企业的价值客户中，往往极少数的客户创造了企业最大份额的利润，这类极少数客户被称为关键客户。如何服务和维护好这些关键客户，与之建立起长期稳定的合作关系，是客户管理研究的领域之一，同时它也成为网店经营者们急切需要解决的问题。

一、零距离服务

通管道，增强交流力度，使店铺和关键顾客的关系回归到零距离，可以极大地提高满意度。零距离服务的具体举措，可以有以下几种：

1. 服务时间

在一家银行的营业厅很多人都在排队取款，突然有一个顾客没有排队就径直走到窗口申请取款，正当其余顾客议论纷纷，该银行的工作人员解释说，该银行有规定，只要存款超过了一定的金额，即可以享受免排队的服务。既然成了规则，其他的顾客也就没有意见。这是一个典型的对关键顾客缩短服务时间的案例。

修改店铺现有的服务流程中，对关键顾客的服务实行特殊程序以快速响应其服务请求，成为公认有效的举措。

2. 主动服务频次

你可以根据服务发起的时机，将服务分为被动服务和主动服务。所谓被动服务，是在顾客有要求的情况下，给予服务。所谓主动服务，是店铺出于对顾客的关怀而单方增加的服务。主动服务是当今服务管理的重点。如果店铺在提供主动服务时，在服务的频次上对不同的顾客区别对待会取得事半功倍的效果。

3. 有效的顾客反馈机制

建立沟通渠道时，需要充分考虑顾客的便利性。或许这正说明了为什么许多公共场所，比如航空候机厅、车站里放置的意见簿上填写的意见寥寥无几。顾客需要最直接、最快速、最有效果地反映问题。

二、获取顾客的信任

在顾客关系管理中，有一个非常重要的术语叫顾客忠诚度，它以顾客流失率、顾客平均交易年龄、顾客在店铺的交易量占其总消费量的比例等指标来度量。而顾客忠诚的基础是在顾客通过店铺长期的服务表现产生出的信任，以至于即便有多家供应商可以选择，顾客仍然心甘情愿、一如既往地继续同你合作。顾客的信任，是一个店铺、一个品牌价值的组成部分。那么如何争取到顾客的信任呢？

1. 关心顾客利益

比如我们很多人都有购买家电的经历。很多商家都有凭发票保修的承诺。然而真正到需要保修的时候，才发现经过半年一年的时间，找不到当时的购买发票，这样，商家的保修承诺就无从兑现。也许有些商家会认为这完全是消费者自己的问题，但是从照顾顾客的利益上看，前提是商家把保修视为真正让渡给顾客的利益而不是促销的幌子，商家在服务方式上有需要改善的地方。现在的信息系统基础很发达，商家完全可以设计一个简单的信息系统，在用户购买时，输入机器编号、购买日期、用户身份证编号、服务密码等信息到该系统，以后需要保修时，用户只要到维修网点出示身份证或者服务密码，就可以享受相应的保修服务了，这样就极大地便利了顾客。

问题的关键往往在于店铺到底把顾客的利益放在什么位置上。要想赢得顾客，尤其是关键顾客的信任，先得解决好此问题。

2. 提供差异化的服务项目

服务的程序或者可以让一般顾客和关键顾客共用，但服务的项目却应该严格区分，或者同样的项目在服务深度上加以区分。只有如此，才能够体现将有限的服务资源用在刀刃上以产生出最大的边际利益的初衷。

差异化服务，不仅体现在关键顾客和一般顾客在服务上有差异，还体现在不同的关键顾客在服务上也有差异，因为他们关注点不同，这就是真正意义的个性化服务。

三、感情交流

很多有售后服务经验的人都会发现，运用顾客满意度调查可以有效建立起和顾客的“感情”，尤其是店铺根据调查的意见进行了切实的管理改进，让顾客看到效果后，这种感情就更加“深厚”了。

对顾客的满意度调查的关键在于确定合适的调查的方法和方式，设定启发性的调查表格，分析和改进顾客服务管理并且反馈结果。调查方式通常有面谈、电子邮件、传真、信件，调查方法有百分百调查、抽样调查等。设定表格时需要注意设置的问题应该具有一定的发散性，运用联想法、词语法、情景设计、图示法等，尽量挖掘顾客的建议和掌握顾客深层心态——因为调查的目的是改善服务。店铺把满意度调查的意见整理、分析之后，将结果反馈给顾客并对其配合表达谢意，这样，调查工作才能够形成闭环。

互动型的顾客关系建设的目的永远都在于保留和发展店铺的关键顾客。所谓法无定法，只要能够达到这一目的，店铺可以创造性的采纳各种措施，并且逐步建立自己的服务体系，店铺还应当定期地检讨与评估和不断修正自己的服务体系以推陈出新，真正实现互动的发展与改变。互动的客户关系的实施可以真正意义上将一个店铺改变成以客户为导向、以客户的利益为驱动力的社会组织，这样的店铺必然在市场竞争中占尽先机。

第151招

为顾客着想，让顾客喜欢上你的商品

经营店铺时，“想顾客之所想，急顾客之所急”是成功经营的秘诀。只要站在顾客的角度，全心全意地为顾客服务，肯定会博得顾客的青睐与赞赏。

（1）首先要注意的是，做网上生意与传统生意不同，传统生意面对面，网上生意靠交流。顾客在网上谈生意首先是通过聊天工具联系的，顾客对商家的了解与信任需要过程，需要在聊天中加深了解，信任是生意的开始。

（2）顾客会在需要某种商品时，搜索或点击商品分类后，在众多同类的商品中选择需要的商品，顾客在选择商品时一般关注商品的价格、质量和样式，怕受骗，所以卖家要多与顾客沟通，这很重要。

（3）开店以后，没订单也不要急，很多顾客也看货了也聊天了，就是不买货，这大多是因为他们感兴趣但暂时不需要，等需要时自然就来了。顾客只要对卖家产生了好印象，就算不买货，也会介绍别人来的。

（4）一定要销售质量过关的商品，或网民认可的商品。

（5）多与顾客沟通，耐心解答问题，积攒人气也是销售商品的关键。

（6）如果产品不仅零售，还打算批发、寻求合作，更需要店铺形象、人气、诚信。网站代表店铺实力，客服人员代表店铺形象，产品代表店铺诚信。

俗话说得好，“投之以桃，报之以李”。只要全心全意地为顾客服务，顾客就会心甘情愿地购买店铺的商品。

第152招

巧妙引导顾客购买商品

由于当今商业竞争日益激烈，顾客不一定非常痛快地做出购买决定，这就需要卖家循循善诱、想办法让顾客购买你的商品。例如，有一位顾客想为母亲买一件生日礼物。看中了一款红色的大衣，但又觉得价格有些贵，正在犹豫不决。卖家可以对顾客说：“先生，孝心无价！你母亲的七十大寿，一生只有这一次，送上这样的礼品才不会后悔！”卖家这几句细心体贴的话，会使这位顾客心中暖融融的，也许当即就会决定购买。

由此可见，所谓的时机，并不是见了顾客就向顾客推荐，而是要等到顾客对商品考虑得比较成熟时再推荐，否则，会令顾客产生逆反心理，而对卖家不加理睬，扬长而去。此外，卖家的推荐一定要大方得体，不能强行推荐。

一般来说使用如下的几种方法，可以引导顾客购买商品。

一、意向引导成交法

如果顾客有心购买，只是认为商品的价格超出了自己预定的水平，这时，只要向他们进行意向引导，一般都能使洽谈顺利进行下去。

引导在买卖交易中的作用很大。它能使顾客转移脑中所考虑的对象，产生一种想象。这样，就使顾客在买东西的过程中，变得特别积极，在他们心中产生一种希望买卖尽早成交的愿望。

二、用途示范成交法

在给顾客介绍商品时，少不了要向顾客介绍商品的用途。但并不是仅仅把商品的用途功能罗列出来就完了，还要给顾客演示。如利用摄像头现场示范商品给买家，或拍摄好一些视频短片发给买家。这往往会加深顾客对该商品的印象，增加他们对店铺的信任感，就会毫不犹豫成交了。

三、不断追问成交法

有的顾客在购买商品时，左思右想，举棋不定，无法决定购物行动。对待这类顾客，用这个方法就非常有效。使用这种方法对顾客要有耐心，充满热情。

四、加压式成交法

对顾客施加压力并不是强迫顾客购买，而是运用一种心理战术，使顾客无形中感到一种压力，促使他们尽快成交。使用这种方法必须做好充分的准备，让顾客感到你是在为他们着想，处处为他们考虑。这样，成交的概率就非常大了。

第153招

让顾客帮你做宣传

一个充满智慧的店铺经营者，不仅能自己将商品推销出去，还能让顾客成为忠实的推销员，帮助推销商品。俗话说“一传十，十传百，百传千万”，一旦顾客成了推销员，商品的美誉度和知名度能直线上升，广告费也可省下一大笔；更重要的是，能够营造出一种很好的外部竞争环境。

让顾客成为推销员必须做到以下三点：

（1）必须从顾客利益出发，以优良的商品、良好的信誉、一流的服务赢得顾客，树立良好的品牌形象。

（2）必须搞好同顾客的关系，为顾客提供多元化服务，让顾客有宾至如归的感觉。同时，顾客成为推销员之后，又带来了新的消费潜力，因为每位顾客周围都有消费者，他们有意无意地向别人推销他们认可的商品。

（3）在让顾客成为推销员时，还可以给顾客一定比例的报酬，这样顾客就会更加卖力地为你推销商品，这是一种很强大的力量，对于网店销售指标的提升发挥出一定作用。

第154招

怎样对待不同性格的顾客

顾客受性别、年龄、性格等因素的影响，对相同商品的反应也不相同。因此，店主应该因人而异地对待顾客。

一、如何应对外向型的顾客

对待性格外向的顾客要赞成其想法和意见，不要争论，协商细节尽量使谈话有趣并行动迅速。在向他们推荐商品或服务时，要让他们有时间讲话，研究他们的目标与需要，注意倾听他们的心声。

二、如何应对随和型的顾客

这一类顾客总体来看性格开朗，容易相处，内心防线较弱。他们容易被说服，这类顾客表面上是不喜欢拒绝别人的，所以要耐心地和他们交流。

三、如何应对优柔寡断型的顾客

有的顾客在店主解释说明后，仍然优柔寡断，迟迟不能做出购买决定。对于这一类顾客，店主要极具耐心并多角度地强调商品的特征。在说服过程中，店主要做到有根有据、有说服力。

四、如何应对小气型的顾客

喜欢贪小便宜是小气型顾客最大的特征。买东西老嫌贵，还特别喜欢砍价。应对这类顾客，应该热情地向他打招呼，赞美他，并且要提醒他占到了便宜。

五、如何应对心直口快的顾客

有的顾客或直接拒绝，或直接要某个商品，一旦做出购买决定，绝不拖泥带水。对待这类顾客，店主要以亲切的态度，顺着顾客的话去说服。答复速度尽量快些，介绍商品时，只需说明重点，不必详细说明每个细节。

六、如何应对慢性子的顾客

如果碰到慢性子的顾客，千万不能心急，只有耐心回答他的问题才能赢得信任。

七、如何对待挑剔型的顾客

喜欢挑剔的顾客，往往对店主介绍的真实情况，总是持不信任的态度。对待这类顾客，店主不应该反感，更不能带“气”来反驳顾客，而要耐心地倾听，这是最佳的办法。消除客户顾虑、解决客户问题，争取合作，并将最挑剔的客户转换为最忠实的客户。

对待不同类型的顾客，应采取不同的接待和应对方法，只有这样，才能博得更多顾客的信任。

第155招

留住回头客是王道

网店生意的好坏，主要取决于新顾客的消费和老顾客的重复消费上。据统计，开发一个新客户的成本要比留住一个老客户要高四倍。可见，老顾客的数量决定了生意的好坏，决定了生意的稳定性。所以要多搞温馨活动，留住老顾客。

“再次光临”的回头客不但忠诚度高，而且还可以成为网店的活广告，帮助网店建立口碑、开发市场。要珍惜每一位到店的消费者，让他们成为“回头客”。采用下面的方法可以更好地服务老顾客，留住回头客。

（1）要对自己的商品有充分的了解，知道自己商品的卖点，做到心里有数，这样面对顾客就能做到游刃有余。

（2）开店做生意，一定要勤于动脑，善于吸收新的信息，创造新的服务方式、方法，这样网店就能跟着时尚、流行前进，不易被迅猛发展的时代所淘汰。

（3）要勤于同顾客打招呼，不可不冷不热或对顾客的留言熟视无睹，但也不能过于热情。

（4）销售时把握顾客的心理需求也是极其重要的。在销售时，应注意分析顾客购物的心理。研究顾客是带着什么样的期待来店的，只有当顾客所期待的可以从店铺所提供商产品中得到满足，你的商品才能销售出去。

（5）应注意定期与买家开展有意义的沟通，重视买家的希望和需求，鼓励消费者提供宝贵的意见、建议、市场信息，注意与顾客有效的情感互动。

（6）建立顾客档案是稳定客源的好方法。建立顾客档案后，根据提供的联系方式，每当有新款上店或做促销活动时候，在第一时间通知这些老顾客再次光临店铺。在过年过节的时候，卖家一个意外的祝福，同样会让顾客感动，印象深刻。

第十章

打造皇冠级信用

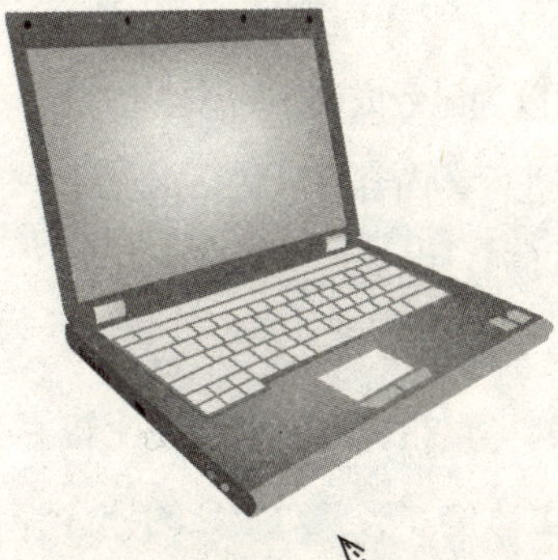

第156招

如何提供售后服务

一个完整的销售过程，应包括售前、售中、售后三部分，售后服务是整个商品销售过程的重点之一。好的售后服务会带给买家非常好的购物体验，增加客户的信任感，使这些买家成为你的忠实客户，以后会经常购买你店铺内的商品。想要做好售后服务，首先要树立正确的售后服务观念。服务观念是长期培养的一种个人（或者网店）魅力，卖家应该建立一种“永远真诚为客户服务”的观念，重视和把握与买家的每一次交流机会，因为每一次交流都是一次难得的建立感情、增进了解、增强信任的机会。做好售后服务可以从以下几方面着手：

一、服务应该贯穿购物全程

针对顾客的整个购物过程，服务应该贯穿在准备期、完成期、互动期的全过程中。要让顾客在发现你的店铺的那一刻起，就感受到你的服务，而不应该仅仅只是在商品卖出后才开始。

二、成交结束与买家及时联系

交易达成后卖家要及时主动与买家联系，不要以为已经成交了的顾客肯定是跑不了的。与买家的联系，可以通过电子邮件来进行，内容可以包括银行账号信息、成交数量、应付金额、汇款方式等，也可以通过电话直接沟通。

三、交易结束如实评价

评价是买卖双方对于一笔交易最终的看法，对买家和卖家来说都是比较重要的。评价涉及双方的信用度问题，一定要真实评价。买家对卖家的评价是以后可能购买你的商品的潜在买家购物时的一个重要参考。

四、建立详细的客户档案

每次成交之后，一定要做好记录，把买家的联系方式、发货地址、收款发货的日期、发货的包裹号、自己当时的承诺等，都一一记录在案。这样既方便买家询问时查询，也便于老顾客下次购物时直接按照地址发货。卖家还可以把买家的职业、年龄、性别等都记录下来，据此综合分析自己的客户群体情况，总结出有针对性的各种营销策略。

五、重视对老顾客的维护

卖家一定不要认为老顾客已经是熟客，已经认同自己的网店并且有了成交的历史，就不会再有流失他们的危险，所以把精力都用在开拓新客户上面。开拓新顾客固然很重要，但是如果因此而丢掉了老顾客，那就得不偿失了。据调查，网店80%的业绩都是由老顾客创造的。因此失去老顾客，也就失去了利润的主要来源，并且，留住现有顾客，比盲目去开发新顾客更能节省大量成本。所以，一定要重视对老顾客的维护，一旦老顾客选择离开，再想让他回心转意，会耗费相当大的精力。

六、不可忽视三包问题

网上开店与实体店不一样，三包服务实现起来确实有些困难，但这却不能成为卖家推脱责任的借口。网上开店要想能够生存和发展，那么保修、包换、包退这三包服务不但要做好，还要尽量做到完善。

若卖家事先声明对商品进行保修，就一定要在保修单上注明保修期，且要注明是由厂家还是由店家来提供保修服务，保修范围是哪些，保修期的费用由谁承担也要有确切的说明。

包换是顾客比较关心的一个方面，因为网上店铺顾客在购物时无法对商品亲自试穿试用，往往收到货后，发现规格、型号等与自己的需求并不是完全一致，这时，就需要用换货的方法来解决。换货涉及的最主要问题是不同型号价格不同的问题及因换货产生的运费问题，前者可以通过多退少补来解决，后者可通过双方协商，由一方或双方承担。

包退对卖家来说，是一个比较心痛的问题，商品被退回，损失了利润还赔上了心血。因此在顾客购买之前，一定要仔细帮顾客分析确定这件商品是否真的就是顾客想要的那一件，卖家在发货时也要对商品进行仔细检查，尽量不要让有问题的商品送到顾客手中。

第157招

理性对待退换货

目前淘宝网中销售的各类商品，根据商品种类不同，均提供不同程度的商品包退或包换服务。如果买家购买商品后，出于某种原因觉得商品不合适，那么卖家就需要根据自身商品的售后保障类型来提供相应的退货或换货服务。

买家退货一般是由于商品质量或其他原因导致商品在指定时间范围内出现破损或其他故障，或者买家觉得商品不合适，这时需要根据商品的故障或退换货原因来与买家进行协调。至于是退货还是更换，则需要根据实际情况来决定。

我们在制作店铺公告或者商品页面中的备注内容时，一般都会提供退换货承诺说明。如果买家的退货原因确实符合卖家所承诺的退换货条件，那么本着诚信经营的原则，卖家有义务与买家协商并退货或更换商品。但如果买家出于自身原因退换，如人为损坏商品、买家未保持商品的完整性等，对于这类情况，则一般可以拒绝，也可根据实际情况与买家采用其他方式协商处理。

买家退换货的情况有两种：一种是未确认收货前的退换货，这时由于卖家并没有收到来自买家的付款，因此对于买家的退换货要求需积极与买家协商处理。如果遇到无理取闹的买家，就需要向淘宝网投诉并等待网站工作人员协商解决。另一种是买家已经确认收货并评价，但商品在使用过程中（指定时间范围内）出现质量问题。对于这类情况，卖家也需要具体分析并以良好的态度与买家协商解决。如果是商品自身原因，那么应当积极为买家退换；如果是买家原因，那么可以向买家详细说明与协商，切不可因为已经收到货款而强硬拒绝买家的任何退换货请求。

另外，物流公司在运输过程中导致商品的损坏或者污损也是买家退换货的常见原因之一。如果责任属于物流公司，那么当买家提出退换货要求后，我们应当积极联系物流公司并协商处理以及索赔，期间最好能够给买家一个较好的答复与解决方法。不能因为物流公司的原因，而最终将责任转嫁到买家身上。

在退换货过程中，广大卖家需要注意的一点是，退换货的过程是卖家与买家协商交流的过程，是否能够得到好的解决在很大程度上取决于双方交流的态度。对于退换货的买家，我们应该以诚恳的态度面对，对于能够换货解决的交易，应说服买家来更换商品，尽量避免退货退款。因为更换商品我们依旧可以赚取利润，如果退货退款，就没有任何利润了。

在退换货的过程中还有个很重要的问题，那就是退换货过程中产生的运费应该由谁来承担。对于退货的买家，退款是买家购买商品时支付的商品费用以及运费，但运费由于在发货时已经支付给物流公司，而物流公司也已经完成运输，那么这时的运费该由谁来负担呢？

（1）出于卖家原因：这类情况包括卖家在发货时发错商品，如尺码、型号、规格错误等，这时一般需要卖家来承担退换货过程中产生的所有运费。

（2）出于物流原因：在物流运输过程中出现商品污损、损坏或丢失等情况，退换货时运费也应该由卖家先承担，再由卖家和物流公司协商索赔。

（3）出于买家原因：这类情况包括买家选购商品失误导致的错误，如购买服饰时尺码选择错误等，以及买家收到货后对商品不太满意等，那么这时一般需要买家来承担退换货过程中的运费。

总之，不论出于何种原因的退换货，卖家必须以理性的心态来对待。当买家提出退换货请求后，需要认真分析退换货的原因并给出良好的解决方案。在不断销售商品的过程中，偶尔遇到退换货的买家是很正常的。我们要认真分析原因，尽可能避免以后出现退换货的情况。

第158招

不是所有退换货都可以接受

在网上交易的过程中，商品需要经过物流公司才能到达买家手中，在这个过程中可能出现各种问题，这是卖家无法估计到的。当买家收到货后并提出退换货时，你首先要与买家分析退换货的原因。例如，商品损坏到底是买家造成的还是物流公司造成的，对于这一点，广大卖家很难分辨出来。

如果出于物流公司的原因，但由于买家已经签收了货物，而接收方一旦签收货物，物流公司一般就不会承担任何责任。此时买家要求退换货，从卖家自身利益来说，一般不会接受来自买家的退换货请求。

当然，对于条件允许的情况，如买家要求退换的商品不影响二次销售等，那么卖家还是应该与买家协商并退换，不过最好争取让买家承担运费。在这里建议销售贵重或易碎物品的卖家应当在网店中声明或者向买家说明：请买家在签收时先检查货物是否完好，否则损坏的商品不予退换。

另外，买家提出退换货的原因往往是买家的个人意见，卖家有必要分析买家所表述的原因是否属实。由于双方无法面谈，因此最好的方式就是让买家对商品进行拍摄，然后将照片传送给卖家。对于绝大多数商品，在退换货前，卖家都会要求买家传送商品照片以进行验证。

第159招

巧妙应对顾客的投诉

如果交易中需要退换货，但经买卖双方协商后没有达成一致的，那么任意一方都可以向淘宝网进行投诉，之后淘宝网工作人员将介入并与双方协调解决。

一般来说，在交易过程中以买家投诉卖家居多，而买家多是在双方协商未果的情况下才向淘宝网投诉卖家的。首先买家会发出投诉请求，并提供相应的证据，如商品图片、旺旺聊天记录等，而淘宝网客服在接受投诉后，一般会通过邮件方式来联系卖家。

卖家在收到投诉通知后，需要根据实际情况来进行处理。如果确实属于自己的退换货范围，那么应当积极退换货并联系买家撤诉。因为如果强行不予退换，那么淘宝网工作人员会根据情况来进行强制退款或给予卖家不同程度的处分。对于网店卖家来说，因为一次交易而得到一定的处分是非常不值得的。

当然，如果确实属于买家责任，那么卖家可以向淘宝工作人员提供有力的证据来说明自己不予退换的理由。只要证据充分，工作人员就会正确处理的。

无论责任在哪方，只要能通过买卖双方交流与协商解决的问题，尽量不要向淘宝网申诉。申诉的结果一般都以责任方妥协告终，但在申诉的过程中买卖双方需要耗费大量的时间和精力。

当网店的信用和规模达到了一定的程度之后，交易量会大大增加，顾客的投诉必然也会增加。不管是钻石卖家，还是皇冠卖家，都会遇到买家的投诉。在处理客户投诉的过程中，态度是非常关键的。

处理顾客的投诉是网店客户关系管理中的重要内容，是与客户交流的良好机会，是增加客户信任、促进再次购买和实现网店良好人际传播的有效途径，也是提高网店信誉的绝佳机会。在处理投诉的过程中，一般要遵循效率性、灵活性、处理要有结果等几个原则。在这几个原则的指导下，从下面这几方面入手，就可以正确处理顾客投诉了。

一、换位思考

人与人之间的相互理解是化解矛盾的良药，店主一定要学会换位思考，让自己站在顾客的角度看待问题。不管问题出在什么地方，都要先真诚地向顾客道歉，千万不要试图去制止顾客的火气，也不要指责顾客，要尊重他并让他发泄。顾客往往会在平静下来后觉得对不起你，甚至会向你道歉，这个时候难道还会有什么问题不好解决吗？当一个人被放到文明的环境中时，他也会用文明的方式解决问题。相反，如果他受到了不公正的待遇，他的行为有可能是非理性的。

二、认真倾听

顾客投诉的时候，肯定会有很多怨气。处理投诉，首先要处理的是顾客的心情，认真地倾听会让顾客心情平静下来，也会让你了解顾客的真正意图。在实际处理中，要耐心地倾听客户的抱怨。不要轻易打断客户的叙述，不要批评客户的不足，应该让他们尽情宣泄心中的不满。你只需要闭口不言、仔细聆听。当然，不要让顾客觉得你在敷衍他。认真听取顾客的意见，把顾客遇到的问题判断清楚。当耐心地听完了客户的倾诉与抱怨后，顾客大多就能够比较自然地听卖家的解释和道歉了。

通过他的抱怨了解他所认为的真正问题是什么，他这次投诉真正要达到的目的是什么。这既是对顾客的安慰，也有助于店主了解真相，解决问题。

三、态度好一点

买家抱怨或投诉的原因一般是对产品及服务不满意。从心理上来说，他们会觉得卖家亏待了他。因此，如果在处理过程中态度不友好，会让买家的情绪变差，进而恶化与买家之间关系。反之如果态度诚恳，礼貌热情，会降低买家的抵触心理，理智地协商解决问题。

四、不可推卸责任

接到顾客投诉时，不管是何种原因引起的投诉，首先要向顾客真诚道歉，承认自己的不足，然后双方再交流产生投诉的原因。此时切不可推卸责任，把一切过错都推到顾客身上，当你把责任推出去的时候，一定会连顾客也推出去了。

五、与顾客产生共鸣

通过倾听，你可以开始逐渐插话，慢慢地将话题转移到顾客平时可能比较关心的内容上。在这个话题里，可以与顾客平等地进行交流，将双方从一种敌对关系变成一种朋友关系。伴随着这一心理过程的发生，店主要把握火候，在恰当的时候重新回到眼前的纠纷话题，这时顾客已经变得冷静下来，也比较通情达理，这样，投诉就有了解决的基础。

六、及时表达歉意

即使卖家并没有错，或只是一个误会，也不妨礼貌地给顾客道个歉。道歉并不意味着做错了什么。顾客的对错并不重要，重要的是向顾客表达了卖家的态度。尤其在网店经营中，很多时候不需要面对顾客，甚至连电话都不用打，只是在网络上表达一下，但效果却是显著的。尽量用委婉的语言与买家沟通，即使是买家存在不合理的地方，也不要冲动；否则，只会使买家失望并很快离去。

七、询问顾客意愿

店主不要试图以自己的意愿来解决问题，也不要把以前解决同类投诉的经验照搬过来。每个顾客希望的解决方案都是不一样的，有时顾客也许只想听到真诚的道歉和改进工作的保证，而不是经济方面的补偿，询问清楚顾客的意愿，才能真正做到让顾客满意。

八、提出完善的解决方案

顾客的所有投诉、抱怨，归根到底，是要求解决问题。因此，买家抱怨或投诉之后，往往希望得到补偿。这种补偿有可能是物质上的，如更换商品、退货，或赠送小礼品等；也可能是精神上的，如安慰、道歉等；有时是物质及精神补偿同时进行，多一点的补偿，让买家得到额外的收获，他们会感受到卖家的诚意，从而下次再来光顾的。

九、双方谈判

谈判时一定要向顾客展示自己的诚意和信心。对顾客提出的不现实的解决方案，要理性地委婉拒绝，因为让顾客满意并不代表着要一味退让、全盘接受顾客的方案。谈判的结果应该是双方在理智的范围内达成一致。

十、信守承诺

谈判方案达成后，落实工作一定要及时到位，包括赔偿。越早处理，顾客的满意度就越高。如果你处理投诉和抱怨的动作快，第一可以让买家感觉到尊重，第二表示卖家解决问题的诚意，第三可以及时防止买家的负面宣传。一般在接到买家的投诉或抱怨信息后，应立即向买家了解具体情况，想好处理方案，最好当天给买家答复。如果迟迟不肯落实，会加重顾客的不满情绪，引发新的投诉。

十一、跟踪结果

问题解决后的一段时间内对顾客进行回访，了解顾客对解决方案的满意程度。这样才可以增加顾客对你的信任程度，并有可能使其成为你的忠实客户。

第160招

获得好评的关键因素

能否获得好评主要由你的商品、服务和买家的风格来决定。

一、商品质量是获得好评的根本

网上购物，买家只能通过图片和文字描述来了解商品。如果你的商品是实物拍摄的，商品描述是全面客观的，那么买家拿到商品以后因商品质量问题而给你中差评的概率就很小了。就算买家收到货后由于个人原因不满意，也不好意思说商品有质量问题而要求退换。

二、服务态度是获得好评的法宝

1. 交易过程中服务态度要好

如果商品没有质量问题，客户却要求退换货，怎么办？遇到这种情况，首先要反省一下自已有没有在客户购买前做详细的解释，如“商品有质量问题包退换，但前提是货物要完好，无质量问题退换货运费自理”，等等。也许这样向客户说明会显得有些生硬，但在顾客购买之前你必须把可能遇到的问题向客户解释清楚，以免事后产生不必要的麻烦。

客户来店里购物，你就是他的导购，应处处站在客户的角度着想，要以让买家选购到满意的商品为已任。要耐心地为客户解答所有不明白的问题，让他们做到自已心里有数。

2. 要做到诚信交易，服务至上

诚信交易，服务至上，这一点是作为卖家必备的素质。买家也会因此感受到卖家的诚信而产生购物的欲望。

有一个应该注意的细节，那就是有关产品的真实情况，卖家应该真诚、及时、如实地告知买家。描述应尽量详尽，如果疏忽了，销售时也要及时地告诉买家。这样可避免一些误会，否则买家会误以为你是在骗他。所以真诚、及时、如实地与客户进行沟通是非常必要的。

一位内衣店店主说，有一件内衣有一点点的染色（绝对不是什么大的问题），她有一次因为太忙，在描述的时候就忘记了，但在销售的时候她及时告诉了买家，买家在回评的时候这样写道："卖家很诚恳，将销售物品的缺陷以及要注意的问题均在交易之前告知了我，这避免了双方误会的发生。并且卖家的发货速度很快，是个很不错的卖家！希望生意兴隆！"

三、买家风格是获得好评的关键

买家来买东西时，你要评估一下买家属于哪类人，再决定是否要和他交易。那种专门找碴儿的客户，他不管是否满意，只给中评或差评，于他而言，中评就是好评。还有一类人，专门讹卖家，货拿到了，以各种理由要求退款，不退款就以差评来威胁卖家。

卖家的百分百好评离不开买家，因此，卖家可在交易前查看一下买家的信用度、买家对别人的评价以及别人对买家的评价，再综合各类买家的不同特点来区别对待。

1. 新手买家

这类买家第一次来网上购物，买卖信用都为零。他们看上了你的商品，但他们对网络交易还很陌生，对卖家缺乏信任，这需要卖家有足够的耐心去引导他们。因此在交易前，你不妨多与他们沟通，能让他们对你产生信任感。这类买家最大的缺点就是发货后不知道及时确认货款，不给评价，或者不联系卖家随便给中差评等。你可通过查看买家的注册时间、星级或者与他们聊天来了解新手买家的性格。

对于这类买家，卖家要多加引导，通过言语沟通建立信任，事先解释清楚需要买家配合的环节，达成共识才能愉快交易。新手买家有可能成为你的忠实买家。

2. 挑剔的买家

这类买家多是完美主义者，你的产品再好，他们也喜欢在鸡蛋里挑骨头。挑剔的买家收到商品后，如果没有达到其期望值，就有可能给你中评；如果交易过程不愉快，给你差评也有可能。

这类买家非常注重商品细节，购买前花费大量时间与你沟通，一定要看商品实物照，反复询问商品方方面面的信息，并不断提出新的要求。

对于这类买家应采取如下对策：

（1）要注意查看买家好评率，以及其他卖家对他们的评价。

（2）尽可能做好服务，展示自己商品和服务的优点。

（3）正确评估自己的商品与服务是否与客户的期望一致，如果不一致，购买前要诚信沟通，解释清楚，待客户理解接受并与自己达成一致后再成交。

切忌为了促成生意，尚未沟通清楚就草率交易，以免为自己埋下一颗中差评的“地雷”。

3. 很会杀价的买家

这类买家想用最少的钱买到最心仪的商品。对于这类买家可采取如下对策：

（1）查看买家的信誉度，如果有中差评就要注意了，要看一下评价内容。

（2）最好能够给其赠送一些小礼品，买家收到商品的同时，必定对你心怀感激，会给你一个大大的好评。

送礼品时要综合考虑一下自己能否满足他的“胃口”，如果满足不了就不要勉强交易，因为这样的买家有可能因为没有达到自己的目的，就以中评或差评作为回报，到时候吃亏的就是你了。

第161招

规避中评和差评

为什么有的卖家很容易与买家产生纠纷，进而得到中评和差评呢？其实也就几个原因，如货物描述与实际不符、商品有小瑕疵、在送货过程中出现差错等，而这些都是可以预防的。

一、货物的描述与实际不符很容易产生纠纷

卖家在描述商品时应尽量用客观的语言阐述，不要误导买家，这样就尽可能地减少问题的出现。

二、成交后一定要再次确认买家所购商品的有关信息

尽管在前期的沟通中已涉及客户所购买商品的部分信息，但一旦买家付款后，就要再次完整确认一次商品的有关信息（名称、款式、大小、件数、颜色等），一方面留下最后确认的交易凭证（防止日后少数买家以发错货为由而进行投诉）；另一方面也再次提醒自己核对彼此达成的正确交易信息。以某网店销售服饰为例，可参考以下提示："您购买的是Y07053咖啡色圆领短袖全棉T恤大码一件，衣服大小尺寸也已得到您的认可，如上述所购商品资料信息无误，请您再次确认，谢谢！"

另外，一定要再次确认买家收货地址、姓名等信息，不要以为电脑上默认的买家收货地址就一定是正确的。因为有的买家是买来送给别人做礼物的，所以直接发给收礼人，这就涉及要改收件人名字和收货地址等信息。试想一下，如果事先不询问和确认这些信息，是不是会给彼此造成不必要的麻烦呢？

三、出货前认真检查

（1）买家拍下商品付款以后，卖家出货前一定要检查商品的完整性，这样做可以减少买卖双方在商品残次方面的纠纷。假如自己已经检查了，不但可以避免出现这样的问题，而且一旦有些居心叵测的不良买家找碴儿的话，自己心里也有底气。

（2）如果买家购买商品数量多的话，发货的时候一定要检查商品的数量、颜色以及码号等。因为同一款商品有不同的颜色、码号，而如果因一个小小的疏忽招致退货、换货甚至差评，都是很不值得的。所以，卖家应该在和买家交易的时候准备好记录簿，把这些记录下来，千万不可遗漏。

（3）买家在交易的时候提出想要一个小小的赠品，卖家答应了，却忘记发货了，而造成中评的事情也是有的。所以，卖家应该谨记：答应了买家的事就一定要做到，确定不了就不要答应，千万不可敷衍了事。

四、发货后有问题及时处理

卖家发货以后，商品在运输途中以及到了买家手上可能出现这样或那样的问题。一旦买家询问或投诉，卖家一定要注意自己的态度，要让买家把事情讲完，要很认真地倾听，等买家说完以后，卖家一定要说些安抚以及道歉的话，并且用很委婉的语言来阐述自己对这件事情的想法以及解决方案，并提出补救建议，采取有效的补救措施。对于这点千万不可大意，不要嫌麻烦，要坦然面对。

第162招

找到顾客给差评的原因

好评率是买家挑选卖家的一个重要依据，也是督促卖家做得更好的动力所在。一个差评带来的损失绝对不是简简单单的一个评价，而是会影响更多的意向客户和潜在客户在你的网店购买商品的决定。

为什么买家会给差评呢？将这些差评中的买家评价进行整理、分析可以总结为以下几条。

一、服务态度差

客户满意度是网店生存的根本，而服务是提高客户满意度的重要方法。网上很多卖家的差评都是由于服务态度差引起了买家不满。买家购物需要有一个良好的购物体验，而很多大卖家由于生意做大了，一个客服人员往往同时需要招呼许多买家，根本无法顾及所有买家，即使回答也十分简练，买家会有被忽视的感觉，即使买卖成交，购物体验也不是很好，所以可能也会产生差评。

二、付款后卖家一直没发货

对于每天有几百甚至上千笔交易的大卖家而言，发货也是一项颇为烦琐的工作。很多时候店内的客服人员根本忙不过来，不是忘记发货，就是没能及时安排发货，在这种情况下产生差评几乎是不可避免的。

三、缺货没有及时通知买家

有些店铺每天的交易量都比较大，有些商品没货了，但是没有及时下架，或者仓库管理本身就比较混乱，卖家自己都不清楚仓库有没有库存，等买家付款后需要发货时才发现已经没货了。其实这些都是由于卖家工作不到位造成的，卖家应该加强内部管理。

四、发错或者遗漏商品

如果卖家在发货的时候没有仔细地对商品进行整理、分类，难免会忙中出错，引起发错尺寸或者发错颜色或者遗漏商品等情况。这又可能给卖家添加一个差评。

五、物流引起的纠纷

如果选择的物流公司不是很好，就很容易出现包裹丢失、商品被损坏、快递员态度恶劣以及快递时间过长等情况。其实由物流引起的差评对卖家而言是很冤枉的，卖家万一遇到物流引起的纠纷，一定要及时主动地联系快递公司，帮助客户追踪货物，处理问题。

六、商品与描述不符

如果店铺以出售假冒伪劣产品盈利，无异于饮鸩止渴。卖家在进货时，需要仔细辨别所购产品的真伪，否则进了假货也不知道。另外，在拍摄商品照片或者对其进行图片处理时，要注意把握尺度，不要过分美化，掩盖商品原有瑕疵。

七、售后服务不到位

“销售只是开始，服务永无止境”，当买家确认收货或者给予好评之后依然要保持良好的售后服务。当买家收到商品遇到问题时，卖家需要耐心地与买家进行沟通，了解情况后及时做出处理，而不能因为问题比较棘手而选择逃避，否则不仅可能会换来差评，甚至会被客户投诉，当然也失去了二次交易的机会。

八、商品包装太差

商品的包装除了在运输过程中起到保护的作用外，在一定程度上也影响了买家对商品的印象。如果包装不当，有可能会造成货物损坏。精美大方的包装可以为商品加分，但如果是破破烂烂的包装，则会使商品本身的价值大打折扣。

第163招

怎样对待中差评

很多卖家提到“不良评价”时都很头疼。有的卖家因为物流耽搁导致买家长时间收不到货而得到中差评，有的卖家因为一些小瑕疵与买家沟通无果而得到中差评，有的卖家因为买家觉得商品没有想象中的那样好而得到中差评，等等。遇到这种误会或吹毛求疵的买家，卖家应该怎样对待?

一、不同情况区别对待

1. 与卖家主动联系的买家

有的买家在出现问题后、评价之前都会主动与卖家联系，希望得到一个妥善的处理。这个时候卖家不要看到问题来了就产生逃避心态，要勇于承担责任，尽快处理好相关问题。

罗茜的小店最近生意不错，由于每天发货量比较大，难免会出现部分衣服发错、发漏或检查不到位的现象，买家收到货后都会及时跟她说，罗茜在道歉的同时赶紧安排退货、换货，立刻上“非支付宝交易发货”联系买家当地的快递公司上门取货发回，并及时重新发货。虽然给买家带来了麻烦，但是大多数买家看在她态度积极和服务周到的分儿上也就不计较了，并最终给出好评，并说卖家服务态度很好。

当然也不是每一个买家都会这么大度的，还是有人会给出中差评。这时卖家要以平常心去看待，每一个买家的要求和期望值都是不同的，正所谓众口难调，这是无法避免的。

2. 直接给出中差评的买家

有的买家遇到问题后并不会主动联系卖家，而是直接给出中差评，这时候卖家应该第一时间联系买家，彼此好好沟通，看问题出在哪里，再针对问题提出相应的解决措施。或许买家看你解决问题的态度积极，就会原谅你；如果能更好地弥补一下，说不定他们还会成为你的回头客。

在买家给出评价以后，你的及时回评尤为重要。你的及时回评不仅能让买家觉得卖家再忙也没有忽视他们，而且能及时看到买家给出的是什么评价，是否有不良评价。

二、好好利用“不良评价”

得到不良评价，心痛在所难免，但是要“化悲痛为力量”，好好地利用一下不良评价。

1. 借“不良评价”做广告

先要针对出现的问题给出合理的解释，因为每一个评价都会展示在其他买家面前。如果你对这些评价不理不睬，不给出解释，其他买家怎么会相信你的商品不会再出现类似的问题呢？解释完了，借着“中差评”这么特殊的一个展台，可以趁机打个广告，在给出解释时可以附上同款商品的其他买家好评，要挑最有说服力的评价，粘贴在里面，或者写上最近店里开展的一些优惠活动。这样一来，这个不良评价不一定就对你有很大害处，或许它可以给你带来更多的客源。

2. 针对事实做出解释

对于一些过分斤斤计较、吹毛求疵、言辞犀利的买家评价，卖家也不能示弱，要针对事实做出解释。顾客是上帝，但是买卖双方的交易是平等的，应该互相尊重、互相理解，这样合作才能愉快。

3. 对威胁或恶意评价要坚决还击

如果买家事先以中差评或者其他恶意评价相威胁，要求卖家满足他们无理的要求，卖家要坚决投诉到底，在评价解释中列出证据（如旺旺聊天记录等），揭露他们。

第164招

积极沟通消除中差评

遇到顾客给自己的网店中差评的情况，有效的沟通往往能够消除中差评。

一、一般中差评（买家评语写“一般”“服务不好”“不太喜欢”等）

所谓的一般中差评，指的是商品没有买家想象中的好，或者是因为其心情不好而给出的评价。这时卖家不要太担心，这样的评价是比较好解决的。

卖家发现这类情况时，第一步要做的是加对方为好友（最好在旺旺上面建立一个中差评买家栏，这样便于区分），看对方是否在线，主动联系一下。

例如：

店主：您好！在吗？

买家：在的（有时候也会不回答）。

店主：您在我们店买的商品收到了吧，您感觉如何？我们想做一下客户调查。

买家：哦，还可以（或者不怎么喜欢、和我想象的相差很大、快递太慢之类的话）。

店主：原来是这样，现在我了解您给我们中差评的理由了。您的这个看法也给我提了醒，我以后会特别注意这些地方。谢谢！

买家：不客气。

店主（这时可以提出修改评价的要求）：有问题还望您及时提出，以便我们为您提供更好的服务。还要说件不好意思的事情，您能把评价改一下吗？您的意见我们会重视的，希望下次能给您提供更好的服务！

买家：好的，你们服务很好，就看在你们服务好的分儿上，我也会改的。

一般来说，如果买家没有什么大问题，只要你的服务态度好，这类评价买家一定会给改的。

二、中等中差评（买家评语写“服务不好”“快递太慢”“质量出现问题”等）

中等中差评主要针对服务不好、快递太慢或质量问题，常常以如下形式出现：

“卖家服务态度太不好了，再忙也不至于半天才回复一句话吧！”

“快递发了一个星期才到，问客服，客服说没有那么快到，态度实在太差。”

“质量出问题，竟然还不及时解决，还要我自己承担快递费用，真是气人！”

……

这样的评价最好由专门的售后服务人员来处理（如果店铺经营得还不错，且有多名客服人员）。没有客服的话，你也可以以店主的身份来回访买家。

例如：

店主：您好！我是店主，看到您给我们的一个评价是针对客户服务的，我想向您了解一下情况。

买家：好（买家看到店主出面来解决问题，非常尊重自己，通常都会回复消息，也会说明整个事情的过程）。

店主：我了解了，谢谢您！首先我要向您说声对不起，还请您不要生气。请放心，您的问题我们会及时解决的，还希望您继续支持我们。您的宝贵意见我们一定会采纳的，并且加以改进。

买家：谁都会犯错的，只要改过就是可以原谅的，况且你们的售后服务还是不错的。

店主：谢谢您！对了，还有件事情要麻烦您，可以给我们改一下评价吗？我自己也觉得不好意思，但是还希望您理解，这对于我们网店来说太重要了！

买家：只要问题解决了就没有什么啦，你们的服务其实还是不错的。我给你改一下，记得多多优惠哦！

店主：我们店铺随时都会有活动，您要记得关注啊，到时候我们也会发消息给您。再次感谢您对我们店铺的支持！

三、疑难中差评

疑难中差评包括上面所有的问题——质量、服务、快递等，当然也可能是故意捣乱。

遇到这类评价，首先要保持冷静，先看看评价内容，再看一下交易的时间、对方账号的注册时间等。

解决方法有以下三种：

1. 旺旺解决

首先通过旺旺与买家沟通，了解情况，当调查清楚后一定要及时给对方答复，绝对不能拖延。

（1）质量问题。如果是产品质量问题，则要给对方换货或者退货，并承担来回的快递费用（前提是店铺自己出现的问题）。在处理时态度一定要诚恳，在沟通时加上旺旺表情肯定会有帮助。当对方的问题得到了解决，并且感觉到你的服务态度又很诚恳时，一般会把差评改为好评。

（2）服务问题。若是服务方面出了问题，则应积极地认错，立即向对方说对不起，谢谢买家给的批评和意见，并且尽快改进。

（3）快递问题。如果是由于快递的原因而耽误了，你可以向对方好好地解释一下。先要了解对方晚收到货物的原因，快递在三至五天内到货是很正常的，如果超过五天还没收到，则要看看是不是对方电话有问题（如手机没电，快递打不进去），还是自己这边出了问题。要立即了解情况并及时给买家答案，让买家知道你很用心、负责。处理时的诚恳态度也会让买家对店铺评价时手下留情。

2. 电话沟通

打电话是最好的沟通方式，沟通时要注意：第一，放松心情，让对方听到你的声音就什么怒气都没有了；第二，一定要微笑，虽然对方看不到你，但是可以从语音语调里感觉得到你是否在微笑；第三，认真倾听问题出在哪里，不要打断对方；第四，当对方说完问题的时候一定要先说对不起，然后再提出解决方案。

3. 做出解释（针对同行扰乱，或者是疑难差评）

同行给出中差评的情况，很多卖家都遇到过，这样的评价一般都不会被修改。对方手机不开机，电话没有人接，在线不说话，或者你已经被对方列入黑名单。所以，你似乎没有机会与对方沟通，但这时你千万不要灰心，而是先去看看评价。一般来说，这样的评价80%是针对商品和服务的，而且基本上都会是差评。

当你看到差评时，可以先检查自己的商品是否与对方所说的一样，接着再确认货物的出库、服务、快递中有无问题，确实没有问题，那么在做解释时，你就可以直接说出你想说的。

一般同行都不会留下把柄，也就是在聊天记录中找不到纰漏。所以，只有靠自己来解释了。千万不要因为这样就很难过，你可以换个角度来思考："是不是因为我比他强，他忌妒所以才会给我这样的评价？"这也证明了对方没有气度，这时你就不会生气了。

当疑难差评解决不了时，也一定要做出解释，这样可以让其他买家清楚到底是怎么回事，不过不要歪曲事实，有错就一定要改，卖家的诚实态度也可以赢得买家的信任。

第165招

恶意差评不能放过

差评的威力有时候实在很大，买家购买商品的时候，总会看看交易记录和好评率，如果交易记录上差评很多，或者好评率只有60%至70%，那一般买家都会认为卖家信用度太低，而不愿意从他的网店购买商品了。

差评在保护买家防范卖家不诚信的同时，也给了买家一个强大的工具，甚至有些买家以此为手段，威胁卖家将产品低价卖给他或者勒索钱财。更有甚者，利用差评来攻击竞争对手，从而达到有利于自己网店销售的目的。那么，如何规避恶意差评呢？

一、查看买家的评价

当一个买家找到你，他会先看你的评价记录，同样卖家最好也先看看买家的评价记录，如果买家有恶意评价的行为，你就要小心了。

二、遭到恶意差评要投诉

遭到恶意差评的攻击，一般可以向交易平台投诉。目前淘宝不受理非恶意评价的评价争议，但对于以下情况淘宝将直接删除此类评价，并保留对评价方处罚的权力。

（1）在评价中有污言秽语、色情、辱骂、违反和谐社会精神风貌的言语。

（2）涉嫌同行业的恶意评价。

（3）在交易过程中，评价方利用中评或差评对被评价方进行威胁，或提出不合理的要求。

（4）凡使用淘宝推荐物流而引发的中差评等。

其实也有相当多的买家在网上完成交易后没有留下评价，这些几乎占了交易的一半。卖家可以与他们联系，尽量争取让他们补评。

第166招

防止被恶意差评

恶意评价是指评价人以造成被评价会员损害为目的，恶意利用本人、他人的名义对淘宝网会员做出“差评”或“中评”的评价，即为“恶意评价”。在买卖过程中，好的买家是占大多数的，但也不排除有个别的人来给卖家恶意差评，所以卖家一定要提防这种情况发生。

一、不声不响型

此类买家往往在没有与卖家进行沟通的情况下就买下了商品，并及时付款。待卖家发货后，突然出现要求退货，不退就给差评的现象。

遇到这种情况，首先，不管买家是否主动联系卖家，卖家都应该在发货前与买家取得联系；

其次，最好选择在旺旺上聊天，因为旺旺上的聊天记录往往是发生纠纷时最好的，也是最有力的证据。如果旺旺联系不到，要先在旺旺上留言，这样可以算做是发货前联系不到买家的证据；

最后，如果发货前联系不到买家，即使是他付款了，也不可以轻易发货。因为如果造成了纠纷，自己又没有有力的证据来证明已经对买家准确地描述了商品，容易败诉，最后损失要大于利润，得不偿失，而且可能会被买家给差评。

二、拍下不付款，要求先发货

此类买家往往是跟卖家商量很久，最后好不容易达成一致了，拍下物品后要求缓一些日子再付款，但是要求卖家先发货。

首先，要买家给一个确定付款的日期，日期一定要准确不能模糊。如果付款日期是当天，可以先答应下来，接下来，可以将货物暂时寄存在合作较久的快递公司或是先写好快递单号并在状态一栏中填写发货（货在手中），等买家付款以后再通知快递员或是自己再去发货。

如果要求的日期比较远或者买家并不确定，这个时候一定要委婉地拒绝，一般情况下尽可能地让买家先付款或尽快付款。大家要明白，如果买家真的是急着要货，肯定会马上付款的；如果买家并不急于付款，说明他并不着急得到你的商品。

三、如果收到恶意的评价怎么办

你可以先联系一下对方，如果协商一致，可以让买家修改评价，如果协商未果，可以发起恶意评价的投诉，并提供相关凭证，由淘宝裁决。

第167招

网店初开打破零信用

可以向你的朋友和周围认识的人推荐你的网店和商品，这样做有以下几个好处。

（1）对于你的朋友和认识的人来说，你的商品一般只要对他们的胃口，他们也有此需求，就会首先考虑买你的商品，而且还得到一些优惠。

（2）只要有10个以上的买家购买了你的商品，你的信誉就有一颗星了，有了信誉点，你的商品就好卖多了。试想，同时有几家店以同样的价格销售同一件商品，一家有星，一家信誉为零，大家肯定都会选级别高的那家。

（3）新店开张之初，很多新卖家还不是很了解网上的交易程序，即使进行了学习，大都也是纸上谈兵，没有实际操作经验。所以，建议新手卖家可以先借与朋友的头几笔交易，熟悉整个交易程序，以免有人买了你的商品，你却因不熟悉交易流程而中途出错，要是因为这样而得了买家的差评，可就太不划算了。

第168招

打赢销售旺季的仗

几乎所有店铺生意都有特定的销售周期，有着明显的淡季、旺季。一般说来，旺季的销售额占营业总额的70%以上。因此店铺经营者一定要把精力投放在旺季的销售中。

旺季热卖有如下几点需要注意：

（1）提前准备好商品，货源充足。这一点可以说是在旺季能否热销的至关重要的一点。

（2）及时发掘出重点推荐商品，这类商品尤其要货源充足。

（3）到了旺季，平时不舍得“投入”的卖家应该花点钱装修一下店面，给买家留下好的印象。

（4）促销措施一定要到位，要在店铺内营造热卖气氛。要搭配些促销或优惠活动，不一定多，但一定要有。做生意掌握顾客购物心理，进行人性化合理设置，会起到不错的辅助成交效果。例如“满100元送小礼物”和“满200元包邮”等活动，不少顾客购物金额差几十元时都会再补一件以期达到参加活动的目的。

（5）营业时间充足保证。时间也是网店销量多少的重要因素。网店经营时间并不像实体店那样有所限制，需要卖家根据自身条件灵活定制。特别是旺季时更应该保证营业时间，网店才有可能比别人更胜一筹。

（6）网店经营是否顺利需要方方面面的完善配合，而快递也是保证成交顺利的重要环节。特别是旺季时，一定要掌握多家物流信息，密切搞好合作关系。这对网店的经营起着重要的作用。不要只用一两个快递公司，关键时你就知道“兵到用时方恨少”了。

第169招

销售淡季也能有所作为

生意淡旺乃市场自然规律。店铺经营中出现淡季是正常现象，这是市场本身的特征，不是店铺可以改变的。淡季的最直接表现就是销售额难以提高，一般的促销措施根本无法使这种情形得到改善。店铺应对销售淡季采取如下几个措施：

（1）淡季要调整心态。有些卖家觉得“淡季”来临了，认为即使投入再多，也不会有很好的收获。于是，不愿再像旺季那样去投入，去宣传了，从而致使原本应有的一些生意也没有了。如果卖家自己都没信心了，买家对你的商品还会有信心吗？要树立“销售无淡季”的意识，只要多下功夫、多用心思考，总会找到出路的。关键是要有一个好的心态，能以一颗平常心来对待。

（2）出奇制胜，使淡季不再淡。例如搞折扣促销或降价促销，但是一定要注意一个产品都会有它的市场合理价格，一味地降价只能是扰乱市场秩序，引来消费者猜疑。无限制的价格促销、一味地降价并不一定能带来更好的销售。

（3）推广新商品，尤其是盈利商品。在销售淡季推广新商品，往往会因为竞争对手少，而容易切入和造势。同时，新商品推出后，因为新，最终会给市场带来新的增长点，让整体销量上升。

（4）为即将到来的旺季备足货源。淡季往往空闲时间较多，充分利用好这个时间，多接洽些供货商，调整备足自己的货源。多了解市场，就会知道今年旺季什么商品更抢手。

（5）加深与顾客的感情。销售淡季，卖家的时间相对充裕。因此，利用销售淡季，加强、加深客户关系，是一种销售战术。

（6）这段时间里装修美化店铺也是成长中的卖家必须要做的，如将网店装饰得漂亮一点，重新拍照不满意的商品，增加匆忙上架而未来得及介绍详尽的商品描述，趁机将旺季销售的得失和对手的销售情况进行分析总结，利用空余时间为旺季到来和小店将来发展做一些准备。

第170招

提升网店热度的策略

店铺营销时可以采取以下几个关键策略以提升网店热度：

一、重点关注感兴趣的顾客

应该重点关注对店铺商品感兴趣的买家和现有买家，而不是将大部分时间浪费在吸引新买家上面。

买家在访问店铺后，可分为两大类。一类是已访问店铺但未购物的感兴趣的买家；另一类是已访问店铺并购买过商品的买家。一定要吸引更多的回头客再次购买自己的商品。

二、强调商品的利益点

将购买本商品或服务的好处与购买竞争对手的商品或服务的好处进行比较。尽可能具体地告诉买家，为什么你的商品是他的最佳选择，让买家确信你的商品价值。

三、使用顾客推荐信

在店铺的“信用评价”页面有买家的评价。将其整合到网店的广告当中，并将它们添加到邮件签名当中。这样联系人能够看到关于商品或服务的正面评论，潜在顾客就有可能购买你的商品了。顾客评论越来越盛行，并且影响着潜在顾客的购买决定。

四、逆向思维营销

在销售淡季，如果厂家及销售人员能够逆向思维，不按常理出牌，积极调整优化，主动出击，即使是淡季，市场仍然大有文章可做。

五、避免竞争

无数成功的商战实践表明，避免竞争才是最聪明的竞争。精明的商家并不囿于眼前的现有市场，不被动地随波逐流，步人后尘，而是随时随地避免与对手正面交锋。

六、勇于面对评价

如果收到了买家的中评或差评，也不要生气，不要去埋怨买家怎么这样做。要先看看自己哪里做得不好，主动和买家进行沟通协调，不要推卸责任，如果真的是自己的过失造成的，要勇于承担责任，并真诚地道歉。如果遇到中评或者差评，是可以取消的，这就要看怎么和买家来进行沟通了；如果不是特别大的问题，真诚地道歉，相信买家也会被你的态度打动，也许会主动给你改为好评。

第171招

抓住节假日的商机

在假日期间销售是一个很好的商机，会比平常的交易量高出许多。如何充分利用假日经济带来的契机做好促销，成了摆在广大淘宝卖家面前的重要课题。

一、提前策划，有备而战

商场如战场，在假日促销之前，要有详细的规划、精密的组织、统筹的安排、这样才能运筹帷幄，占领先机。

针对假日的特点与网上买家的需求以及目前的流行趋势来策划。策划的内容包括假日销售所针对的人群分析、活动宣传、促销形式、备货的充足量、活动所达到的预期效果等。

另外如果有时间和条件，可以装修美化店铺页面，给买家一种节日的气氛、一种新的视觉感受。

二、做好宣传与推广

还可以到一些人气旺的论坛里做宣传。不过宣传一定要遵守论坛的相关规定，不能乱发宣传帖，否则会被版主删除或引起买家的反感。

可以针对自己的商品写一些消费指南类的帖子，指导买家如何鉴别商品等。还可以到支付宝社区发一些免费宣传的帖子，社区有一个优惠商品区和促销活动区，在这里宣传是“合法”的，可大胆发帖。

另外，每逢节假日，各大论坛都会推出一系列的活动，例如情人节、淘宝年货在线热卖会等，这些活动都要积极地参与，不但可以提升人气宣传自己的店铺，而且还有机会赚钱，赚的钱又可再投放广告。

三、商品促销，让利买家

在圣诞节、春节、情人节等节日里，人们都会购买些礼物送人，这时候适时推出购物送礼等活动，就可以进一步刺激买家的购买欲望，也可以作为回馈来感谢新老买家一年来的帮助与支持，从而拉近卖家与买家之间的感情。应注意的是，商品一定是精心挑选的，而且是物美价廉的，让买家看到实惠。

还可以推出一些特价商品或者买一送一、买100元减20元、赠送小礼品或是多件包邮等活动。这些促销活动可以为店铺聚集人气，提高买家的购买热情。

四、备货充足，迎接顾客

准备好充足的货品，在节日期间是必然的。在策划活动时，就应考虑好货源问题。一些重要的节日，都是要放长假的，而且物流、快递相对较忙。所以要提前备好货品，期间一定要考虑快递、物流所需时间，尽量多预算点儿。

五、服务周到，诚信为本

在网上销售，买家对商品是否满意，不仅仅取决于商品的质量和价格，很大程度上还取决于服务的质量。

服务应该包括售前、售中、售后，有买家咨询就要快速回复，即便只是询问，没有购买意向，你也要耐心解答，因为他们很可能就是店铺的未来顾客。

六、关注物流信息，及时提醒买家

节日期间，特别在长假期间，大部分的物流快递公司都会休息，要及时了解所在地区物流快递公司的休息情况，最好是写在公告栏里，及时通知买家。

第172招

利用价格低的商品提升信用

信用度高的卖家往往在网上更容易被买家看中，但如何才能迅速提高信用度呢？就新手卖家而言，首先要了解网上的信用制度情况。

以淘宝的网上信用体系为例：每次交易后，买卖双方都可以通过做出信用评价来相互评分，通过累积的分数分成10个级别，最高级别为超级红星。不论每次交易的成交金额是多少，最多也就得一分，中评不得分，差评则要倒扣1分，而非会员评价则不计评分。

其他交易平台对于信用体系的评价方式也大同小异，所以对于买卖双方而言，越早开始网上交易的，其信用度的累积自然越高。

在了解这些信用制度时，会发现一些小窍门。其中之一就是依靠价格较低的小件商品来迅速累积信用度。

有一家金饰店店主，她同时有银饰买卖，人气很旺。由于高价商品相对交易次数较少，而信用体系规定，无论交易金额为多少，好评一律都只给一分，所以，她刚开始就多做些薄利多销的商品，结果很快就提升了其信用度。

同时，很多交易平台也规定，来自同一个买家的好评，如果几次交易的商品都是同一种，则其多次的评价也只能算一分，这是为了避免卖家蓄意炒高自己的信用度所做出的修正。

第十一章

网店安全保障及使用工具

第173招

进货中的安全隐患

现在有很多不良厂家或批发商利用新手卖家对进货渠道不熟悉又急于寻找货源的劣势，通过各种手段把一些过时的或质量差的产品批发给卖家。寻找合适的厂家或上游批发商是一个长期的工作，在这个过程中，一定要擦亮双眼，处处留心，千万不要相信批发商的花言巧语，而是要想办法维护自己的利益。主要可以通过下面几条措施确认厂家或批发商的信誉，绕开陷阱，安全进货。

一、核实批发商地址

批发商一般都会有一个固定的地址，可以通过各种途径认真核实这些地址的有效性，仔细看一下有无疏漏。如果当地有朋友，可以委托朋友帮忙实地考察一下。

二、核实批发商名称

通过网络黄页可以查询公司名称是否存在，查看其主要经营范围，是否与自己所进商品相吻合。另外，还可以通过当地工商部门网站或查询电话，查询其是否注册，其营业执照是否过期，是不是空壳公司等。

三、核实批发商的注册商标

有些骗子公司根本就没有品牌，往往随便冒用一个牌子。可以上商标专项网址查一下厂家或批发商提供的商标或品牌是否已经注册，这个商标或品牌的注册人是谁，一切就可以真相大白了。注意厂家或批发商提供的电话。可以通过网络或当地114查号台确认电话号码的归属，还可以查询电话是否与对应的公司名称、地址等相符合。假批发商提供的电话往往都是手机，而不是固定电话。

四、核实批发商的网址

若是批发商有自己的网站，可以好好研究一下里面的商品，然后提出一些比较专业的问题咨询一下，看其能否准确详尽地回复。如果一些基本专业问题都无法给出正确的说法，其能力及真实性就值得怀疑了。

五、核实批发商提供的汇款途径

正规公司都在银行有开户账号，所以在汇款时提供的账号一定是公司账号而不应该是个人账号。若只是提供一个个人银行账号，则需要提高警惕。

六、要订下文字标准

不同等级的商品有不同的价格，在确定进货前，双方一定要把如何确定商品质量的标准说好。同时，如何判别产品质量问题及责任，费用如何分担，也不能马虎，都要形成文字，以此来保护自己的合法权利。

七、不要轻易相信低价批发

根据国家相关规定，海关罚没品是不允许私自出售的，除了销毁之外，基本上都是实施公开的拍卖，通过拍卖的方式对罚没物品进行处理，拍卖要经过专门的部门估算拍卖品的底价。通常海关拍卖的大宗货物都是“批发式”的拍卖，拍卖价格虽然相对市场价要低些，但一笔拍卖的生意也绝非一般小企业或个人能承受得起的，只有大的批发商才有实力和资质参与，所以价格不可能低到让人不可想象。要注意的是真正按照拍卖途径买下的海关罚没品再转手，就属于合法运营。

第174招

销售中的安全隐患

网上交易的陷阱无处不在，一不留心就会中了骗子的圈套。交易过程中卖家必须有一双慧眼，才可识破种种花招，避免不必要的损失。总结起来，网上交易常见的针对卖家的骗术有以下这些：

一、不同的用户名及地址

通常是买家用两个非常类似的用户名跟卖家联系，如“小白兔”和“小白免”，和你谈交易时用一个用户名，和你谈支付时就用另一个用户名，或者在聊天工具上要求你把商品发到一个与网上显示地址不同的地址，这时卖家就需要非常小心了。用这种方法，骗子不但可以用一个用户名骗到你的东西，还可以用另一个用户名投诉你收款不发货，让你退款。

针对这种骗术，要求卖家严格按照付款买家的地址发货，如果要更改收货地址，一定要在网上交易平台提供的聊天工具里留下聊天记录；否则，宁可不交易。

二、截图的欺骗

买卖双方谈好了交易价格后，买家发来信息说已付款，让卖家赶紧发货，而卖家这边的交易信息里却显示“等待买家付款”，出现这种情况后，买家通常会发来一个截图，对方电脑上显示的确实是“买家已付款等待卖家发货”的状态，让卖家以为可能是自己的电脑出现了问题。通常情况下，为抓住客户，卖家就把货发出去了，可是发完货后，就再也联系不上买家了。

针对这种骗术，卖家一定要确实证明买家已付款后才能发货。

三、拒绝使用平台的支付工具

还有的买家，谈好交易后说自己没有交易平台提供的支付工具，或电脑坏了，暂时无法使用，提出可以通过银行汇款来结算。骗子汇完款后，卖家网上银行查询确实钱也已到账，然后便放心地把货物发出，最后却发现人财两空。其实这里骗子利用了有些银行八小时内可退款的规定，买家先把钱汇出，等卖家发完货后再到银行申请退款，从而达到骗财骗物的目的。

四、利用木马病毒盗取卖家密码

双方交易前，买家会忽然发过来一个文件夹、图片或网址，问买家是否有其中显示的款式型号，打开后却没有样本，或文件夹是空的，其实这时卖家电脑已中了其发过来的木马病毒。于是账号被盗，资金被转移，损失惨重。

针对这种骗术，一是卖家要注意不能随便打开来路不明的图片及网址，另外也要安装各种杀毒软件来预防电脑中病毒。

五、利用恶评、投诉威胁退款或赔偿

常见有些买家说收到货了，但却说货不对，你明明发的是一台数码相机，但对方却说收到一块石头，并且把一块石头给退了回来，要求卖家给予退款，不然就恶评加投诉；或者买家说收到货了，但不是很满意，也不想退货，要求卖家退回部分货款或给予补偿，否则就恶评加投诉。

针对第一种情况，卖家在交易前一定要主动提醒买家货到后当着送货员的面检查货物，过后概不负责；针对第二种情况，最好的办法，就是与其好好沟通，尽量让其退货。

六、先小笔交易后再大笔，要求货到付款

此种买家有过几次交易，付款及时但金额都较小，接下来突然定购大额商品却要求货到付款。如果不能委托物流公司帮着收款的话，一定要慎重使用货到付款的方式。即便是交易过多次的老顾客，也不是百分百值得信任的。骗子通过几次小额的交易，让卖家对其产生信任，然后借口急用某某东西，要求卖家先发货，往往就是这次受骗了，金额数量通常比前几次都多。

七、有质量问题要求卖家先退钱或换货

买家收到货后表示不满意，要求退款或换货，卖家给退款或重发一件新品后，却再也收不到买家退回来的货。

针对此类骗术，卖家要尽量与买家沟通，要求买家先退货，收到货后卖家再退款，因为买家有评价或投诉的保障，而卖家要长期经营，对评价是很看重的。

八、同城见面交易耍各种花招

有时买卖双方属于同城，买家会要求当面交易结算，在交货过程中买家会说身上带的钱不够，让卖家跟着去取，结果三绕两绕来到偏僻地才发现自己受骗了；或者在当面交易中，使用假钞，一下子几百元，让卖家损失惨重。

对同城交易的这种骗术，卖家一定要提高警惕，当面交易要选择公共场所，比如商场、超市门口等，最好是自己熟悉的地址，对大额现金交易一定要仔细鉴别钱币的真假。

网上交易销售过程中的骗术远远不止上面列出的这几种，还有许许多多其他骗术，比如买家谈交易时一副财大气粗的样子，把价格给压低后却只买一件，再比如买家下了订单后却再也没有消息，卖家按其留下的电话打过去，却被扣掉巨额话费等。骗子的花样总是层出不穷，卖家在交易时必须处处小心，睁大双眼，才能避免被骗。

第175招

网上支付的安全隐患

当前，国内各大银行都陆续开设了网上银行，由于网上银行只需要提供卡号和密码就可以进行各种金融交易，操作方便快捷，许多银行用户都喜欢通过它进行交易。随着网络购物、网上支付等业务被广泛地应用，网上银行在人们的日常生活中已经起到越来越重要的作用，于是不少不法分子就瞄上了网上银行用户，利用种种手段，盗取网银密码，盗取用户的资金。作为网店店主，每天都要跟网上支付打交道，很有必要了解防范网上支付中埋藏的陷阱。

一、网上银行犯罪的主要形式

根据一项调查，绝大多数网民不使用网上支付的原因就是担心交易的安全性、担心泄露个人隐私等。顾客产生这样的担心，正是因为现实中在网上确实存在着不少针对网上银行的犯罪形式。

1. 克隆网站迷惑用户

由于制作一个网站的成本很低，造假者使用假身份证花几百元很容易申请到一个域名，并租到服务器空间，从而建立起一个从域名到网页内容都与真正的网上银行极为类似的网站，引诱用户输入用户名和密码，从而盗窃用户资金。这种网站主要是通过使用和真实网址非常相似的域名，如：中国农业银行的互联网地址是www.95599.cn，于是犯罪分子就注册一个www.95569.cn的网站，它和www.95599.cn虽只有一个数字之差，然而却有天壤之别。这些假冒网站使用正规网站的标识、图表、新闻内容和链接，唯一区别就是输入账号的位置，一旦用户登录网站，很难通过一般的常识来区别哪个是正规的网站，哪个是假冒网站。对付这类网站的最好办法是做好预防，提高自身的防范意识。在输入账号和密码的时候一定要小心谨慎，先认真检查网址。

2. 利用跨站脚本欺骗

所谓的跨站脚本就是攻击者利用合法网站服务器程序上的漏洞，在站点的某些网页中插入危险的html代码，窃取用户信息。跨站脚本带来的危害主要有：

（1）获取其他用户Cookie（储存在用户本地终端上的数据）中的敏感数据。

（2）屏蔽页面特定信息。

（3）伪造页面信息。

（4）拒绝服务攻击。

（5）突破外网、内网不同安全设置。

（6）与其他漏洞结合，修改系统设置，查看系统文件，执行系统命令等。

通过这种方式，即使是一个比较正规的网站，也可能被人利用。这些页面看上去似乎是正规网站，实际已经被非法利用。在这些网站的窗口中输入个人银行账户信息及密码等个人信息是非常不安全的。

3. 手机短信诈骗

利用手机短信进行信用卡、借记卡诈骗是近年来新兴起的犯罪方式。犯罪分子利用群发器，向手机用户大量发送类似于“某某银行提醒您，你某年某月某日在某商场刷卡消费500元，24小时内将扣除，如有疑问请致电某电话号码”或“尊敬的某某银行客户您好!某某银行目前开展代客户交水电燃气费、电话费业务，每月三十日从你的银行账号上自动扣除你当月的水电燃气及电话费。详情请咨询某某电话”之类的短信。一旦按短信中留下的电话打过去，对方就会冒充银行、银联、公安人员等，套出用户的银行卡账号和密码，或让用户在自动取款机上进行转账操作，将资金转入骗子账户。

4. 利用木马病毒盗取密码

一些犯罪分子在网吧等公共电脑上安装一些黑客软件，如果使用这些电脑，程序就会自动记录下用户的卡号密码等并将其传给犯罪分子。还有一些犯罪分子在某些网站或邮件的链接中也植入木马程序，一旦用户访问这些网站或邮件中的链接，就将病毒植入用户电脑中，在用户使用自己的电脑登录网上银行时，其账号密码就会泄露。

二、主要的自我保护措施

银行方面对于网上银行交易的安全性已经做了很多防范，用户只要掌握基本的相关知识，就能够安全便捷地使用网上银行。主要的自我保护方式可以从链接来源、证书和使用场合等几个方面来预防。

1. 链接来源

（1）对于银行发来的手机短信，请认真核对短信的来源，如涉及账号问题要和银行进行电话确认。

（2）对要求“重新输入账号信息，否则将停掉信用卡账号”之类的邮件不予理睬。

（3）不要回复或者点击未署名的邮件链接，如果你想核实电子邮件的信息，可以使用电话联系。

（4）若想访问某个公司的网站，使用浏览器直接访问，输入网址前，要确认网址的来源。

（5）不要在电脑上随意安装软件，尤其是从网上下载的软件。

（6）如果一个网址中含有“@”字符，就一定不要使用这个网址。

2. 证书

（1）注意所有国内商业银行在第一次进入网银项目的时候，都需要下载安全证书，用户可以通过检查安全证书，来确定网站的身份。

（2）可点击浏览器右下角状态栏上的挂锁图标后，可通过查看证书内容来确认所显示的证书信息是否与下列信息一致，请检查安全证书是否仍在有效期内。

（3）查看登录时间。经常查看欢迎页面上的上次登录时间和实际登录情况是否相符，便于你及时发现异常情况。

（4）留意地址栏的域名变化，多数合法网站的网址相对较短，通常以“.com”或者“.cn”以及“.gov”结尾，仿冒网站的地址通常较长，只是在其中包括合法的企业名字（甚至根本不包含）。

3. 使用场合

（1）没事不要总是进入账户，特别是新手，别一会儿不进去看看就不放心。

（2）安装杀毒软件并及时升级病毒知识库和操作系统补丁，建议安装个人防火墙。

（3）使用网络银行时，选择使用网络凭证及约定账户方式进行转账交易，不要在网吧、公用计算机上做在线交易或转账。

（4）在输入密码的时候，可以通过多次的部分密码复制、粘贴的方式进行，以免被键盘记录器记录。粘贴的次序也可以打乱，再把错误的字符删除。

（5）大部分的“网络钓鱼”信件都使用英文，除非你在国外申请该服务，不然应该收到的都是中文信件。

（6）在操作网银的时候，不要浏览别的网站，有些恶意代码可以得到电脑上的信息，并利用这些信息盗取账号。

（7）将可疑软件转发给网络安全机构。

第176招

怎样申请支付宝账户

下面以淘宝网开发的支付工具支付宝为使用案例来进行说明。支付宝账户是用一个注册邮箱来绑定使用者身份的。在使用支付宝之前，先要申请一个电子邮箱作为将来的支付宝账户，这个电子邮箱是没有限制的。不过建议大家尽量使用在较大的邮箱服务提供网站上注册的邮箱，它的安全性和稳定性都会好一些。

用我们已经申请到的电子邮箱去支付宝网站（www.alipay.com）上进行注册，就可以成为支付宝网站的会员了，这样我们就拥有了一个支付宝账户。只要在支付宝网站输入注册邮箱和密码，就可以登录到账户里进行资金的操作。

如果你是买家，你申请的支付宝账户完全是用来从别人的店里买东西，也就是作为纯粹买家的话，那么完全没有必要进行支付宝认证。但如果你想当卖家，准备用申请的支付宝账户来开网店做生意和收款提现的话，就必须进行支付宝认证，向支付宝提供自己的身份证和对应的银行信息。通过支付宝实名认证后，你的名字后面会出现一个身份证带支付宝标志的图标，这说明支付宝网站已经核实了你的身份和银行账户信息，这时，你就具备了开网店的资格。

此时你的支付宝账户里面还是空空如也，如果需要购买商品的话，可以通过为支付宝账户充值来存入款项，使其有足够的可用金来支付货款。和支付宝网站合作的银行很多，四大国有商业银行和一些大家常用的银行都与它合作，这些银行在各地的网点也比较多，便于大家办理网上银行业务，开通了网上银行的转账功能，你在使用时就会更加便捷。

在支付宝网站的客服中心，可以很方便地找到各大银行的帮助中心，这家银行的网上银行转账功能，在里面都有很详细的文字和图例说明。

第177招

支付宝的安全服务

把钱存在银行，是大家比较放心的。但是把钱放在虚拟网络的支付宝账户里面，钱是否有安全保障，这是很多顾客都会担心的问题。支付宝网站也针对这个问题提供了很多关于安全的服务，比如手机短信提醒服务，就是一项很好的安全措施。只要申请开通了这个手机短信提醒服务，一旦有人动用你的账户资金，支付宝网站系统会自动给你已绑定的手机发送一条短信通知，告诉你账户在什么时间向什么人支付了多少金额。如果你发现这笔款不是自己在操作，可能遇到了盗用行为，那么可以马上联系支付宝网站冻结这笔款项。

与网上银行转账不同，使用支付宝账户里的款项购买商品有一个周期，在这个周期里有充裕的时间去冻结并追回款项。

除了账户支出功能，其实支付宝账户也可以收入款项，只是需要把支付宝账户里的钱提现到银行账户才能取出使用。所以，在注册时我们使用的真实姓名和我们银行卡的开户名字必须一致，否则就会导致提现不成功。由此，也说明了支付宝是一种比较安全、便捷、高效的支付方式。

第178招

支付宝账户的充值和支付

刚注册的支付宝账户里面是空的，还无法利用它来付款。有很多人以为一定要先把银行的钱充值到支付宝账户后才能实行支付，其实并不用这么复杂。支付宝账户和银行账户里的钱都可以直接转账到支付宝网站里，两个账户的钱付款到支付宝网站都属于支付宝交易，都会按照统一的支付宝交易流程操作，享受同样的权益保护。所以并不一定要先把你的银行账户里的钱充值到支付宝账户里才能用。

那么两个账户之间的区别在什么地方呢？区别就是，它们的支付限额不同。一般来说，每家银行出于对账户所有者的保护，会设置一个每日或者单笔的支付限额，但是支付宝账户就没有类似的支付限额限制。通常情况下，只要买家购物所需付出的款额没有超出银行支付限额，就可以直接将自己银行账户里的钱直接转账到支付宝网姑，支付宝网站接收到款项以后会在第一时间通知卖家发货。

如果买家购买的商品价格超过了银行规定的支付限额，就需要买家把银行账户里的钱分批充值到支付宝账户里，再进行一次性转账。

这些问题不仅是买家要了解掌握的，卖家更要对此完全熟悉领会。因为顾客经常会因为付款问题向卖家询问，如果卖家自己都搞不懂的话，就无法指导顾客操作，这笔交易很可能就成交不了了。因为这种问题导致交易失败，只能说明你是个不称职的卖家。

下面我们来看看应该如何给支付宝账户充值，前提是你必须已经拥有一张开通了网上银行转账功能的银行卡，这个可以到银行柜台办理。

登录支付宝账户，点击“充值”。选择对应的网上银行，输入充值金额，屏幕上会出现该银行对于每日限额和单笔限额的说明，单击“下一步”进入到充值页面。仔细检查你输入的充值金额和选择的网上银行是否正确，检查完毕，直接点击操作提示按钮，进入网上银行进行充值。进入网上银行的充值页面后，你需要输入银行卡号和验证码，这是中国工商银行的充值页面，其他各家银行的充值页面都大同小异，大家仔细填写即可。出现充值确认信息后，请仔细检查，如果没有填写正确还可以再修改，确定没有问题就可以提交了。提交后，返回我们的支付宝账户首页，可以看到账户的可用余额已经从零元变成了你刚充进去的金额，说明此次充值成功。

从这个流程来看，给支付宝账户充值就是这么简单。

各大银行的每日支付限额都是不同的，所以在办理银行卡的时候务必先了解清楚，以免在使用时因支付限额的问题而感到不便。如果有经常在网店购买贵重商品的需要，建议去银行申请专业版的网上银行，这样就可以有效解决支付限额的问题了。

除了用网上银行为支付宝账户充值以外，现在支付宝网站还为偏远地区的顾客开通了邮政“网汇e”的业务。邮政“网汇e”是支付宝与国家邮政储汇局共同推出的服务。只需在邮政柜台办理“网汇e”汇款业务，并设定汇款密码，即可凭汇款号码与汇款密码给任意一个支付宝账户充值。

使用网上银行充值和邮政“网汇e”已经很方便了，但是支付宝网站还提供了更方便的支付宝龙卡业务。只要办理了建设银行的龙卡，不需要开通网上银行就能使用网上付款功能；只要申领成功就可以立即成为支付宝实名认证用户，并取得淘宝网开店的资格，这个一条龙服务就像开店的快车道，大家不妨去试试。

充值成功之后，就可以使用支付宝账户里的钱购买商品了。使用支付宝付款提供了两个通道，专业的说法叫支付网关。当买家购买了商品，进入支付流程的时候，支付网页会出现上下两个支付网关，最上面是支付宝账户的支付网关。要使用支付宝账户付款，首先，买家的账户里要有余额，其次，买家要申请开通账户余额支付。最下面是各大网上银行的支付网关，如果买家支付宝账户里的可用余额不够，或者不想动用支付宝账户里面的钱，那么，就可以选择使用银行支付宝网站支付货款。

使用网上银行支付网关的支付流程和为支付宝账户充值的流程差不多，如果买家购买的商品价格超过了银行每日支付限额，就可以在购物前为支付宝账户充值， 直到账户的可用余额足够支付货款后，就可以通过支付宝的支付网关一次性把货款付到支付宝网站，等待卖家发货。

在网上购物可以用支付宝来完成付款，但是这里的钱取不出来，也不可以做其他用途。如果想把赚到的钱存到另一个账户里，或者想拿这笔钱买其他的东西，这就得把支付宝里的余额提现。具体步骤如下：

（1）进入支付宝首页，登录“我的支付宝”，单击“提现”按钮。

（2）如果在支付宝账户里未登记银行账号，系统将会提醒你填写银行账号，输入支付宝账户的支付密码。

（3）进入“设置银行账号”页面，填写正确的银行信息。填写完毕，单击“保存银行账户信息”按钮。

（4）填写好信息后单击“申请提现”按钮，输入提现金额及支付宝账户的支付密码。

（5）单击“下一步”按钮会弹出一个提示框，提示再确认一下提现的银行。如果有错误及时更改，如果没有错误，单击“确定提现”按钮即可。

（6）提现申请成功提交，请耐心等待款项到账。在一两个工作日内，支付宝里的余额就会到达你指定的银行账户里。

第179招

支付宝的交易管理

如果你是一家淘宝网店的店主，顾客购买商品并且支付成功后，淘宝系统会立即提醒卖家，买家已付款，等待卖家发货。

在支付宝账户里面可以管理所有的交易，支付宝账户对于买进卖出的交易管理分得细致、明晰，可以有针对性地来进行管理。

有的店主一开始不知道到哪里去查看付款情况。其实除了在“我的淘宝”里的“已卖出的宝贝”里面可以看到付款情况以外，还可以登录自己的支付宝账户，在账户中“卖出交易”的明细里面也可以很清楚地看到哪些是收款还未发货的，哪些是已经发货了在等待买家确认的信息。

由此我们就可以看到使用支付宝交易的方便之处，它不用我们每天去银行核对账目，也不会出现甲付了款，货却发给了乙的情况。就算遇到骗子谎称自己已经汇款的情况，卖家也不会轻易上当受骗。

第180招

即时到账等功能

支付宝还有一个重要的功能就是“即时到账”。

有些店主急于进货， 需要马上付款到对方的账户，就可以使用即时到账功能进行付款。申请了支付宝数字证书的用户，每天即时到账的限额是2000元，没有申请支付宝数字证书的用户，每天的即时到账限额是500元，这也是支付宝网站在为会员提供便利的同时，设置的一个保护措施。

除了即时到账功能，支付宝还提供了其他的服务，比如将支付宝账户中的钱提现到银行卡里支付水电煤等费用，用支付宝账户里的余额购买手机充值卡以及申请支付宝龙卡等，在享受安全便捷的网上支付功能的同时，还能有利息结存。

第181招

支付宝交易纠纷处理

一个称职的网店店主，每天都要泡在网店里，每天都要和支付宝打交道。仅仅是了解如何操作支付宝是远远不够的，还需要深入了解一件重要的事情，那就是支付宝交易纠纷处理的规则。需要了解交易纠纷处理规则的原因是为了更加有效地保护自己，当买卖双方在遇到交易纠纷的时候，卖家就能很清楚如何对当下具体情况做具体分析与处理了。

支付宝交易纠纷处理规则主要有以下几条：

第一条，关于货物风险的转移。除双方另有约定外，货物丢失和损坏的风险在买家签收前由卖家承担，买家签收后由买家承担，有了这个规则，当出现这类的交易纠纷时，我们就知道什么时候该卖家先行赔付，什么时候该买家自己承担后果了。

第二条，关于表面一致的认定。这里的表面一致是指凭肉眼或者简单计量工具就能分辨的差别，判断货物与网页上的商品图片或者文字描述是否一致，一旦签收即代表认可货物的表面一致，今后不得就表面一致的问题向支付宝投诉或要求退款。

第三条，关于退货程序。这个程序和我们正常的支付宝交易流程正好相反，这时的发货方不再是卖家，而是买家，确认放款的也不再是买家，而是卖家，当卖家收到买家退回的货物后即可退还买家的货款。

支付宝交易纠纷处理规则的后三条是：当事人身份核实；争议货款的支付；违禁物品的出售。这三条在交易纠纷中出现得较少，但是作为卖家也应该了解，在发货和签收阶段都要考虑周全，只有理解规则才能防患于未然，每一个使用支付宝作为支付工具的店主都应该对此进行深入研究。

第182招

怎样用淘宝助理新建商品

淘宝助理能够让我们轻松简单地编辑商品，只要几个简单的操作步骤就能创建很专业的商品页面。你可以在商品模板上根据不同的商品属性和款式添加一些分组，比如上衣、裤子、钻戒等，以后创建上衣商品的时候就可以调用上衣模板，创建钻戒商品时调用钻戒模板等。一些共性内容可以不做修改或稍微修改即可，这样的话对模板的修改程度可以降到最低，缩短创建商品的时间，最大限度地提高了工作效率。

下面举例介绍如何创建一个对戒的商品模板。

一、编写商品的基本信息

选择“空白模板”以后会出现这样的空白页面，里面的每一个空格都要认真填写或选择。

首先是编写商品的基本信息。

1. 商品名称

怎样给商品起名字，在之前的章节里已经有详细的说明。

2. 商品类目

这是一个很重要的数据，卖家可以单击“选类目”按钮，去选择自己的商品在淘宝网上的所属分类，这些类目都是随时更新的，每次我们一登录淘宝助理，就会启动类目数据的自动更新，千万不要选错，不然商品刚上传到网上可能就会被当作违规商品删除。

3. 店内类目

如果你的店铺里面已经设置了商品分类，那么在店内类目这里就可以通过单击下拉箭头选择一个分类，这件商品上传以后就会自动到店铺的所属分类里面，而不用手工分类了。如果店铺还没有商品分类的话，可以不选择，发布后这件商品就会出现在管理店铺分类页面的“未分类宝贝”里。

4. 宝贝图片

可以单击箭头到自己的电脑硬盘里选择商品图片，注意图片的大小要小于120K，并且最大不能超过500×500像素，图片必须为JPG或者GIF格式。

5. 宝贝数量

这里是指你准备出售的这件商品的数量。有效期可以选择7天或14天，建议一口价，商品选择7天为有效期，拍卖商品选择14天为有效期。

6. 付款方式

一般有两种选择，分别是款到发货、货到付款。运费承担如果是准备包邮销售就选卖家承担；如果是运费在售价之外的，运费就选择由买家承担，并且设置平邮、快递等。

淘宝网现在有一个新功能，就是设置运费模板。如果使用运费模板，商品上传后邮费显示可能会出现一些错误，不过也有办法解决，我们可以在商品创建好并且上传到网上后再统一选择套用运费模板来修改。

7. 新旧程度

按实选择。所在地是指这件商品发货时的始发地，出售方式可以是拍卖，也可以是一口价，我们根据自己的需要来选择。如果是拍卖商品，要输入一个起拍价格，也就是拍卖的底价，拍卖商品还要填写加价幅度，也可以选择系统代理；如果是一口价商品，直接输入一个售价即可。

8. 是否使用支付宝

从2007年10月25日开始，淘宝网的所有商品必须使用支付宝进行交易。所以，必须选择这一条，有无发票、有无包修、是否自动重发、是否放入仓库以及是否需要使用橱窗推荐这些选项，卖家可以根据自己的需要来进行选择。

9. 定时发布

如果商品需要定时发布的话，我们就可以在这个选项里设置我们认为浏览量比较高的时段，或者是自己能够管理店铺和解答顾客提问的时间。

二、编写宝贝描述

填写好商品的基本信息以后，我们要开始编辑宝贝描述。现在的网站几乎都是使用html代码的编辑器。如果我们还没有设计一个漂亮的宝贝模板，一个简单的方法就是在这里把字体大小、颜色做一点设计，插入一些漂亮的图片来美化这个页面。当然，最主要的还是要把我们的商品介绍得尽可能详细。如果我们已经设计了一个商品描述模板，或者在网上购买了模板的话，可以把html代码复制过来，粘贴在html源代码里。返回到编辑宝贝描述就能看到模板的效果了，如果需要修改里面的宝贝说明，可以直接在编辑宝贝描述里修改，想查看模板效果的话，可以单击“宝贝描述预览”按钮，全部完成后仔细检查一下；如果没有任何问题，这个模板就算完成了。最后，也是最重要的一步，单击“保存”按钮，不然就前功尽弃了。

三、短时间内高效完成的方法

模板创建在“宝贝”模板分类里的，不能直接上传到网上。所以卖家在创建新商品之前，先要在“库存宝贝”里创建对应的商品分组，便于有针对性地使用宝贝模板，尽量减少修改的地方。复制一个现成的模板并将其粘贴到“库存宝贝”相应的分组里去，在模板原有的基础上修改保存，使之成为一件新的商品。这样可以有效降低工作量，大大提高工作效率。

有时候卖家一次要上架数十件新品，如果都按使用模板的方式创建，速度还不够快，这时卖家只要先创建好一个新商品，再右击选择“复制宝贝”和“粘贴宝贝”命令，就可以在“库存宝贝”的相应类别里形成多个半成品备用。只需要修改里面相应的商品信息，就成了另外一件新的商品。按此方法操作，你可以在短时间内创建出大量的新商品。

用这种方式创建新商品，一定要仔细检查需要修改的选项，并且认真地填写，这种方式虽然比套用宝贝模板的方法更快，但是也容易出现漏改的情况。如果在这里填写或者选择错了，一旦上传到网上，有人出价并且付款的话，你就必须按这些商品信息成交并发货给买家，千万不能大意。

由于复制过来的宝贝里已经套用了现成的宝贝描述模板，所以你可以直接进入“编辑宝贝描述”里去修改相关的商品详情，点击“保存”按钮，一件新的商品就快速创建成功了。接下来你继续按上面的方式进行操作，可以生成多个新商品，把需要上传的新品都用这种方式在库存宝贝里创建好，等待上传到淘宝网，开始上架销售。

在大量上货的时候，要一个个去查看商品价格是很浪费时间的事，你可以动动脑筋让自己的工作变得更简单、更有效。当我们把商品图片存放到电脑硬盘时，给每一张商品图片起一个包含商品名称和价格的文件名，在修改模板上的商品名称时直接复制和粘贴这个文件名，相应的售价也能看得清清楚楚，这样就可以最大程度节省工作时间了。相信你以后还能发现更多方便工作、提高效率的好办法，但前提是你必须具备了熟练操作的基础。

第183招

怎样用淘宝助理批量修改商品

有时候你需要修改商品描述、商品名称、商品所在地、付款方式、发布时间以及心情故事等，一件件的修改是极其麻烦的一项工作，但是有了淘宝助理就可以轻松地完成这个艰巨的任务。下面就来看看如何批量修改商品：

一、批量修改商品名称

你现在要批量修改商品名称，首先，将需要修改的商品全部选中，这样才可能将商品全部执行修改命令；有时候批量修改不成功是因为没有全选的缘故，所以只修改了个别被选中的商品，出现这样的情况，说明在批量修改时存在漏选。

然后在下拉菜单中选择“名称”命令，如果是要批量修改价格、类目或出售方式等，就在这里选择相应的修改项目。

你要把商品名称里面的“双钻信誉”全部替换成“双钻商铺”，通过这种方式说明这是一家双钻信用级的企业商铺，大家完全可以放心购买。选择“编辑”复选框和“查找并替换”单选按钮，在下面的“查找”输入框里输入“信誉”，在“替换为”输入框里输入“商铺”，单击“预览”按钮，确认无误后单击“保存”按钮。

二、批量修改发布时间

发布时间有时候也需要调整，先选择需要修改的商品，在“批量编辑宝贝”下拉菜单里选择“定时发布命令”，你可以通过批量修改的方式来统一调整商品的上架时间，这能使商品上架的时间和数量安排更合理。

选择“编辑”复选框和“新的日期”单选按钮，在“时间”输入框中选好我们准备发布的新时间，“每隔”输入框中可以填写一个数字。后面的下拉箭头里有“分钟”“天”和“小时”三个选项，说明我们可以设置每间隔多长时间逐个发布，单击“保存”按钮后，你的商品就整齐有序地排列在那里了，随时等待上传到网上去进行销售。

三、批量修改其他选项

在批量修改的“其他”栏目里，还有关于使用支付宝、发票、保修、自动重发、橱窗推荐以及放入仓库等选项，你可以使用批量修改功能一次性修改多件商品。比如最近首页、频道有什么活动或热门关键字是和你的商品有关联的，你通过使用批量修改商品名称就可以很方便快捷地搭上这趟“顺风车”。如果近来店铺准备推出什么优惠活动，你也可以使用批量修改的方式，在商品名称和描述里把活动的内容体现出来。

第184招

怎样用淘宝助理上传下载商品

当你使用淘宝助理创建好新的商品以后，一定要将它们上传到淘宝网上才算是成功发布了商品。

一、上传商品

先在“库存宝贝”分组里选择需要上传的商品，然后单击“上传宝贝”按钮。

这时会出现一个提示框，让你再次确认需要上传的商品，检查以后，单击“确定”按钮开始上传，上传时有很醒目的进度指示条。以下就以上传两件商品来举例说明。

1. **检查重名的宝贝**

上传结束以后，会有一个提示出来，你看到刚才上传的两件商品都上传成功了，上传后的商品还被自动保存到“已上传宝贝”分组里了。如果你的“宝贝模板”分组里已经没有可用的宝贝模板的话，也可以到“已上传宝贝”分组里复制一个粘贴过来，作为新的模板，从网上下载一个商品下来做模板也可以，都很方便。

如果真的不小心重复上传了商品，可以登录“我的淘宝”，到出售中的商品里面单击“查询重名的宝贝”按钮进行搜索；如果发现有重名的商品，就可以仔细核对商品内容、商品编号、上架时间及价格等数据。确认是重复上货了就赶快删除多余的重复商品，以免被系统当作违规商品删除，或受到限制商品发布权限的惩罚。

2. **添加运费模板**

目前有淘友发现，如果在淘宝助理中使用运费模板的话，这部分宝贝会发生运费显示错误的信息。前面我们讲到淘宝有一个新功能——运费模板。你可以先把需要修改的商品信息调整好，上传到网上，然后在“我的淘宝”的商品列表中选择部分或全部商品，单击“设置运费”按钮，批量套用运费模板来修正这个使用上出现的问题。

以前没有运费模板的朋友，可以单击右上角的“新增运费模板”按钮，为商品设计个新的运费模板。如果本身已经有运费模板了，可以选择一个现成的运费模板，单击“使用此模板”按钮，看到上面的提示，说明运费模板已经成功联入了你选中的商品。

二、下载商品

我们不一定每天都需要上传新品，有时候只需要稍稍修改一下网上出售的商品。只要把这些商品下载下来，进行批量修改再上传到网上就行了，前面说的修改商品名称中的热门关键字就属于这样的情况。

比如选择了近两周店里正在出售的商品，输入了一个商品关键字，这样的话，只要是在这个时间范围里面，包含这个关键字的商品，都会被下载下来。这说明我们商品名称里的关键字设置是非常重要的，有了关键字就可以定位查找了，不管是对于销售，还是管理来说都是一件有利的事情。

选择“下载”以后，就出现蓝色的指示条开始提示下载进度，这时你可以去做其他的工作，也可以喝茶、休息，因为下载需要一段时间。

根据商品的数量和网速的快慢，下载时间有长有短，当下载成功以后，同样会有一个提示，告诉你一共成功下载了多少件宝贝，有多少件下载失败。如果这个数量和你预计下载的商品数量不符，有可能是一部分商品因时间结束已经被系统放入仓库里了，而你选择下载的是“出售中的宝贝”，所以有的商品就被遗漏了。只要在下载时避开商品的上下架时间，或者等商品重新上架以后再下载就能解决这个问题；如果发现晚了，还可以下载“仓库中的宝贝”来补足这些商品数量。

下载下来的商品并不是存入到我们的电脑硬盘中，而是被放进了淘宝助理中“下载的宝贝”里。在这里，可以轻松将店铺里的商品进行批量修改再上传，或者将数据备份和导出。

第185招

怎样导出导入和备份商品

一、导出CSV（逗号分隔值文件格式）文件

经常使用淘宝助理的店主，可能会在助理里面存入了大量的商品，可以把这些商品以格式导出到电脑硬盘中。如果因系统重装导致淘宝助理被删除的话，只要导入CSV文件，就能重新找回这些商品信息。

选择我们要导出CSV文件的分组，选择所有或者部分商品，然后选择“导出到文件”命令。

选择相应的文件夹，也可以为自己的网上店铺建立一个专用的文件夹，选定以后保存即可。这时系统开始帮助我们导出到CSV文件，当进度指示条显示数据被100%导出时，导出工作就完成了。

二、导入CSV文件

有了导出的CSV文件，你就可以很方便地把这些商品导入到你的宝贝模

板或者库存宝贝中，为发布新商品做准备，一旦因系统或淘宝助理重装而丢失这些商品数据后，只要单击鼠标右键，选择“从CSV文件导入”命令，将商品导入到我的“库存宝贝”里面，就可以重新拥有这些商品数据，修改以后可以随时上传到网上。

选择“从CSV文件导入”命令，再选择商品备份文件夹，单击“打开”命令，就会被导入到“库存宝贝”里面。

在导入的过程中，进度指示条会提示你现在已经导入了多少数据；当导入成功后会有一个提示，这时你的“库存宝贝”里就有了导入的商品，只要复制和粘贴这些以前的宝贝，稍做修改再上传到网上就行了。

三、备份商品数据

建议大家，在商品上传以后做一个数据备份，以防万一。备份文件不仅可以保护你的商品资料，还可以为商品建立副本，包括图片、宝贝描述以及预填的商品资料。数据备份最大的好处在于可以供任何淘宝用户导入，如果两人共用一个宝贝描述模板的话，就可以直接批量修改这些导入的商品信息并上传了。

全选或选择需要备份的商品，在“工具”下拉菜单中选择“备份数据库”命令。当然，你也可以选择备份“下载的宝贝”或者“宝贝模板”里面的商品数据。

选择合适的文件夹，单击“确定”按钮即可开始备份数据了，等待数据备份时，指示条会提示你当前数据备份的进度，备份完毕会有一个“备份数据成功”的提示。

接下来你要试试看数据是否真的可以共用。运行淘宝助理，登录一下，在“库存宝贝”分组里选择“导入数据库”。

你可以选择“合并到现在的数据库中”单选按钮，也可以选择“替换现有数据库”单选按钮。前者是将备份商品合并到现有商品中，包括商品的图片、商品详情以及文件夹结构等资料；如果出现相同的商品资料，系统默认保存现有商品资料，后者则是把整个数据库的数据，包括商品图片、描述等，全部替换成新导入的数据。选好之后，单击“确定”按钮就可以开始进行数据的导入了。

从上面介绍的这几个淘宝助理的基本功能来看，如果能够熟练掌握的话的确能够极大地提高我们的工作效率。

第186招

设置好交流工具状态

在阿里旺旺面板的“菜单”里有一个系统设置，从这里可以进入设置面板。系统设置里有很多可以设置的选项，你常用的内容在这里基本上都可以找到，算是这个聊天软件的总控制室。选择“设置状态”选项，在里面可以添加你的状态信息，你还可以做小广告。不仅如此，这些小广告还可以是活动的，选择“滚动显示”复选框，时间间隔可以为5到20分钟，单击“应用”按钮以后，广告就开始滚动了。

这些状态信息可以随时修改，你可以把自己店铺里正在做的促销活动信息、店主目前的个人信息都设置成滚动的状态来显示，有的店主会设置一些如“新货上架，疯狂抢购中……”“虽是客服在线，优质服务不变”“打死不讲价，客气好商量”等广告语。

状态信息带有强烈的个人色彩，一般聊天工具都会提供这个功能，比如，在聊天工具的网名里，写上自己目前的生活状态，或是人生感悟等。人们已经习惯把它当作自己的自媒体，也是一个小型公告栏了。从事网店行业的人与一般人有一点不同，因为你的主业是做生意，推销商品，所以会比不做生意的人的状态信息更具一些商业气息。如果你是一个网店店主，那么你的小广告一定要具备促进销售的推广效果。

第187招

快捷短语提升工作效率

开网店的人都知道，在经营网店的每一天里，都有很多需要店主或客服重复回答的问题，这样的问题就是常见问题。对于常见问题的解答，也可以放在商品的描述页面。但是商品描述主要是用来介绍商品属性的，不是公告栏，不能把什么都往商品描述页面里写。 当有顾客询问商品相关信息时，你需要在即时通信工具上为他们解答。在这种情况下，如果每次都要靠一个字一个字敲键盘回答，同时又接待大量的顾客肯定会顾不过来，这样不仅自己累得半死，还会因为回答效率低下引起顾客的不满。这种时候，在通信工具中使用快捷短语功能就能有效提高你的工作效率了。

如果你习惯把一些平时工作中重复次数较多的问题设置成快捷短语，按使用频率来看，首先一定是顾客进入网店询问商品时的第一声问候，其次是询问结束时告别的语句，还有顾客经常会问到的问题，比如怎样确定适合自己的服装尺寸、实物与图片有没有色差，是否接受见面交易、价格能不能再优惠一点、这个材质和那个材质的区别、购买的首饰有没有鉴定证书、此类商品应该如何挑选鉴别等问题。其实很多问题都在商品描述里面写得很清楚了，但还是有一些顾客不仔细阅读，就来问店主。还有些顾客看了商品描述还是不放心，他们必须要亲自来问问店主，得到一个明确的答复后才会觉得安心。这样无形中就给你增加了很多的工作量，但是不要着急也不要不耐烦，只要把这些问题用快捷短语的方式，设置在最顺手的地方，就能大大提高你的工作效率了。除此之外还有另一个好处，就是设置好快捷短语能让网店的客服人员在接待顾客时使用统一、标准的回复，这样不仅有益于提高店铺的专业形象，还能避免因客服人员表达不清造成误会的尴尬局面。

第188招

怎样查看淘友资料

目前交易平台的会员有几千万人，每个人都拥有各自不同的网络账号，不管是记忆力多么惊人的店主，都无法记得每一个来询问商品的人，特别是第一次接触并没有达成交易的准客户，下次来的时候，谁都不会记得那一排英文字母和一串数字组成的账号代表谁。为了弥补大家记忆力不够惊人的遗憾，淘宝的阿里旺旺上为你设计了一个小功能——编辑联系人资料。

当你把光标放在那些令人眼花缭乱的账号上时，右击，就会发现有一个“编辑联系人资料”的命令，我们在这里可以很方便地为这些账号加上一个小小的备注。建议大家将会员本身的账号继续保留，不然将来和交易记录中留下的账号对应不上，你只需要在后面加上一个小小的尾巴，这条尾巴就是几个能够帮助你判断来人是谁的关键字，前提是这些等待编辑的账号都是你加为淘友的人。来询问商品的顾客，可以用他们喜欢的兴趣商品来编辑联系人资料。这样的话，下一次他们再来的时候，你一看就知道应该如何快速地进入有效沟通了。同时，顾客认为你一直记得他是一件很意外的事，而且不仅意外，还让他觉得很受重视，感到开心。这样就可以很容易创造出轻松、融洽的沟通氛围，为成功交易打下基础。

第189招

怎样查看淘友卡片

每个淘友都有一套基本资料，里面分别能看到“名片”“信用”“活跃”“展示”以及“备注”这五张小卡片。为快速了解淘友的情况提供最大的便利，而且这里的备注和前面的编辑联系人资料不同，它允许输入的字会多很多，只要是已经加为淘友的人，你都能随时查看他的卡片或者编辑备注。

在这五张卡片里几乎能够看到会员所有的公开信息，每套卡片是和账号的主人对应起来的，查询起来非常方便。不管你是否重装系统，这套小卡片上的信息都永远不会丢失。

只要单击账号前面的蓝色旺旺标志，就能看到那五张记载详细信息的卡片。

首先是“名片”，其中包括该会员很详尽的情况，与身份证上面的内容差不多，只不过这是一张淘宝网内的电子身份证。

接下来是”信用”，就是该会员的信用级别，买卖信用是分开显示的，同时，还有该会员的好评率和目前是否受到投诉举报，是否因某种原因被网站警告处分等信息。

从“活跃程度”里能看到该会员什么时候登录过淘宝，什么时候登录过旺旺。

“展示”里可以看到该会员是否有店铺，如果是一个纯买家的话，这里就只有“个人爱好”和“其他我想说的”这两项。

这套卡片的前四张都是一样的内容，这些卡片你都只能欣赏，不能做任何修改和批语，但是最后一张“备注”的卡片就给了你广阔的练笔天地。你可以把担心忘记的事用文字记录在这里，所以，同样是这一套卡片，不同的人可以编辑不同的备注，相当于一个私人的微型工作笔记本。

第190招

阿里旺旺的群聊功能

以前大家都羡慕QQ有群聊的功能，现在阿里旺旺也有这个功能了，每个人根据活跃程度可以建一两个群，志同道合的朋友、交流经验的商家都可以在这些群里畅所欲言，及时了解新的资讯，顺便打个广告，同时还联络了感情。它不仅是一个群聊的地方，更是大家平常交友和工作、销售的小圈子。

有了群功能你就可以设置自己的朋友群，交流网上开店的经验。除了和朋友一起群聊以外，也可以尝试建立自己的老顾客群。如果店铺里有什么促销活动可以公布在“群公告”里，也可以在团购活动前先在群里通知一下；如果有不少老顾客踊跃参加的话，你的团购活动就不会组团失败了，具体的优惠措施可以根据你的产品特点来设定，这样既给了老顾客优惠也带动了销售，同时还可以吸引一些新买家的加入。

但是，创建这个老顾客群一定要慎重，前提是你对所有顾客的服务态度是一视同仁的，销售价格不厚此薄彼，售后服务也没有另眼相看。因为群里的信息都是公开的，不管是正面的还是负面的，都是以相同的速度在传播，有时候负面消息传播速度还会更快。

第191招

阿里旺旺设置关键字

大家都知道在很多搜索引擎中，只要输入关键字，就能搜索到自己想要知道的问题答案。同样，在淘宝网上购物，很多买家也是通过关键字进行搜索的，这样能够快速、准确地找到中意的商品，跟卖家取得联系，提高成交效率。所以，阿里旺旺还给了大家一个很有用的向导，这就是阿里旺旺的关键字设置功能。

在旺旺面板上的“菜单”里面，“操作”的下拉菜单里有一个“修改我的关键字”命令，选择这个命令进去修改关键字，如果之前还没有设置过关键字的话，修改框里就会显示为空白。

在这个页面里设置新的关键字，输入店铺销售的相关产品名称、所属类目、你的淘宝账号以及店铺关键字等，这些都能增加被买家成者淘友找到的概率。设置完后，单击“提交”按钮就修改成功了。

通过关键字的设置，买家并不是只能搜索到你的商品，也可以很方便地找到你。所以，这里空着是对资源的浪费。

除了上面介绍的这几个常用功能以外，阿里旺旺还有一些方便大家使用的功能，像记事本、计算器、截图、导入和导出聊天记录等。如果你平时邀约三五好友一起聚餐，或者需要一起给朋友送礼物，都可以很方便地使用阿里旺旺上的支付宝AA制收款来收取这些费用。

比如说陌生人添加好友需要验证，以前的淘宝旺旺是没有这个功能的，每天上线会有一大堆自己不认识的人来加你。如果是在关注你的店铺和商品还好，是潜在顾客就更好了，最怕的就是前脚刚刚加你为好友，后脚就是一堆广告砸过来，这实在是一件很郁闷的事。

现在好了，和以前的淘宝旺旺版本不同，阿里旺旺增加了好友验证功能，只要你在首选项的验证设置里选择加为陌生人添加需要验证，别人就不能随心所欲加为好友了。如果担心给陌生顾客造成麻烦和误会的话，也可以取消或者不使用这个验证设置。

在阿里旺旺的聊天对话框上有最常用的快捷图标按钮，是为了你使用起来更方便才设计的。对于那种一直发广告给你的人，可以直接把他拉到黑名单里去，以后就再也不会收到他的骚扰信息了，顺便提醒大家，黑名单是不占好友人数的。所以，碰到老是发广告骚扰你的人就马上把他拉进黑名单。

在这里，有大家每天要使用无数次的旺旺表情、快捷短语、截图功能、计算器、淘友卡片和记事本功能，以及系统设置的快捷按钮，你可以在这里给对方发送文件、图片，还可以使用语音和视频聊天。如果你是一个忙碌的卖家，建议你还是不要使用语音和视频聊天，因为这样只能和一个对象进行交流，使用文字交流的话，一个人可以同时接待多名顾客。

在这里要向大家强烈推荐两个功能：一个是记事本功能，一个是截图功能。记事本功能就像在你的面前放了一个随手可拿的工作笔记，有什么需要记下来的交流内容，可以马上记录在记事本上，这样也比较便于有多个客服人员的店铺进行工作的交接。

阿里旺旺还有防垃圾信息和旺旺手机在线功能，这是两个很好用的功能， 前者可以使你少受群发广告的骚扰，后者可以让你的旺旺永远在线，从此你可以随时随地用手机接收和回复旺旺消息。

不管是哪一种聊天工具，它们的功能都差不多，但是阿里旺旺是一款专门针对网络经营的即时交流工具。按淘宝纠纷处理规则，只有旺旺的聊天记录才可以举证，并作为纠纷处理时的依据，这是淘宝网对于双方利益的一种保护手段，也是淘宝店主都选择使用阿里旺旺的重要原因之一。

随着你的管理工作越来越多，越来越繁忙，这时就需要用到一些网店管理软件来帮助你对店铺进行系统化的管理。这一类的管理软件是一种进销存管理软件，一般常用的有“网店小秘书”“网店管家”“网店管理专家”以及“淘宝网店销售管理系统”等，这些都是网店店主常用的管理工具。

每一种管理软件都有自己的特点，但是总的来说，它们都是针对电子商务交易的管理软件。在电子商务领域，特别是个人电子商务中得到了广泛应用，你可以忽略这些软件里在线上传商品这个功能，因为助理类辅助工具已经具备这个功能，而且是专门针对相应的网站，接口更优化，使用更方便，也更不容易出错。

你要使用的是在现有辅助工具中缺少的功能，目的是帮助你实现软件功能的互补。

管理工具和前面讲的支付工具、辅助工具和交流工具有所不同，那些工具一般会专门针对某一个购物平台。而管理工具则不然，如果不考虑商品在线上传这个功能的话，它完全可以管理多个网站上的店铺。

你可以根据自己的需要和条件来决定，到底哪一款管理软件更适合自己的使用习惯，符合自己的使用要求。

第192招

Alisoft（阿里软件）网店版

“Alisoft网店版”是为淘宝店主量身定做的管理软件，因为平台的技术研发人员比一般的软件工程师更了解买家的需要。所以，在这个基础上开发的管理软件就比较实用，基本的管理功能都有了，其他的功能还会慢慢补充和完善。

下面就看看它有哪些管理功能。

网店版有很多管理功能，光是“我的客户”下面就有客户管理、客户关怀设置以及买家级别设置等。所有通过支付宝交易的顾客都在这个客户名单里， 可以随时查到他们的交易信息和收货地址，还可以在客户关怀设置里写下一些祝福的话或者提醒的语句，到了设定的时间，系统就会自动帮你把这些信息发送给顾客，有效帮助卖家提高工作效率，拉近买卖双方的距离。

当顾客再次光临店铺时，就会发现参加会员折扣的商品里面包括一口价和自己享受的会员优惠折扣价。这个功能让你的店铺变得更有吸引力，给顾客实惠，给卖家机会，为店主争取到更多的回头客，这是网店版有别于其他管理软件的一个平台优势。

除了“我的客户”菜单，网店版还有“我的交易”“启用进销存”“操作”“单据打印”“生意报告”“营销平台”以及“账号管理”等功能，这些菜单下面还有相应的管理功能。

它的管理入口在“我的淘宝”里面的“Alisoft网店版”功能导航条里，基本管理数据会显示在“我的淘宝”首页，网店大致的经营情况可以一目了然。如果不想让店里其他员工看到你的成本和利润的话，就可以使用它的成本加密功能，让店铺的核心机密得到有效保护。

第193招

网店小秘书

“网店小秘书”是一种功能超强的电子商务交易管理软件，是为一些主流电子商务平台量身设计的进销存管理软件。它是国内最早的网店管理软件之一，已经在个人电子商务和企业团队电子商务中得到广泛应用。它将传统的进销存管理、财务管理、客户关系管理功能和网上交易充分结合，它的商品在线上传功能，让你的电子商务管理变得更加轻松高效。

“网店小秘书”共分三种版本，一种是个人免费版，适合初级和兼职卖家使用。对于普通卖家来说，这个版本就足够用了，余下的一些管理工作可以用其他办法解决，也一样能够达到管理效果。

第二种是专业钻石版，它能享受许多个人免费版用户不能使用的功能。和企业网络版相比，专业钻石版除了不能自动登录网站和享受客户端网络消息通知以外，其他功能都是一样的，可以对我们的网上交易全过程进行系统化管理。

第三种是企业网络版，适合企业以及有管理团队的卖家使用，除了商品上传等在线功能外，它还集商品资料管理、客户管理、邮件管理、订单管理、进销存管理、财务管理及供应商管理等功能于一体，直接帮助卖家全面管理店铺。

如果现在你还不是超级卖家的话，选择永久免费的“个人免费版”就可以了，免费版虽然有功能限制，但对于店铺的日常管理来说还是游刃有余的。使用“网店小秘书”的目的主要是为了管理网店的进货单、库存、客户档案、日常开支和供货商资料等。

“网店小秘书”的“小二”软件为他们的用户提供了周到的售后服务，在他们的网站上有对软件使用中常见问题的解答，还有通过视频教程实现手把手的教学，并且设置了用户论坛，大家可以一起讨论、切磋使用的经验和技巧，遇到难题也可以到这里去发帖寻求管理人员的帮助。

第194招

网店管家与其他管理工具

“网店管家”也是一款管理网络交易的软件，它提供了订单管理、商品进销存、客户关系管理、账款管理、团队协作以及打印输出相关统计分析等功能，解决网络交易的管理难题。另外“网店管家”提供了很多功能接口，配合其他模块可以构建全程电子商务的应用。

“网店管家”是专为网上贸易开发的，它充分考虑了网上贸易的特殊性。它不但涵盖了传统进销存软件、财务软件的功能，而且针对网上贸易做了很多创造性设计， 解决了传统企业管理软件对网上交易的不适应问题，是专门面向电子商务企业的管理软件。

这款软件分为个人版和企业版，个人版适合个人用户单机使用，数据不能共享；企业版适合有两个以上成员的团队，可以进行数据共享和协同工作。

“网店管家”提供了一个60天的免费试用版，是让你测试评估这款软件是否适合你使用，试用版在功能上没有任何限制，但是只能录入50笔交易，到期后就不能再录入了，但是数据会继续保留，注册后还可以继续使用。

和“网店小秘书”比起来，“网店管家”的操作界面更简单清楚，购买价格也要便宜很多，一次性购买可以得到终身的使用期限。如果使用“网店小秘书”个人免费版就足够的话，可以节省一点；如果是需要使用收费的钻石专业版就应该综合考虑它们各自的管理功能、使用的难易程度和收费的标准，看哪一款更符合自己的要求。

既然有60天的免费试用版，你完全可以去他们的网站下载一个试用版来尝试一下，多方比较，尽快找到适合自己的管理软件。

“网店管理专家”也是一款专业网络店铺管理软件，它针对网络店铺经营过程中的销售、进货以及库存的各个环节进行管理和整理，方便店主及时对账、查询以及管理和查看利润，或及时调整策略。软件针对网络店铺的特点，还集成了发货通知功能（邮件通知、手机短信通知等）以及快递包裹查询等功能。

第195招

必看的十大网购骗术

以下是网友总结出的十大网购骗术，不管你是买家，还是卖家，都值得一看。

一、金蝉脱壳

拿货开溜：各位卖家在交易时，切不可着急出货。有的买家谎称自己不会使用支付宝，收到货后用银行汇款。但只要货一发出，这个买家就人间蒸发了。所以，一定要使用支付宝或款到发货的方式进行交易。

骗取半价：有的买家称信不过卖家，要求先付一半的货款作为订金，货到后再付余款。卖家一定不要相信对方，因为只要你的货一发出，那一半的货款基本上是收不回来的。

谎称付款：卖家切记在发货前要查阅交易状态，看买家是否已付款。有些买家在旺旺上留言谎称已付款，有些粗心的卖家不看交易状态就轻易相信，从而造成损失。

二、瞒天过海

有的买家与卖家同城见面交易后，却申请支付宝退款，理由是“没有收到货”。卖家都知道，如果买家申请退款的话卖家是必须上传发货凭证的，这时候卖家自然是无法提交的，只好吃哑巴亏了。

提醒卖家：为了杜绝任何受骗的可能，见面交易时最好让对方写下收据。

三、移花接木

如果买家要求退货，卖家一定要在收到货后再退款。如先退款，卖家可能再也见不到自己的货了。一定要严格按流程走，收到退货后再退款或换货。为了防止买家在货物上做手脚（据说有的退货邮回来的是报纸、砖头等），一定要当着快递的面拆开检查，然后再签字。

四、借刀杀人

如果有买家向你发来一个陌生网址询问“你有这个商品吗”，要求在其网站上进行注册等，很可能你就把木马带回了家。如果你在一个假冒的网上银行页面输入账号和密码，你的资金可能就会被盗用。

所以，数字证书、防杀毒软件一个也不能少。对于那些不熟悉的网站链接不要随意打开。

五、暗度陈仓

卖家一定要设置并管理好自己的密码、登录号、支付工具号、注册邮箱密码等。切不可图省事全用一个密码，让骗子有机可乘。有时候别人会去你的各个账户试密码，所以千万不要把密码设得太简单了，如123456、888888等。发现异常情况要及时与客服联系。

六、无中生有

此骗术是买家拍下你的商品，马上发来一个“买家已付款，等待卖家发货”的Photoshop制作的付款截图，然后不断地催促卖家发货。如果你看到这个截图后也没去管理中心或查看邮件通知就发货给买家，那么很有可能就上当了。所以无论对方如何催促，一定要在“我的淘宝”看到“买家已付款，等待卖家发货”后才能发货。

七、李代桃僵

这个骗局是非常有迷惑性的。比如你跟卖家说好了买一个300元的充值卡，卖家答应你便宜到280元，然后卖家骗你说：“你先付300元，然后我用部分退款的功能退给你20元。”

假如你买了卖家两件商品，要求合并邮费，他会说让你先付全款，然后在部分退款中退掉一次运费。

这其实与上面的确认收货是一个道理，因为部分退款的操作是在确认收货的前提下进行的。淘宝在买家付款的时候会提醒："我愿意支付（ ）给卖家。"括号中要填具体的金额，申请退20元的话你就必须填280元，这个时候280就直接打到卖家账户了。

这样你就上当了，你确实收到了20元退款，280元却不见了，手机上也没有300元的话费充进来。购买其他商品也是这个道理。淘宝投诉部门管不了这样的事，因为你是"确认收到货以后申请部分退款"。所以，除非收到货，否则不可以选"收到货部分退款"。所有的讨价还价交易要在付钱之前完成，然后让卖家修改好数目再付款，必须确认到货后再付款给卖家。

八、明修栈道

交易谈好以后，买家说自己没有支付宝，要求通过银行直接汇款给卖家，只要卖家将自己的银行账号告诉他，他马上就会用该账号登录网银，然后乱输密码，直到当天输入错误密码次数达到最多限制时，他告诉你他的款已经汇过去了，让你查一下。多数卖家都是直接上网银查账的，这时卖家再登录时发现密码错误无法查账，骗子买家会一直不停地催你发货，说已经汇了款了，要求你马上发货。对一些新卖家他们还会用一些激将法。

对于这类骗术，可以使用手机银行查账，现在多家银行都开通了手机银行或者电话银行，花一点儿钱查一下账免得被骗。

九、抛砖引玉

买家利用相似的账号进行行骗，比如某买家账号为lucky108，拍下商品并用支付宝付款，这个时候一个叫lucky1o8（注意中间那个是o不是0）的买家会用旺旺给卖家留言："已经付款，请把货发到……邮编……"卖家一看的确已经付款，就按照旺旺留言的地址发货。几天以后原买家lucky108告诉卖家说还没有收到货，卖家仔细检查并查询邮局才发现，lucky108和lucky1o8的地址并不一样，是两个完全不同的账号，尽管账号名称很像。

应对这类骗术的方法是卖家发货之前一定要核对付款人的地址，发现不符要及时联系买家。

十、栽赃嫁祸

骗子冒充淘宝高级点卡卖家发布一些在价格上极具诱惑力的点卡、手机卡，或主动通过群、临时会话等联系买家。当买家向其联系购买点卡商品时，他会发给买家一个链接要求买家去拍（注意：该链接并非他自己店铺内的商品，与买家欲购的点卡类型不同，而且是自动发货商品，如手机卡等）。当买家拍下付款后得到了密码，结果发现没有办法充值，这个时候卖家就说了："不可能，肯定是你搞错了，要不你把密码发过来我帮你充值。"结果你把密码给他后他就消失了，去投诉却发现拍的商品也不是他们家的，没有办法只能自认倒霉了。

买家应吸取的教训：卖家以超低价促销商品时很可能是一场骗局。交易时应仔细查看拍下的商品与需要购买的商品是否一致，联系卖家时应以旺旺号码作为唯一身份辨别标志。

卖家应吸取的教训：对出售的商品应进行尽可能准确、详细的描述，必要情况下对买家进行防骗警示。